职业教育电子商务专业改革创新教材

网络营销实务

（项目式教材）

第3版

主　编　王　涛

副主编　周艳红　韩方璇

参　编　卞灵娟　胡　强　姚　欢

　　　　范令飞　冯素敏　钟燕萍

机械工业出版社

本书根据最新专业教学标准编写，共有10个项目，主要内容包括认识网络营销、网络消费者市场分析、建立网络品牌、即时通信营销、搜索引擎营销、博客营销与微博营销、微信营销、E-mail营销、网络广告以及网络营销实战。每个项目设有不同的任务，每个任务采用案例导读、任务布置、任务实施、知识链接和学习评价的结构进行编写，具有很强的操作性，不仅能很好地激发学生的学习兴趣，还有利于学生对知识和技能的掌握，并且附有综合练习供学生进行巩固训练。

本书适合作为职业学校电子商务专业、市场营销专业、电子信息类专业、物流专业、信息管理专业、工商管理专业的教材，也可供初级电子商务人员、网络营销人员、企业经理、营销管理人员培训学习使用。

图书在版编目（CIP）数据

网络营销实务：项目式教材/王涛主编．—3版．—北京：机械工业出版社，2023.11
职业教育电子商务专业改革创新教材
ISBN 978-7-111-74236-4

Ⅰ．①网…　Ⅱ．①王…　Ⅲ．①网络营销—中等专业学校—教材　Ⅳ．①F713.36

中国国家版本馆CIP数据核字（2023）第215731号

机械工业出版社（北京市百万庄大街22号　邮政编码100037）
策划编辑：宋　华　　　　责任编辑：宋　华　邢小兵
责任校对：张勤思　刘雅娜　　封面设计：马若濛
责任印制：张　博
北京华宇信诺印刷有限公司印刷
2024年1月第3版第1次印刷
184mm×260mm・15.75印张・353千字
标准书号：ISBN 978-7-111-74236-4
定价：49.80元

电话服务　　　　　　　网络服务
客服电话：010-88361066　机　工　官　网：www.cmpbook.com
　　　　　010-88379833　机　工　官　博：weibo.com/cmp1952
　　　　　010-68326294　金　　书　　网：www.golden-book.com
封底无防伪标均为盗版　机工教育服务网：www.cmpedu.com

前言

党的二十大报告指出："教育是国之大计、党之大计。培养什么人、怎样培养人、为谁培养人是教育的根本问题。"在教育部关于"培养具有综合职业能力，在生产、服务、技术和管理第一线工作的高素质劳动者和中初级专门人才"的培养目标指导下，全面贯彻党的教育方针，落实立德树人根本任务。考虑到社会对职业学校电子商务专业学生的基本要求和人才培养目标，本书在编写时突出了实践性教学，使学生在实践体验中学习掌握相关的理论知识，在思考、学、做、评价的基础上构建新的认识，提升对知识的理解。

本书的编写指导思想是以"做中学、学中做"为理念，构建以实践能力为本位、以任务驱动为主线的课程体系。本书的特点是注重网络营销知识的基础性和实用性相结合，易于职业学校学生学习和掌握。

本书分为 10 个项目：认识网络营销、网络消费者市场分析、建立网络品牌、即时通信营销、搜索引擎营销、博客营销与微博营销、微信营销、E-mail 营销、网络广告以及网络营销实战。每一项目下设有项目导学和项目目标，并分设不同的任务，每个任务包括案例导读、任务布置、任务实施、知识链接和学习评价五个部分。本书附有综合练习供学生进行巩固训练。除此之外，本书还配有丰富的教学资料包供教学使用。

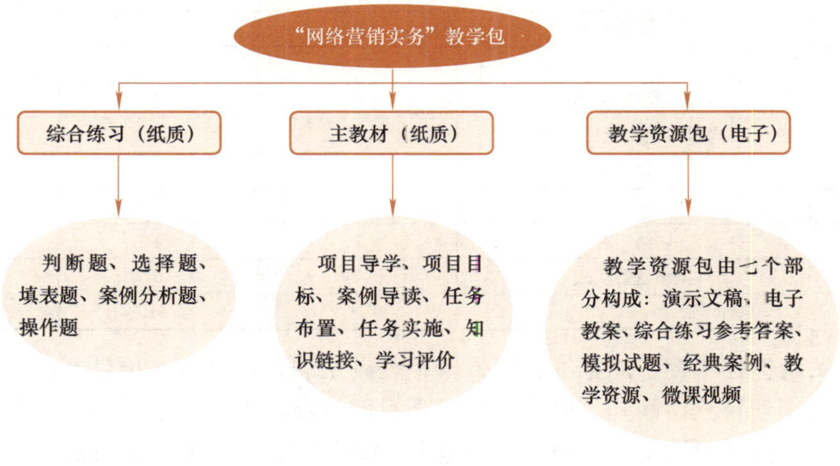

本书具有如下特色：

1. 以案例为载体，落实立德树人根本任务

教材修订过程中全面贯彻落实党的二十大精神，在每个任务开篇的"案例导读"部分，深入挖掘课程内容所蕴含的社会主义理想信念、社会主义核心价值观、德法兼修、诚实守信、中华优秀传统文化等思政元素案例，启发学生思考，引导学生关注社会问题，感受我国经济社会进步，坚定"四个自信"，树立正确的世界观、人生观、价值观。力求在传授知识、培养技能的同时突出育人价值。

2. 以情景为主线，突出网络营销的实用性

网络营销是一门实践性很强的课程。本书在了解社会对职业学校网络营销人才需求特点的基础上，尽可能地突出内容的实用性。本书以一家具有多年经营时尚饰品经验的传统企业——美秀坊饰品有限公司的网络营销活动为主线展开，每个项目下的任务都根据任务主题设计相应的情景和实践活动，以培养学生的实际动手能力。

3. 以任务为驱动，突出“做中学”和“学中做”的理念

本书采用任务驱动法，以案例导读、任务布置的方式引入相关知识，然后安排任务实施环节，以此培养学生主动思考、分析问题和解决问题的能力，有利于学生变被动学习为主动探究。理论知识的学习放在任务实施之后，供学生在任务实施环节参考和在任务实施后进行总结评价，能更好地引导学生将理论知识与实践相结合，加深对知识的理解与掌握。

4. 设计评价环节，培养学生的自我评价能力

学习评价是学生对知识掌握程度的一个回顾与总结，也是教师教学效果的一个直观反映，有利于教师教学水平的提高。

5. 附有习题，加深学生对理论知识和技能的掌握

综合练习中有与每个任务相关的习题，判断题、选择题、填表题、案例分析题能加深学生对理论知识的理解，操作题有利于学生对实际操作技能的掌握及巩固。

全书教学建议 62 学时完成，具体学时分配见下表：

项　目	内　容	理论学时	实训学时	合　计
项目一	认识网络营销	2	4	6
项目二	网络消费者市场分析	3	3	6
项目三	建立网络品牌	2	4	6
项目四	即时通信营销	2	4	6
项目五	搜索引擎营销	2	4	6
项目六	博客营销与微博营销	2	4	6
项目七	微信营销	2	4	6
项目八	E-mail 营销	2	4	6
项目九	网络广告	2	4	6
项目十	网络营销实战	2	6	8
总计学时		21	41	62

本书由王涛担任主编，周艳红、韩方璇担任副主编。项目一、项目九由王涛、钟燕萍编写；项目二、项目三由胡强、姚欢编写；项目四、项目十由冯素敏编写；项目五由韩方璇编写；项目六由周艳红编写；项目七由范令飞编写；项目八由卞灵娟编写。

选用本书作为教材的职业学校教师，可通过机械工业出版社教育服务网（http://www.cmpedu.com）或加入电子商务专业教师交流群（QQ 群：832803236）免费获取教学资源包。

本书在编写过程中得到了武汉市教育科学研究院、武汉市供销商业学校、广州市番禺区职业技术学校、汕头鮀滨职业技术学校、河南镇平工艺美术中等职业学校、大连市经济贸易学校的大力支持，参考了一些电子商务网站的资料和书籍，在此一并表示衷心的感谢！

由于编者水平有限，书中难免有不足之处，恳请读者提出宝贵意见和建议。

编　者

二维码索引

目 录

项目一

认识网络营销

项目导学

网络营销是信息化社会的产物，它依托于互联网技术的发展而广泛应用。网络营销作为一种全新的营销模式，与传统营销模式相比具有明显的优势。本项目以任务驱动的方式引出网络营销的含义、网络营销的特点、网络营销的职能、网络营销的基本方式和方法等知识的讲授，通过“任务实施”和“学习评价”来达到提高学生专业知识应用能力的目的。

通过对本项目的学习，会对网络营销有一个大致的了解，为学习后面的内容打下良好的基础。

项目目标

- 了解网络营销的含义、特点和基本职能
- 列举至少三点企业开展网络营销的好处
- 了解网络营销的基本方式
- 初步了解网络营销方法的应用
- 引导关注社会问题，提升家国情怀
- 激发学习热情，培养助力乡村建设的社会责任感

任务一　初识网络营销

案例导读

网络营销扩销路　助农增收效果好

2023 年 3 月 2 日，中国互联网络信息中心（CNNIC）在京发布第 51 次《中国互联网络发展状况统计报告》（以下简称《报告》）。《报告》显示，截至 2022 年 12 月，我国网络

购物用户规模达 8.45 亿，较 2021 年 12 月增长 319 万，占网民整体的 79.2%。

2022 年网络零售继续保持增长，全年网上零售额达 13.79 万亿元，同比增长 4.0%。全年全国农产品网络零售额达 5313.8 亿元，同比增长 9.2%，增速较 2021 年提升 6.4 个百分点。电子商务已经成为助力农民增收、农村经济发展的重要手段。

小蒋是重庆市梁平区人，大学毕业后，回乡和丈夫创办了重庆市本土鲜果电子商务有限公司，助力乡村振兴。2022 年小蒋开始学习网络直播带货，她肯学肯钻，短时间学会了网络直播，用质朴的语言、真挚的情感推介梁平的本土鲜果，2023 年前两个月网络销售鲜果 7 万斤，为果农畅通了销售渠道，助农增收，效果良好。

目前越来越多的县长、乡长走进直播间，推销所在地区出产的农产品，体现了政府对农产品的扶持，是脱贫攻坚战中一道靓丽的风景线。

任务布置

美秀坊饰品有限公司是一家成立了 15 年的经营饰品的传统企业，在业内小有名气。张翔作为该公司销售部主管，面对激烈的市场竞争，感到压力很大，在看到上述关于鲜果网络营销的报道后，他产生了向老板建议开展网络营销的念头。可对网络营销知之甚少的他，将如何说服老板呢？你能帮帮他吗？

分析：张翔要想说服老板开展网络营销，首先自己要对网络营销有一定的了解。另外，要想成功说服一个传统企业的老板开展网络营销，必须要使其认识到开展网络营销能给企业带来哪些好处。

任务实施

任务实施导航结构图：

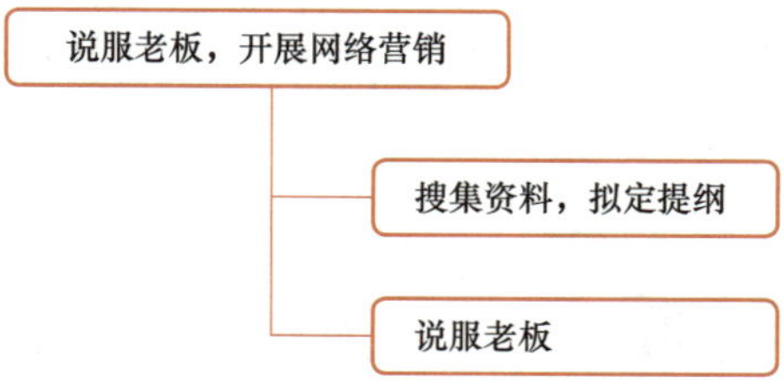

一、搜集资料，拟定提纲

提示：①同学们可在已掌握的网络营销知识的基础上，利用网络收集相关资料，如：什么是网络营销，网络营销有哪些特点，网络营销与传统营销相比的优势以及传统企业开展网络营销的成功案例等（完成此任务可利用搜索引擎收集信息，此方法在本书项目五任务一的任务实施中有详细介绍）。②同学们分小组进行讨论，拟定本小组说服老板开展网络营销的提纲，并填写表 1-1。

表 1-1　网络营销信息收集

编　号	提　纲	备　注
1		
2		
3		
4		
5		
6		
7		
8		
9		
10		

二、说服老板

提示：①本环节可由学生自荐或者以每组派代表上台向全班同学介绍的方式进行，教师可以指定评委或由全班同学作为评委，对发言者的表现给予“是否开展网络营销”的评价，最后进行比较。②本环节教师要引导学生用自己的语言进行表述，达到说服老板的目的，避免学生将收集的资料直接读出。

知识链接

一、网络营销概述

1. 网络营销的产生与发展

网络营销产生于 20 世纪 90 年代，发展于 20 世纪末至今。网络营销的产生与发展主要有以下三个方面的背景，见表 1-2。

表 1-2 网络营销产生与发展的背景

背景	内容	详细介绍
技术基础	计算机网络技术的发展	计算机网络是一种集通信技术、信息技术、时间技术于一体的网络系统，它将不同地区的规模大小不一的网络互相连接，是目前计算机之间进行信息交换和资源共享的最佳方式。计算机网络技术的快速发展催生了电子商务，为开展网络营销提供了技术支持
观念基础	消费者价值观念的改变	随着科学技术的发展，以及人们生活水平的提高，消费者的消费观念在不断地发生变化，如消费主动性的增强、个性消费的回归、消费者对购物便捷性及购物乐趣的追求等，这些变化是人们普遍接受网络营销的重要基础
现实基础	激烈的市场竞争	当今市场竞争日趋激烈，企业为了取得行业竞争优势，想方设法吸引顾客。随着网络技术在商业领域的应用，在一定程度上克服了买卖双方的时空障碍，弱化了中间环节，降低了成本，缩短了产品运作周期，节约了社会资源。因此，众商家纷纷选择利用网络开展商务活动，以增强企业的竞争力

2. 网络营销的含义

网络营销是随着互联网的产生与发展而逐渐形成的新的营销方式。广义地说，凡是以互联网为主要手段、为达到一定营销目的而进行的营销活动，都可称为网络营销。网络营销既不是传统市场营销的简单延续，也不是简单的营销网络化，它更不可能脱离一般的营销环境而独立存在。网络营销贯穿于企业开展网上经营活动的整个过程，从信息发布、信息收集，到开展以网上交易为主的电子商务阶段，网络营销都是一项重要内容。

从“营销”的角度，可以将网络营销定义为：网络营销是企业整体营销战略的一个重要组成部分，是建立在互联网基础之上，利用电子信息手段进行的营销活动。网络营销实现了“一对一”的营销，企业可以透过电子信息手段，辨识目标顾客，并将特定的信息适时传递给适当的对象，即企业可对不同的顾客给予不同的对待方式。

二、网络营销的特点

随着互联网技术发展的成熟以及互联网成本的降低，互联网好比是一种万能胶，将企业、团体、组织以及个人跨时空联结在一起，使得他们相互之间信息的交换变得“唾手可得”。随着上网人数的迅速增加，网络营销覆盖的受众面越来越广，网络营销的影响力也越来越大。与传统推广方式相比，网络营销具有得天独厚的优势，呈现出的主要特点见表 1-3。

表 1-3 网络营销的特点

编号	特点	详细介绍
1	跨时空性	营销的最终目的是占有市场份额，由于互联网能够超越时间约束和空间限制进行信息交换，使得营销脱离时空限制进行交易变成可能，企业有了更多时间和更大的空间进行营销，可每周 7 天、每天 24 小时随时随地提供全球性营销服务
2	多媒体性	互联网被设计成可以传输多种信息的媒体，如文字、声音、图像信息等。互联网的这一特点使得为达成交易进行的信息能以多种形式存在和交换，可充分发挥营销人员的创造性和能动性
3	交互式	企业可以通过互联网发布商品信息，可以建立资料库，提供有关商品信息的查询，还可以利用网络进行产品测试与消费者满意调查等，实现供需互动与双向沟通。在网络环境下，信息的供需模式演变成为一种推拉互动的方式：企业“推”出的是各类信息，用户“拉”出的是自己感兴趣的内容。这种推拉双向互动的模式，可使企业在宣传的同时及时了解顾客需求，采取相应的策略更好地满足顾客需求，提高顾客的满意度

（续）

编　号	特　点	详 细 介 绍
4	个性化	传统营销理论中，企业的宣传、广告和营销策略是针对所有人的，即大众化的。在网络营销环境下，互联网上的促销是一对一的、理性的、消费者主导的、非强迫性的、循序渐进式的，而且是一种低成本与人性化的促销。由于互联网具有互动性的特点，企业可以利用网络把“个性化”的服务从“服务到家庭”细化为“服务到个人”，而消费者一旦有需求，便会通过网络主动搜寻有关商品信息，甚至可以参与到企业产品设计活动中，这充分体现了网络营销的个性化
5	成长性	互联网使用者数量快速增长并遍及全球，互联网的影响正逐步渗透到人们生产、生活、工作、学习的各个角落。无论是中国还是全球，随着网民数量的快速增加，必然带动网络市场的快速成长
6	整合性	互联网上的营销可由商品信息至收款、售后服务一气呵成，是一种全程的营销渠道。企业可以借助互联网将不同的传播营销活动进行统一设计规划和协调实施，以统一的传播方式向消费者传达信息，避免不同传播中不一致性产生的消极影响
7	超前性	互联网是一种功能强大的营销工具，它兼具渠道、促销、电子交易、互动顾客服务以及市场信息分析与提供等多种功能。它所具备的一对一营销能力，符合“定制营销”与“直复营销”的未来趋势
8	高效性	网络环境和电子商务拉近了人们的时空距离，扩大了商业的领域和人们选择商品的范围。在网络上，服务器的存储成本低，信息容量大，传播速度快，网上信息不断更新且易于搜寻。借助网络，企业能及时发现市场需求，更新产品或调整价格，及时有效地了解并满足顾客的需求。消费者利用互联网可随时了解大量的商品信息，扩大了商品选择的范围，使购物更加方便，消费需求更能及时得到满足
9	经济性	在网络营销中，买卖双方可以通过网络直接进行商品交易，减少了传统的商业流通环节，使交易变得更加直接和自由。企业开展网络营销，可以无店面销售，免交租金，节约水电与人工成本，通过互联网进行信息存储与交换，可以减少印刷与邮递成本
10	技术性	网络营销是建立在高技术作为支撑的互联网的基础上。企业实施网络营销必须有一定的技术投入和技术支持，包括企业外部的基本环境和内部的基本条件，还要改变传统的组织形态，提升信息管理部门的功能，引进懂营销与计算机技术的复合型人才

三、网络营销的职能

职能是指人、事物、机构所应有的作用。网络营销的职能不仅表明了网络营销的作用和网络营销工作的主要内容，也说明了网络营销可以实现的效果。对网络营销职能的认识有助于全面理解网络营销的价值和网络营销的内容体系。网络营销的职能主要有以下几点，见表 1-4。

表 1-4　网络营销的职能

编　号	职　能	具 体 表 现
1	网络品牌	网络品牌建设是以企业网站建设为基础，通过一系列的推广措施，达到顾客和公众对企业认知和认可的效果。知名企业的网下品牌可以在网上得以延伸，一般企业则可以通过互联网快速提升产品和企业知名度，以树立企业良好的形象
2	网站推广	网站推广就是通过各种方法让更多人找到并进入网站的全过程。网站推广的目的在于让尽可能多的潜在用户了解并访问网站，通过网站获得有关产品和服务等信息，为最终形成购买决策提供支持
3	信息发布	无论哪种网络营销方式，结果都是将一定的信息传递给目标人群，包括顾客 / 潜在顾客、媒体、合作伙伴、竞争者等。信息发布既是网络营销的基本职能，也是网络营销的主要方法之一
4	销售促进	营销的基本目的是为增加销售提供帮助，促进销售并不限于促进网上销售，事实上，网络营销在很多情况下对于促进网下销售十分有价值

（续）

编　号	职　能	具体表现
5	网上销售	网上销售是企业销售渠道在网上的延伸，网上销售渠道建设包括自建网站、在综合电子商务平台上的网上商店，以及与其他电子商务网站不同形式的合作等
6	顾客服务	互联网提供了更加方便的在线顾客服务手段，从形式最简单的 FAQ（常见问题解答），到邮件列表，以及 BBS、QQ、微信等各种即时信息服务，顾客服务质量对于网络营销效果具有重要影响
7	顾客关系	良好的顾客关系是网络营销取得成效的必要条件，通过网站的交互性、顾客参与等方式开展顾客服务可增进顾客关系，促进销售
8	网上调研	网上调研可通过在线调查表或者电子邮件等方式进行，相对传统市场调研，网上调研具有高效率、低成本的特点

小知识

BBS 介绍

BBS（Bulletin Board System），中文译为“公告板系统”，也称电子公告栏或电子公告板。BBS 最早是用来公布股市价格类信息的，当时 BBS 不具有文件传输的功能，且只能在苹果计算机上运行。早期的 BBS 与一般街头和校园内的公告板性质相同，只不过是通过计算机来传播或获得消息，直到个人计算机开始普及，有些人尝试将苹果计算机上的 BBS 转移到个人计算机上，BBS 开始渐渐普及开来。近些年来，由于爱好者们的努力，BBS 的功能得到了很大扩充。

我国大约是从 1991 年开始了第一个 BBS 站。经过长时间的发展，直到 1995 年，随着计算机技术的发展，BBS 才逐渐被人们所认识，随后以惊人的速度发展。国内的 BBS 站，按其性质划分，可以分为两种：一种是商业 BBS 站，另一种是业余 BBS 站。

开展网络营销的意义在于充分发挥各种职能，让网上经营的整体效益最大化。网络营销的职能是通过各种网络营销方法来实现的，网络营销的各个职能之间并非相互独立，而是相互联系、相互促进的。同一个职能可能需要多种网络营销方法的共同作用，而同一种网络营销方法也可能适用于多个网络营销职能。

四、网络营销与传统营销的异同

网络营销与传统营销是构成企业整体营销战略的重要组成部分，网络营销是在网络环境下对传统营销的拓展和延伸，它与传统营销有着内在的必然联系，但在手段、方式、工具、渠道以及营销策略方面又有着本质的区别。网络营销与传统营销的异同见表 1-5。

表 1-5　网络营销与传统营销的异同

异　同	主要内容	具体阐述
相同点	都是企业的一种经营活动	两者所涉及的范围不仅限于商业性内容，即产品生产出来之后的活动，而且还要向前延伸到产品制造之前的开发活动，以及向后延伸到企业的售后服务环节
	都需要企业的既定目标	现代企业的市场营销目标已不仅仅是某个目标，更重要的是要追求某种价值的实现。实现这样的目标要启动多种关系，而且要制定出各种策略，做好整合营销，最终才能够实现预计所要达到的目标

（续）

异　同	主 要 内 容	具 体 阐 述
相同点	都把满足消费者需求作为一切活动的出发点	顾客处于优先地位，没有顾客参与，就不可能达到消费的目的。网络营销和传统营销都很好地体现了这一点，就是尽一切可能去满足消费者的需求
	都需要满足消费者的附加需求	对消费者需求的满足，不仅停留在现实需求上，而且还包括附加需求的满足，也就是说企业不但要向消费者提供其满意的产品，而对产品的售后服务、产品更新等，也要向消费者负责
不同点	产品方面	在互联网上进行市场营销的产品可以是任何产品或任何服务项目，如电子杂志、软件等无形产品；而在传统营销领域却很难做到销售任何产品
	价格方面	在互联网上营销产品的价格，以顾客能接受的成本来定价，并依据该成本来组织生产和销售的模式。由于减少了中间环节，节省了营销费用，所以商品的价格可以低于传统销售方式下的价格，从而产生较大的竞争优势。而传统营销以成本为基准定价，因为依赖层层严密的渠道，并以大量人力与宣传投入来争夺市场，其中营销成本在综合成本中占有相当高的比重，销售价格偏高
	渠道方面	网络营销的渠道是集多种功能于一体的互联网，具有“距离为零”和“时差为零”的优势，改变了传统的迂回模式，可以采用直接的销售模式，实现零库存、无分销商的高效运作；传统营销的渠道是多层次、多环节的
	促销方面	网上促销是一对一的、双向的、理性的、消费者主导的、非强迫性的、循序渐进式的、个性化的、低成本的促销；而传统促销是一对多的、单向的、强迫性的、非个性化的、高成本的促销

五、网络营销的优势

随着互联网的应用和发展，网络营销作为一种全新的营销方式，具有很强的优势和吸引力。从对企业和对消费者两个方面来看，网络营销主要具有以下优势。

1. 对企业而言

对企业而言，网络营销的优势主要体现在以下五个方面，如图 1-1 所示。

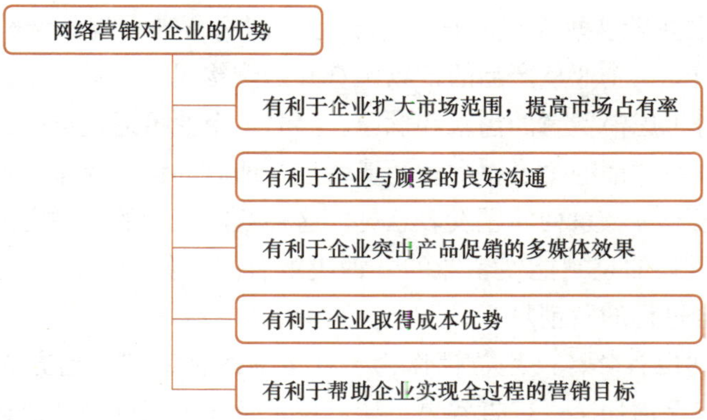

图 1-1　网络营销对企业的优势

（1）有利于企业扩大市场范围，提高市场占有率　互联网覆盖全球市场，利用互联网可以即时联通国际市场，减少市场壁垒，真正形成全球社区。企业的市场覆盖范围扩大，销量增大，利于提高企业的市场占有率。

（2）有利于企业与顾客的良好沟通　首先，在网络时代，消费者希望付出较小的购物成本完成购物，并在购物的同时享受网络带来的乐趣。网络营销简化了购物环境，节省了消费者的时间和精力，提高了买卖双方的交易效率。其次，网络营销的一对一服务，可以给顾客充分自由考虑的空间。利用网络，消费者可以根据自己的需求收集相应的信息，如产品、厂家等，然后再经过比较做出购买决定。企业还可以通过制作调查表来了解顾客的意见，或让顾客参与产品设计、开发、生产，使生产真正做到以顾客为中心，从各方面满足顾客的需要。再次，利用网络可以突破经营的时空界限，24 小时不间断的服务有利于增加企业与顾客接触的机会，更好地发挥潜在销售能力。从长远来看，网络营销能给商家带来长期的利益，并在不知不觉中培养一批忠实的顾客。

（3）有利于企业突出产品促销的多媒体效果　网络广告是网络营销促销的主要形式。网络广告既具有平面媒体信息承载量大的特点，又具有电波媒体的视、听觉效果，可谓图文并茂、声像俱全。而且，网络广告发布不需印刷，节省纸张，不受时间、版面限制，顾客只要需要，就可随时索取。网络广告采用文字介绍、声音、影像、图像、颜色、音乐等一体的丰富表现手段，可以使消费者全方位亲身“体验”产品。这种以图、文、声、像的形式，传达多感观信息的方法，能大大突出产品促销的多媒体效果。

（4）有利于企业取得成本优势　第一，网络媒介具有传播范围广、速度快、无时空限制、无版面约束、内容详尽形象、双向交流、反馈迅速等特点，有利于提高企业营销信息传播的效率，增强企业营销信息传播的效果，降低企业营销信息传播的成本。第二，网络营销无店面租金成本，能帮助企业减轻库存压力，企业根据订货情况及时调整库存量，还能降低库存费用。第三，企业通过网络利于加强与主要供应商的协作关系，将原材料的采购与产品的制造过程有机结合起来，形成一体化的信息传递和信息处理体系，能帮助企业降低采购成本。第四，在网上发布信息，将产品直接向消费者推销，可缩短分销环节，发布的信息谁都可以自由地索取，从而拓宽销售范围，节省了促销费用和业务员在外面工作的费用，降低了成本，使产品具有价格竞争力。

（5）有利于帮助企业实现全过程的营销目标　网络营销管理强调顾客、成本、方便和沟通的营销理念，因此，企业从产品的市场调查开始到构思、设计、生产、销售、服务及信息反馈阶段都要充分考虑消费者的需求和意愿。同时，企业可通过电子公告栏和电子邮件等方式，以极低的成本在营销的全过程中对消费者进行即时的信息收集，消费者则有机会对产品的设计、定价和服务等一系列问题发表意见。这种双向互动的沟通方式提高了消费者的参与性和积极性，更重要的是它能使企业的营销决策有的放矢，从根本上提高消费者的满意度，帮助企业实现全过程的营销目标。

当然，凡事有利也有弊，网络营销作为一种全新的营销和沟通方式，在很多方面还有待完善和发展，如缺乏信任感、广告效果不佳、技术及安全问题尚待改进、企业促销被动性加剧等。企业应该正确看待网络营销的利与弊，充分发挥网络营销的优势，为企业带来更高的效益。

2. 对消费者而言

对消费者而言，网络营销的优势主要体现在以下两个方面。

（1）网络营销能更好地为消费者提供服务，满足消费者个性化需求　网络营销是以消费者为导向的，因此，网络消费者拥有非常大的选择自由，可以不受时空的限制，利用互联网寻求满意的商品和服务，甚至可以根据自己的需求进行个性化产品定制。如海尔集团允许用户自己设计空调和电冰箱的功能组合。

（2）网络营销可提高消费者购物效率　在传统的购物方式下，消费者购买商品花费了很多的时间和精力。而网络购物可使消费者在获得大量信息和得到乐趣的同时，在办公室或家中点击鼠标或轻触屏幕即可轻松地完成购物。这种互动性的个性化服务，缩短了消费者购物的整个过程，提高了消费者购物的效率。

学习评价

请利用所学知识完成表 1-6 中的简要介绍，并在对应的评价栏中给予相应的评价。

要求：表 1-6 列出了 5 个知识点，第 1 个知识点是要完成本任务必须掌握的，其他 4 个知识点分别能简要介绍 3 ～ 6 条就达到了本任务的目标；技能完成情况根据实际情况进行评估。

表 1-6　网络营销知识和技能评价

项　目	内　容	简要介绍	评　价		
			很好	好	继续加油
知识	什么是网络营销				
	网络营销的特点				
	网络营销的职能				
	网络营销与传统营销的异同				
	网络营销对企业的优势				
技能	信息收集能力				
	信息整理能力				
	信息宣讲能力				

任务二　熟悉网络营销的基本方式、方法

案例导读

乘网络销售东风，助鲜果产品销售

乘着互联网发展的东风，鲜果网络营销迅速发展，鲜果网络营销的方式打破了地域限制，扩大了鲜果市场销路，越来越多的果农和小型零售商尝试通过网络营销增加收益。互联网创

新了鲜果产品营销形式，按照宣传渠道及方式不同主要有以下几种：

1．电商销售平台＋鲜果

通过电商销售平台进行营销，是比较传统的鲜果网络营销模式。电商销售平台主要有淘宝、天猫、京东商城、优果网、易果生鲜、美团优选、饿了么等。消费者通过检索电商销售平台上的信息，直接下单购买鲜果产品。

2．网络直播＋鲜果

直播带货方式是近几年发展比较迅猛的网络营销方式。依托各类电商平台或社交平台，主播开展直播，消费者观看直播并通过产品购买链接下单完成交易。主播既可以是商家、果农自身，也可以是高知名度的网红、明星。通过直播售卖鲜果是“可视农业”非常典型的一种形式。主播通过镜头，将鲜果生长、采摘过程呈现在观众面前，甚至采取“现拍现采”的方式，让消费者放心购买优质产品。

3．微信＋鲜果

此模式主要指借助微信，将编辑好的鲜果产品的宣传和售卖信息发送至微信群、朋友圈、微信公众号的网络营销模式。这种模式流程简单、便捷易学，消费者可随时通过微信询问。

在鲜果营销过程中，生产经营者和管理者大多是当地的果农，受年龄和教育程度的影响，对网络营销缺乏认识了解。目前，掌握鲜果种植、生产以及网络营销技能的专业人才还较为稀缺。人才是高新技术运用和鲜果销售的主体，只有打造专业的人才队伍，才能给农村地区鲜果网络营销换挡增速，促进鲜果网络营销迈向高质量、规模化。电子商务专业学生应立志用所学知识和技能助力美丽乡村建设。

任务布置

张翔的说服取得了一定的成效，老板让张翔根据本企业的特点，初步拟定适合的网络营销方式与方法，在下周的会议上进行讨论。请你和同学一起帮助张翔完成老板布置的任务。

分析：网络营销有着传统营销不可比拟的优势，特别是对于中小企业而言。如今的网络营销方式越来越多样化，企业开展网络营销该选择何种方式、方法，才能让自己的品牌传播出去，让自己的产品销售出去，得到消费者的肯定呢?

任务实施

任务实施导航结构图：

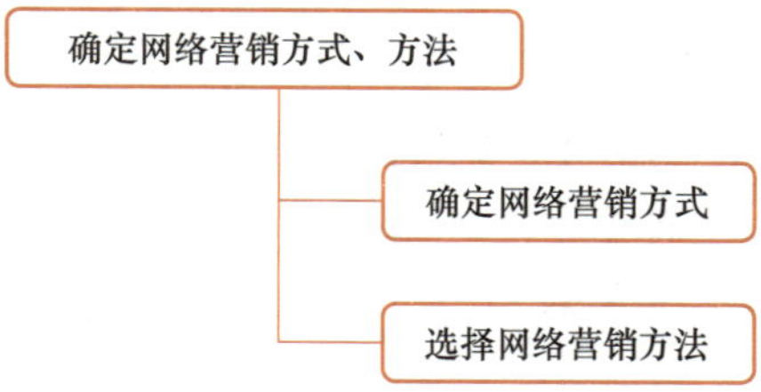

一、确定网络营销方式

提示：请结合企业和行业特点，讨论美秀坊饰品有限公司适合采用哪种网络营销方式？为什么？

二、选择网络营销方法

提示：和同学一起讨论适合美秀坊饰品有限公司的网络营销方法有哪些？为什么？并在讨论得出的适合美秀坊饰品有限公司的网络营销方法中选择最适合的 3 ～ 5 种，简单写出实施步骤，填写在表 1-7 中。

表 1-7　网络营销方法的选择

编　号	方　法	实 施 步 骤
1		
2		
3		
4		
5		

知识链接

一、网络营销的基本方式

要开展网络营销，首先要登录互联网，否则网络营销就无从谈起。按照企业是否拥有自己的网站来划分，网络营销基本方式分为两类：无站点网络营销和基于企业站点的网络营销，如图 1-2 所示。

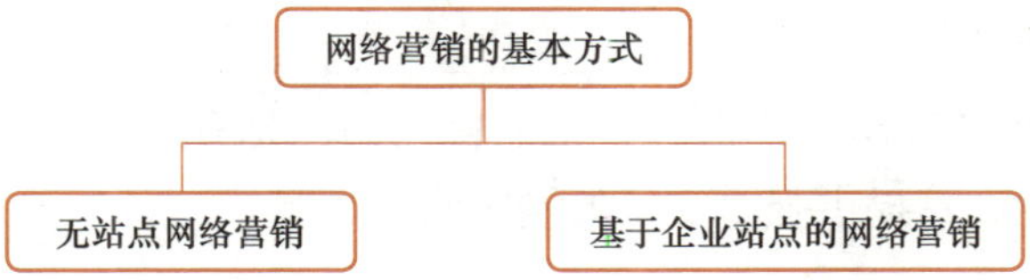

图 1-2　网络营销的基本方式

（一）无站点网络营销

1. 无站点网络营销的含义

无站点网络营销是指企业没有建立自己的网站，而是利用互联网上的资源，如 BBS、电子邮件、邮件列表和新闻组等，开展初步的网络营销活动，属于初级网络营销。企业没有建立网站有两种情形：一种是企业暂时没有条件或者认为没有必要建立网站；另一种是不需要拥有网站即可达到网络营销的目的，如临时性、阶段性的网络营销活动，或因为向用户传递的营销信息量比较小，无须通过企业网站即可实现网络营销的信息传递。

事实上，企业在建立自己的网站之前，只要具备接入互联网的基本条件，就可以开展基本的网络营销活动。对于大多数传统行业，尤其是中小企业来讲，无站点网络营销较为普遍。

2. 无站点网络营销的特点

企业在无站点网络营销阶段的特点主要表现在：

（1）有上网的行为，有开展网络营销的意识，但缺乏对网上经营的了解。

（2）没有专业人才，没有或者很少的财务预算，对上网时机的把握没有明确的信号，对上网的目的、如何上网、上网的基本条件和投资规模等信息缺乏足够的了解。

（3）对如何找到网上资源，如何利用网上信息资源等掌握不够全面。

（4）对上网后能为企业带来什么效益，如何利用互联网进行网上经营活动等都不能制订明确的计划。

经过一段时间之后，企业最大的发现可能是网上有大量的免费资源。企业利用大量免费资源，如免费域名、免费网页空间、免费电子邮件、免费信息发布、免费软件下载等，开展初步的网络营销活动，如免费发布供求信息、网上拍卖、加入专业经贸信息网和行业信息网等，使自己的企业获得更多的商机。

3. 无站点网络营销的缺点

（1）发布信息过于零散，不利于企业整体网络营销品牌的建立，不利于客户详细了解企业产品的信息。

（2）在其他平台上发布信息几乎没有任何自主权，很难和企业整体的网络营销策略结合起来。

（3）由于发布信息的平台很多、很杂，发布的信息难以管理。当企业有些信息（如电话、联系方式等）需要修改的时候，很难对原有资料进行修改，造成很多潜在客户的流失。

（二）基于企业站点的网络营销

1. 基于企业站点的网络营销的含义

基于企业站点的网络营销，是指通过企业自己的网站开展网络营销活动。企业网站是一个综合性的、为企业经营提供强力支持的网络营销工具。

2. 企业建立站点方案的选择

企业站点的建立可以分为两种：一种是自己建立网站，另一种是外购整体网络服务。

网络站点投资选择的主要问题是资金问题。如果一个企业规模较大，资金充足，而且需要有大量的信息与外界交流，选择自己建立企业站点接入互联网是比较理想的。如果企业与外界没有很多的信息交流，资金有限，选择外购整体网络服务是比较理想的。

3. 基于企业站点网络营销的特点

基于企业站点网络营销的特点主要表现在以下几个方面：

（1）在网站基本指导思想方面，表现为具有明确的目的性。

（2）在网站功能方面，不仅要保证在技术上实现网站的基本功能，同时还要具备网站的网络营销职能，网站的网络营销职能才是最终发挥网络营销效果的保证。

（3）在网站优化设计方面，不仅要适合搜索引擎的检索，更要适合用户通过网站获取信息和服务，并且要求网站维护比较方便。

企业网站是企业网络营销的基础，企业只有建立起适合自己企业的网络营销平台，才能更加有效地通过各种途径去开展网络营销，才能使企业网络营销的作用充分发挥出来。

二、网络营销的基本方法

网络营销方法是对网络营销资源和网络营销工具的合理利用，是网络营销各项职能得以实现的基本手段，在网络营销内容体系中处于重要位置。网络营销的方法有很多，常用的网络营销方法有搜索引擎营销、E-mail 营销、会员制营销、病毒性营销、论坛营销、网络广告营销、博客营销、微营销、互动营销、即时通信营销、网络社群营销、视频营销和直播营销等。下面简单介绍几种常用的网络营销方法：

1. 搜索引擎营销

搜索引擎营销（Search Engine Marketing，SEM）是指基于搜索引擎平台的网络营销，利用人们对搜索引擎的依赖和使用习惯，在人们检索信息的时候尽可能将营销信息传递给目标客户。随着人们网络应用水平的不断提高，使用百度等搜索引擎成为人们发现、寻找个性化信息的基本方法，因此，企业在主要的搜索引擎网站上注册并获得最理想的排名，可以用最小的投入获得最大的来自搜索引擎的访问量，并由此产生商业价值。

2. E-mail 营销

E-mail 营销主要包括许可 E-mail 营销和邮件列表。

（1）许可 E-mail 营销是在用户事先许可的前提下，通过电子邮件的方式向目标用户传递有价值信息的一种网络营销手段。开展 E-mail 营销的前提是拥有潜在用户的 E-mail 地址，这些地址可以是企业从用户、潜在用户资料中自行收集整理的，也可以利用第三方的潜在用户资源。

（2）邮件列表是许可 E-mail 营销的一种具体表现形式，是采用“迂回的方式”，向用户提供有价值信息的同时附带一定的产品或服务推广信息的营销方式。

3. 会员制营销

会员制营销已经被证实为电子商务网站最有效的营销手段之一。国外许多网上零售型网站都实施了会员制计划，几乎覆盖了所有行业。国内的会员制营销也处在蓬勃发展时期，电子商务企业对此表现出浓厚兴趣和旺盛的发展势头。

病毒式推广

4. 病毒性营销

病毒性营销并非真的以传播病毒的方式开展营销，而是通过用户的口碑宣传，使信息像病毒一样传播和扩散，利用快速复制的方式传向数以万计的受众。病毒性营销需要独特的创意，并且要精心设计方案。如百事可乐为其一款产品制定营销策略时，想出了一个“孩子们只要收集齐 10 个饮料购买的凭证再加上 35 美元一并寄到百事公司，就可以拿到一个摩托罗拉的传呼器”的创意，当时传呼器在孩子心中是很酷的“玩意儿”，因此，该产品三个月的销量达到了 1200 万瓶，这就是一个非常成功的案例。

5. 论坛营销

论坛又名网络社区（即 BBS），它提供一块公共电子白板，每个用户都可以在上面书写，可发布信息或提出看法。它是一种交互性强、内容丰富而即时的互联网电子信息服务系统。用户在论坛上可以获得各种信息服务，发布信息，进行讨论、聊天等。

6. 网络广告营销

网络广告是最常见的一种网络营销手段，相比于传统媒体高额的广告费，网络广告以其低成本、有效、快捷的优势越来越受企业的青睐。随着网络广告形式的不断翻新，企业展示自己优势信息的视觉传达也逐渐简洁、清晰起来。几乎所有的网络营销活动都与品牌形象有关，在所有与品牌推广有关的网络营销手段中，网络广告的作用最为直接。

7. 博客营销

博客营销是公司、企业或者个人利用博客这种网络交互性平台，发布并更新企业、公司或个人的相关概况及信息，密切关注并及时回复平台上客户对于企业或个人的相关疑问以及咨询，并通过较强的博客平台帮助企业或公司零成本获得搜索引擎的较前排位，以达到宣传目的的营销手段。简言之，博客营销就是利用博客这种网络应用形式开展的网络营销活动。

8. 微营销

微营销是以移动互联网作为主要沟通平台，通过微博、微信、微视频、二维码等新兴社会化媒体影响受众，通过在微介质上进行信息的快速传播、分享、反馈、互动，从而实现市场调研、产品推广、客户关系管理、品牌传播、危机公关等，以此建立和强化与顾客间的关系，实现顾客价值的一系列过程。

9. 即时通信营销

即时通信营销又叫 IM（Instant Messaging）营销，是企业通过即时工具推广产品和品牌，以实现目标客户挖掘和转化的网络营销方式。主要有以下两种情况：

（1）网络在线交流　中小企业建立了网店或者企业网站时一般会有即时通信在线，这样潜在的客户如果对产品或者服务感兴趣自然会主动和在线的商家联系。

（2）广告　中小企业可以通过即时通信营销工具，发布一些产品信息、促销信息，或者可以通过图片发布一些网友喜闻乐见的表情，同时加上企业要宣传的标志。

10. 网络社群营销

网络社群营销是基于互联网等移动终端，把具有共同兴趣爱好的人聚集在一起，进行营销传播的过程，营销过程中通过引起受众的关注，汇聚人群达到最终的营销目标。网络社群营销是一个口碑传播的过程，通过一些元素引起口碑，汇聚人群，口碑再扩散……周而复始。

11. 视频营销

视频营销主要是指基于视频网站为核心的网络平台，以内容为核心、创意为导向，利用精细策划的视频内容实现产品营销与品牌传播的目的。视频营销归根到底是营销活动，因此成功的视频营销不仅仅要有较高的视频制作水平，更要发掘营销内容的亮点。

12. 直播营销

直播营销是指在现场随着事件的发生、发展进程同时制作和播出节目的营销方式。该营销活动以直播平台为载体，达到提高品牌形象或增加销量目的。直播营销具有不受媒体平台限制、参与门槛低、直播内容多样化等优势。淘宝、蘑菇街、京东等大型电商平台都提供了直播入口，一些专注于直播领域的平台也可进行直播营销，如快手、抖音等。

学习评价

请利用所学知识完成评价表 1-8 中的简要介绍，并在对应的评价栏中给予相应的评价。

要求：表 1-8 列出了 2 个知识点，其中网络营销的基本方法，可选择自己最熟悉的 3 ～ 5 种网络营销方法进行介绍；技能完成情况根据实际情况进行评价。

表 1-8　网络营销的基本方式、方法知识和技能评价

项　目	内　容	简 要 介 绍	评　价		
			很好	好	继续加油
知识	网络营销的基本方式				
	网络营销的基本方法				
技能	方式选择与分析能力				
	最佳方法选择能力				
	方法分析能力				

项目二

网络消费者市场分析

项目导学

经过二十多年快速的发展，我国网络消费人群已经形成巨大市场规模。谁能真正了解并准确把握网络消费者的需求、心理及特征，谁就可能在未来激烈的电商竞争中取胜。本项目以任务驱动的方式引出网络消费者需求特征、网络消费者购买动机、网络消费者行为分析等知识的讲授，通过“任务实施”和“学习评价”来达到提高读者专业知识应用能力的目的。

通过对本项目的学习，会对网络消费者有一个大致的了解，为学习后面的内容打下良好的基础。

项目目标

- 了解网络消费者的需求特征
- 理解网络消费者的购买动机
- 会对网络消费者的购买行为进行简单分析

任务一　认识网络消费者的需求及特征

案例导读

中国人穿中国人自己造的鞋　国潮运动品牌消费升温

近年来，国潮热持续升温，这一趋势同样延伸至运动品牌。根据各大运动品牌 2022 年半年报，原本占据国内运动鞋服市场半壁江山的耐克、阿迪达斯，呈现了不同程度的负增长。反观国内运动品牌，“国潮兴起”大好局面显现，受到更多年轻人欢迎。年轻人现在更喜欢购买国产运动品牌。刺绣、国风等民族风格元素也正逐渐成为年轻人追求的时尚。新华网发布的《国潮品牌年轻消费洞察报告》指出，对比 10 年前，“国潮”热度增长超 5 倍，

78.5% 的消费者更偏好选择国产品牌，比国外品牌选择偏好度高 72%。其中，“90 后”“00 后”是“国潮”消费的绝对主力。年轻人正让“国潮”品牌不断焕发新生机。国潮已经作为一种文化态度和生活方式，融入大众生活中。未来一定会有更多的国潮产品以更丰富的表现形式传递中国韵味，彰显中国形象与品质力量。

随着我国本土企业设计能力、水平以及品牌推广能力的提升带动业绩增长，洋品牌的优势被逐渐压缩。鞋服行业资深人士分析，洋品牌仍在惯用欧美时尚文化等元素为主导，采用通用版型，一个套路走遍全世界。在我国，这样的理念越来越不被年轻消费者所接受。此外，从产品特点上来说，国内运动品牌实际上都是从细分赛道上脱颖而出，比如特步是从跑步开始发力，安踏从温度上突破，李宁从时尚角度破圈，侧重点各有不同，在一定程度上，相当于都精准找到了各自的目标消费群体。充分认识消费者的需求和特征，成为国潮运动品牌的制胜法宝。

任务布置

张翔觉得饰品品类繁多，网络销售竞争激烈，最好能选择一两种单品在网上做重点推广，最好能做出“爆款”，以此带动其他饰品的销售。他注意到学生群体手机更换频率较快，若能针对性地开发并重点推介一些热卖手机的装饰配件应该容易获得较好的流量与销量。请帮助张翔获取学生群体的在线消费特点和需求信息。

分析：要了解学生群体的在线消费特点和需求，有必要做一次网络调查以便收集相关数据做分析和总结，为以后设计营销方案和决策做依据。

任务实施

任务实施导航结构图：

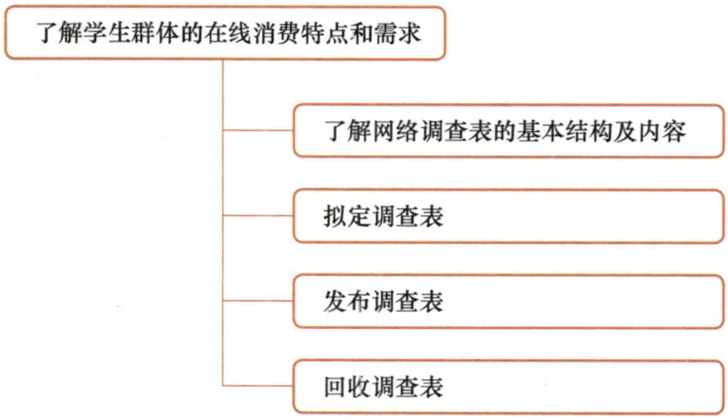

一、了解网络调查表的基本结构及内容

提示：根据所学知识或利用网络收集有关“网络调查表的基本结构及内容”的信息，完成表 2-1 的填写。

表 2-1　网络调查表的基本结构及内容

编　号	基 本 结 构	主 要 内 容
1		
2		
3		

二、拟定调查表

提示：①本次网络调查的目的是对学生群体使用手机的情况进行了解，同时了解他们对手机装饰配件的材料、外观、功能、价格等的看法。②调查表结构要完整，提问方式既要有开放式问题又要有封闭式问题，问题设计要求有针对性，排列要科学，且不应少于 10 个。③请个人或以团队的形式，根据提示完成表 2-2 的填写。

表 2-2　调查表内容设计

调查表标题	
前文 / 前言	
问卷内容 / 正文	
结 束 语	

三、发布调查表

提示：将拟定调查表发布在专业网上调查的网站“问卷星”（http://www.sojump.com）上，把调查表所在的链接地址（或二维码）发给其他同学以完成问卷填写，同时把地址（或二维码）抄送教师评价。

（1）注册会员并登录网站，如图 2-1 所示。

图 2-1　“问卷星”网站首页

（2）单击“立即发起调查”按钮，发起调查，如图 2-2 所示。

图 2-2 发起调查入口

（3）根据提示，创建空白调查表，输入调查表标题，如图 2-3 所示。

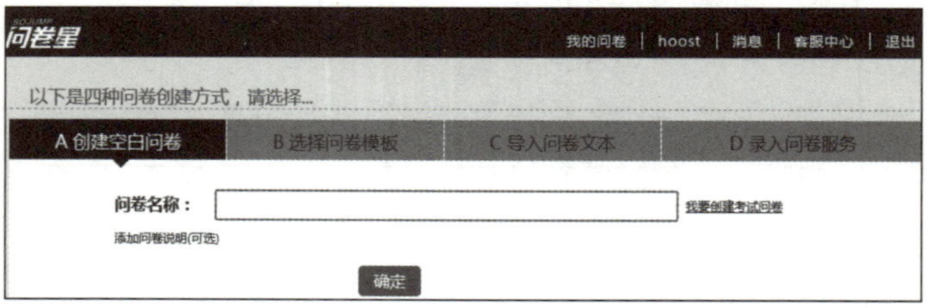

图 2-3 创建调查表，输入标题

（4）按提示要求，依次编辑不同类型的问卷题目，如图 2-4 所示。

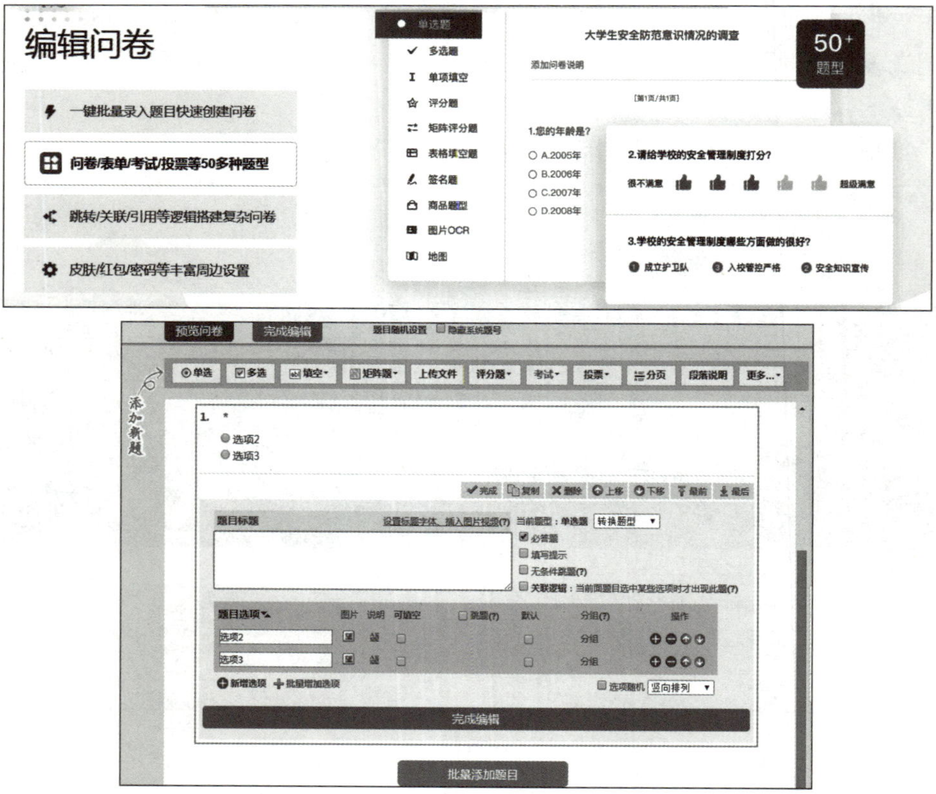

图 2-4 题目编辑界面

（5）确保所有题目录入信息无误后，发布调查表，如图 2-5 所示。

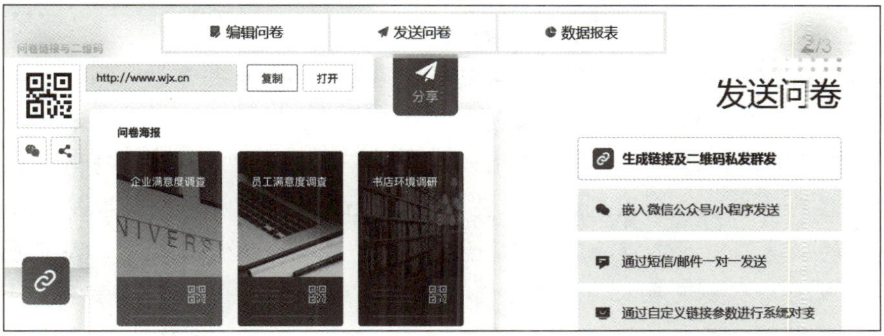

图 2-5　发布调查表

四、回收调查表

提示：调查表发布之后，及时发动被调查者如实填写调查表，适当时间后回收并获得相关统计数据，根据数据分析的实际需要形成各种报表，如图 2-6 所示。

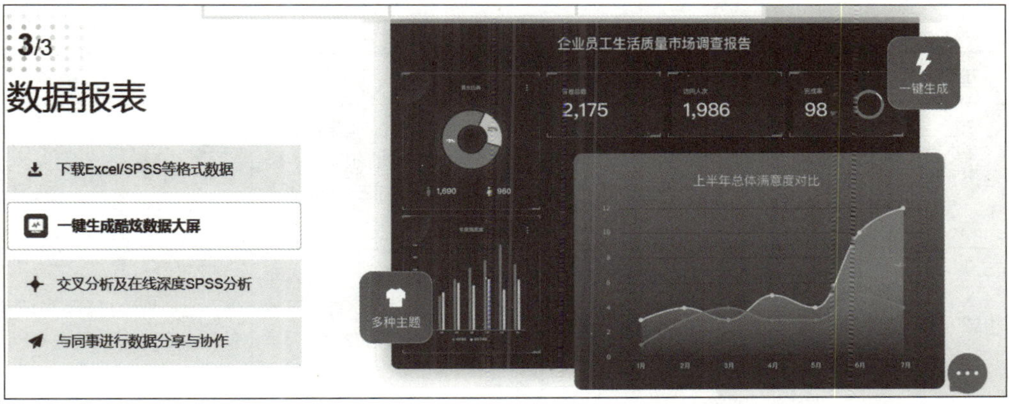

图 2-6　回收调查表统计数据并开展数据分析

知识链接

一、网络消费者概述

网络消费者（Internet Consumer）是指通过互联网在电子商务市场中进行消费和购物等活动的消费者人群。经过 20 多年快速的发展，我国网络消费人群已经形成规模。截至 2022 年 12 月，我国网民规模已达到 10.67 亿，为电子商务市场的发展提供了三大的消费动力。目前网络消费呈现出普及化、全球化、移动化的发展趋势。在当今信息化时代，“以顾客为中心”的经营理念占主导地位，谁能真实了解网络消费者的需求及特征，谁能准确掌握消费者的心理，谁就可能在激烈的竞争中脱颖而出，取得主导地位。

小知识

网络市场

网络市场是指那些对某些产品和服务具有特定欲望和需求并且愿意和能够通过互联网来购买这些产品和服务的客户总和。它包括两部分市场：现在已经能够通过互联网来购买这些产品和服务的客户总和；现在没有上网，但在一定条件下可以上网购物的潜在网民。

随着互联网的发展，利用无国界、无区域界限的互联网来销售商品或提供服务，成为买卖通路的新选择，网络市场成为21世纪最有发展潜力的新兴市场。从市场运作的机制看，网络市场具有如下基本特征：①无店铺的经营方式。②无存货的经营形式。③成本低廉的竞争策略。④无时间限制的全天候经营。⑤无国界、无区域界限的经营范围。⑥精简化的营销环节。

二、网络消费者类型

目前，我国网络消费者大致可以分为四种类型：经济型、应用型、享受型、虚拟体验型。他们有着明显的特点，见表2-3。

表2-3 网络消费者类型

类　型	特　点	示　例
经济型	注重所购买商品的实用性，倾向于购买性价比较高的产品。决策前他们会花大量时间进行信息搜索和比较，对已购买者的在线评价也很重视。经济型消费者对商品价格比较敏感，对品牌和商家的忠诚度不高，因此商家的打折促销活动能较强地激发他们的购买行为	热衷于参与各种促销活动的消费者，日常“囤货族”大多也属于这类群体
应用型	往往有某些独特的需求才上网进行购买。他们搜索产品目标性很强，对产品的功能以及商家的声誉也十分看重。当产品功能足够强大、能满足他们需要时，他们愿意为此支付较高的价格。而且，只要这类消费者使用满意，会倾向于持续使用下去，成为忠诚顾客	一些行业价格不菲的调查报告或学术论文的购买者
享受型	着重的不只是实体商品的基本属性及应用功能，而是通过网络购买的附加价值。他们消费主要是为了实现自身情感的满足。这种情感上的享受主要来源于两个方面：①商品品牌的象征意义带来的个性象征、社交象征、身份地位象征等，满足消费者展示自我的需求。②网络购物过程带来的愉悦感	网上购买奢侈品的消费者
虚拟体验型	购买的产品完全是由于情感和体验的需要，并且产品是数字符号的形式，只能在网络中使用。近几年网络游戏和社交网站的迅速发展直接推动了消费者对体验型虚拟商品的大量购买，产品范围已经从最初的游戏道具演变到几乎现实生活中存在的各种物品，如服装、饰品、宠物、房产等	游戏道具、装备的购买者，虚拟物品的购买者

三、网络消费者需求特征

网络消费者需求特征

1．网络消费者需求的演变

（1）前大众传媒、大众营销时代的个性化服务　早期的销售形式多以小百货店为单位。由于顾客少，购买地点集中，当时的小百货店主比较熟悉各位顾客的消费习惯和偏好，因此在组织货源和销售时，都会考虑顾客的偏好和习惯，自发地进行着较低级的个性化顾客服务。在日本，化妆品零售商至今都沿用这种服务方式：他们的销售代表和每一位顾客保持着联系，定期走访每一位顾客，根据她们的皮肤特征向其推荐产品；适时补充已用完的化妆品；收集顾客反馈意见等。他们发现这种个性化的顾客服务能取得顾客的信任，建立对产品的忠诚。

（2）大规模营销时代的服务　在这个阶段，工业化和标准化的生产方式使消费者的个性被淹没于大量低成本、单一化的产品洪流之中。大规模市场营销借助于电视广告、购物中心尝试开始改变人们的消费方式。这个阶段的服务方式使公司失去了和顾客的亲密关系，顾客仅被看成统计报表中的数字，而不是有需求差别的人。

（3）回归个性化服务　当今，整个世界以非凡的速度变成了一个网络交织的世界。这使具有大量选择的全球化市场取代了有限选择的区域市场；计算机化生产使产品有了更加丰富和多样化的设计，在此基础上整个市场营销又回归到个性化的基础上。互联网的普及大大加快了这种趋势，市场营销的舞台上不再是企业的独角戏，网络消费者利用网络营销的互动平台轻松地走上舞台和企业对话，并施加越来越大的影响。个性化的顾客服务日益成为一种企业的工作核心。

2. 网络消费者的需求特征

由于电子商务的出现，消费观念、消费方式和消费者的地位正在发生着重要的变化，使当代消费者心理与以往相比呈现出新的特点和趋势，见表 2-4。

表 2-4　网络消费者需求特征

编　　号	需求特征	详 细 介 绍
1	个性化	在网络时代，消费者可以实现个性化定制，甚至可以参与新产品的开发和研究，刺激了消费者个性化需求的极大膨胀。网络为消费者更快、更全面地了解某一商品的市场价格、性能、售后服务等方面的信息提供了便利条件，从而为他们自身的个性化消费提供更好的决策依据。互联网同样可以方便企业掌握对消费者购买信息的准确分析，精准定位消费者的需求和偏好，从而为消费者提供个性化的商品定制服务
2	差异性	网络市场打破传统地域限制，极大地扩大了消费者群体的地域分布，不同地域、不同民族、不同年龄、不同消费观念和不同消费层次的消费者对商品的需求有显著差异。所以，从事网络营销的厂商要想取得成功，必须在整个生产过程中，从产品的构思、设计、制造到产品的包装、运输、销售，认真思考这种差异性，并针对不同消费者的特点，采取有针对性的方法和措施
3	主动性	在网络环境下，消费者无论是在对产品或服务需求的表达，还是在信息的收集或是售后的反馈方面所表现出来的主动性都大大增强。首先，购买环境更加轻松。没有了实体商场营业员在一旁单向“填鸭式”的营销，网络消费者在网络虚拟商店可以自由地浏览和比较。其次，消费者不再被动地接受厂商提供的产品，而是根据个人的需要主动上网搜索，甚至可以直接联系厂商要求量身定做，从而满足个性化需求。最后，借助网络搜索引擎的便利性，消费者在购买决策过程中，可以在互联网上搜索、收集商品信息作为依据进行分析比较，再决定其购买行为
4	追求购买方便性与购物乐趣并存	现代社会不少工薪阶层的上班族感觉工作压力较大、精神高度紧张，这部分消费者会以购物的方便性为目标，追求时间和劳动成本的尽量节省。网上购物的方便性可以使他们节省大量的时间和精力。另一些消费者（主要是一些自由职业者或家庭主妇）则恰好相反，他们可供支配的时间较多。每天浏览购物网站并“淘”自己心仪的商品已经成为这类消费者的生活乐趣，他们希望通过网络实现购物的同时，能消遣时间，寻找生活乐趣，保持与社会的联系，赢得尊重，减少心理孤独感。对这些人而言，购物是一种精神享受。对于各种基于社交平台的营销方式，他们更是乐于关注和参与。今后，这两种消费心理都会在较长的时间内并存

（续）

编　号	需求特征	详细介绍
5	价格敏感性	对大多数网络消费者来说，寻找低价优质的商品和服务是吸引他们上网消费的重要原因。虽然价格不是决定网络消费者购买行为的唯一因素，但却是他们购买商品时肯定要考虑的因素。只有价格降幅超过消费者的心理界限，消费者才会怦然心动并最终采取购买行动
6	超前性和可诱导性	根据 CNNIC 的统计，78% 的中国网民是 39 岁以下的青年、青少年。这些人大多是有超前意识、容易接受新事物的年轻人。他们比较喜欢超前和新奇的商品，也比较注意和容易被新的消费动向和商品介绍所吸引。虽然他们目前平均收入水平和在线购买金额并不高，但未来他们将成为我国网络市场的主要交易额的贡献者
7	“她经济”崛起	数据显示，网络女性消费者不仅在数量上已多于男性，而且她们的网络消费频率更高。50% 以上的服装类、60% 以上的综合百货类、80% 以上的美妆类与社会化分享类产品的网络销售量是由女性消费者贡献的。各种团购平台更是受到女性网民们的追捧，女性占了超过 70% 的访问量

小知识

市场细分

市场细分就是企业的管理部门按照影响市场上购买者的欲望和需要、购买习惯和行为诸因素，把整个市场细分为若干个需求不同的产品和市场营销组合的市场部分或亚市场。其中，任何一个市场部分或亚市场都可能被选为企业的目标市场。市场细分有利于企业发现市场机会，发展市场营销战略；可以使企业用最少的经营费用取得最大的经营效益；可以从表面上看起来竞争激烈、已经饱和的市场中发现空间，为企业找到业务发展点和营销机会；还有利于掌握潜在市场的需求，不断开发新产品。

学习评价

请利用所学知识完成评价表 2-5 中的简要介绍，并在对应的评价栏中给予相应的评价。

要求：表 2-5 列出了 3 个知识点，第 1 和第 2 个知识点是要完成本任务必须掌握的，第 3 个知识点要求学会对网络消费者的需求特征进行分析并举例；技能完成情况根据实际情况进行评价。

表 2-5　网络消费者的需求及特征知识和技能评价

项　目	内　容	简要介绍	评　价		
			很好	好	继续加油
知识	什么是网络消费者				
	网络消费者类型				
	网络消费者需求特征				
技能	会设计网络调查表				
	信息发布能力				

任务二 了解网络消费者的购买动机

案例导读

党的二十大提出，增强文化自信，发展面向现代化、面向世界、面向未来的，民族的科学的大众的社会主义文化，激发全民族文化创新创造活力。

图 2-7 文创雪糕

文创雪糕（见图 2-7）这两年有多火？从一句“万物皆可雪糕”，不难看出它强大的“出圈”效应。从创意上来说，文创雪糕确实是一种创新，被称为舌尖上的“风景”——既有文化内涵，又有吸睛的颜值；既能满足口腹之欲，又能实现网络社交功能。如此集“智慧与美貌”于一身，文创雪糕走红自是水到渠成的事。

契合消费新需求，文创雪糕未来前景广阔。一方面，对景区等主体而言，文创雪糕既是生动的文化载体，亦能激发消费活力，进一步激活文化与市场效应。另一方面，对大众而言，文创雪糕不再只是吃的，可以增添“打卡”新姿势，增强文化体验感、社交仪式感，满足更多消费需求。打开包装，手持雪糕对着景点、地标拍照“打卡”，发社交平台，一气呵成——在景区，许多人尤其是年轻人都会来上这样一套“规范”动作。文创雪糕之所以成功，是因为它在很大程度上迎合了消费者的购买需求和心理动机。

任务布置

网络调查表发布一段时间后，张翔通过网站提供的专业数据回收和统计工具得到了许多有价值的关于学生群体以及他们对手机饰品的购买需求看法的一手直接信息，又通过搜索引擎了解到关于手机饰品市场现状和发展的间接调研信息，最后希望结合网络消费者购买心理动机方面的知识，草拟一份简单调研报告，以便为以后的营销实施方案决策做依据。

分析：完成任务，首先要熟悉网络消费者购买动机有哪些，并掌握撰写调查报告的方法。

任务实施

任务实施导航结构图：

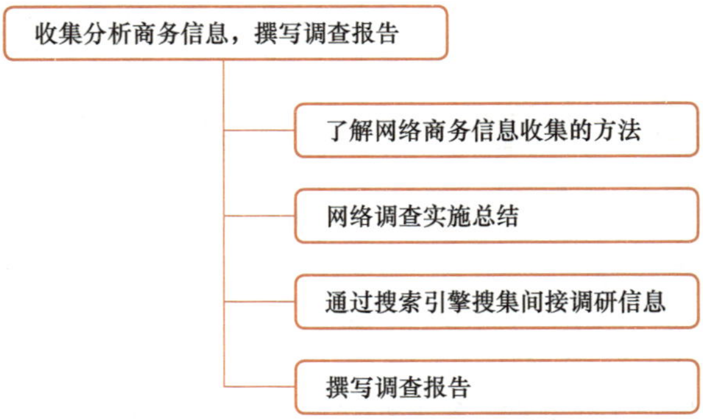

一、了解网络商务信息收集的方法

下面列举的都是网络商务信息收集的常用方法，请按表2-6的分类方法进行归类，并把其序号填入表中：

①在线问卷调查法　②利用公告栏收集信息
③利用新闻组收集信息　④利用搜索引擎搜集信息
⑤图书馆资料阅读　⑥利用电子邮件收集信息
⑦网上观察法　⑧网上实验法
⑨专题讨论法　⑩访问相关官方网站

表2-6　网络商务信息收集方法分析

网络商务信息收集方法分类	常用具体方法
网上直接信息收集方法	
网上间接信息收集方法	

提示：网络商务信息收集方法主要分为网上直接信息收集方法和网上间接信息收集方法。前者是指利用互联网直接进行问卷调查等收集资料的方式；后者是指利用互联网收集与企业营销相关的信息。

二、网络调查实施总结

把任务一实施后回收的第一手数据（直接信息）进行归纳总结，并与调查前预期的情况做对比，完成表2-7。

表2-7　网络调查实施总结

分析项目	调查前预期	调查回收的数据反映的情况
调查对象		
调查主要问题		
调查效果反馈与总结		

三、通过搜索引擎搜集间接调研信息

在网络上通过搜索引擎搜集手机饰品的市场现状和发展的间接调研信息，完成表 2-8。

表 2-8 搜索引擎间接调研信息分析表

手机饰品网络市场现状	常用手机饰品网络市场发展前景

四、撰写调查报告

标题：______

（1）基本情况

调查时间：______

调查地点：______

调查对象：______

调查方法：______

有效答卷回收数量：______

主要题目回收数据情况：______

______

______

（2）综合分析

______

______

（3）对网络营销人员的启示

______

______

知识链接

一、网络消费者购买动机的含义

动机是指推动人进行活动的内在驱动力，即激励人行动的原因。特定的需要决定了人们购买这种商品而不是另一种商品，这种影响消费者选择某种商品的原因就叫购买动机。

网络消费者的购买动机是指在网络购买活动中驱动消费者产生购买行为的某些内在驱动力，它是网络购买过程的初始点。由于网络促销没法面对面进行，消费者的购买行为不能直接观察到，因此对网络消费者购买动机的研究就显得尤为重要。

二、网络消费者购买动机分类

1. 网络消费者购买动机的类型

网络消费者的购买动机主要分为两类，即需求动机和心理动机。

（1）需求动机　需求动机是指人们由于各低级的和高级的需求而引发的购买动机，如在网络上购买基本的生活日用品，或者在网上进行旅游信息咨询等。

（2）心理动机　心理动机是由于人们的认识、感情、意志等心理过程而引发的购买动机，如在网络上突然发现一本感人的好书或一款惊心动魄的网络游戏，就会产生强烈的购买或加入的愿望。

2. 网络消费者的需求动机

网络消费者的需求动机

不管在现实中还是在虚拟网络里，人们都有各种各样的需求。研究人们的网络消费行为，首先要研究网络消费者的购买需求。这种需求既包括基于现实世界的传统需求，也包括在虚拟网络里发展起来的新需求。具体需求有以下几个方面，见表2-9。

表2-9　网络消费者的购买需求

类　型	具体需求	主要含义
传统需求	生理	生存的基本需求，如吃、穿、用、住等。这些需求首先必须得到最低限度的满足。对于网络消费者，大多已经能解决这一层次的需求
	安全	希望自己人身安全、财产安全能够得到一定程度的保障，并为此购买一定的产品和服务。网络消费者主要关注网上交易和支付的安全问题
	社交	人作为社会的一员，内心里都希望与别人沟通，并能从所在的群体中获得友谊、温暖、关心等，这种需要就构成社交的需求。网络消费者期待通过网络随时随地进行信息分享和沟通交流，并快速把消费信息传播到广泛的网络社交群体，最终得到他人某种程度的响应
	尊重	包括自我尊重和受别人尊重两个方面。网络消费者在购买产品和服务的同时，也希望获得更充分的重视和尊重。同时网络让所有人可以在一个极为民主的虚拟群体中做平等交流，也提供更好地彰显个性化的平台
	自我实现	人总是希望自己的才能和潜力能够得到最大的发挥，希望自己的工作称职，在事业上有所成就。网络降低了许多行业的进入门槛，为人们提供更广阔的创业平台和发展空间
网络需求	兴趣	从心理学的角度讲，兴趣具有很大的动机成分。人们更乐意从事能产生兴趣的各种活动。如果有几种可供人选择的目标可以满足人们的需求，人们总是根据自己的兴趣决定选择的对象。网络突飞猛进的新知识、新技术、新运用本身就是给人们带来兴趣和愉悦感的源泉
	聚集	人类是以聚集而生存的社会动物。现代社会中，由于工作强度的提高和工作范围的扩大，人们常常没有整块时间在一起聚集。网络为人们提供了管理碎片时间的工具，也为有相似经历的人们提供了聚集的机会，这种聚集不受时间、空间、身份的限制，并形成富有意义的个人关系
	交流	聚集起来的人们，自然产生一种交流的需求。随着这种信息交流的频率的增加，交流的范围也在不断地扩大，从而产生示范效应，带动对某种类的产品和服务有相同兴趣的成员聚集在一起，形成商品信息交流的网络，即网络交易市场

传统的五个方面需求是分层次的，不是千篇一律的。美国心理学家马斯洛提出了需求层次理论，他指出，只有低一层需求获得满足之后，高一层的需求才会产生。虚拟网络三个新需求则都是网络虚拟社会人们希望满足的基本需求。认识这些新需求，我们才能理解为什么很多人每天在微信等社交平台上愿意无任何收入地、花费很多时间地进行分享和交流。

3. 网络消费者的心理动机

网络消费者的心理动机比需求动机要复杂得多，强调满足精神上的需要，主要体现在理智动机、情感动机和惠顾动机三个方面，见表 2-10。

表 2-10 网络消费者的心理动机

具体需求	主要含义	分类	运用
理智动机	建立在人们对网络市场提供的商品或服务的客观认识的基础上，经过分析、比较、思考之后产生的购买动机。这种购买动机具有客观性、周密性和控制性的特点。在这种动机驱使下的网络消费，人们首先注意的是商品的先进性、科学性和质量高低，其次才注意商品的经济性，受外界因素影响也较小	求实动机	大多数人对于耐用消费品或价值高的高档商品的购买
		求便动机	
		求廉动机	
		求新动机	
		求名动机	
		求美动机	
		求奇动机	
情感动机	由于人的情绪和感情所引起的购买动机。这种购买动机可分成两种形态：低级形态的情感购买动机；高级形态的情感购买动机	低级形态由喜欢、满意、快乐、好奇等情绪而引起，具有冲动性和不稳定性	网络上突然发现一本的好书、一款好游戏、一种设计新颖的产品等产生的冲动性购买
		高级形态由道德感、美感、荣誉感、群体感等所引起，具有较大的稳定性、深刻性	为了友谊需要而购买的用于馈赠亲朋好友的礼品
惠顾动机	也称为习惯动机，是对特定的网站、品牌、商品产生特殊的信任与偏好而重复地、习惯性地访问并购买的一种动机。具这种动机的消费者在各次购买活动中能克服和排除其他的同类水平产品的吸引和干扰，按照事先确定的目标网站完成购买行动。他们往往是一个网站的忠实浏览者和宣传者		定期地、习惯性地访问某个网站并产生购买行动

学习评价

请利用所学知识完成评价表 2-11 中的简要介绍，并在对应的评价栏中给予相应的评价。

要求：表 2-11 列出了 3 个知识点，第 1 个知识点是要完成本任务必须掌握的，第 2 和第 3 个知识点要求学会对网络消费者的购买动机进行具体分析并举例；技能完成情况根据实际情况进行评价。

表 2-11 网络消费者购买动机知识及技能评价

项目	内容	简要介绍	评价		
			很好	好	继续加油
知识	什么是网络消费者购买动机				
	网络消费者的需求动机				
	网络消费者的心理动机				

（续）

项目	内容	简要介绍	评价		
			很好	好	继续加油
技能	信息收集能力				
	信息分析能力				
	会撰写调查报告				

任务三 分析网络消费者的购买行为

案例导读

如今，随着“互联网＋”的盛行和5G时代的到来，短视频迅速崛起，碎片化、可视化信息的分享更加容易影响人们的出行决策。在“小红书”平台看来，如今启发用户旅游灵感的可能是一个短视频、一场直播、一篇游记、一部电影甚至是一档网红综艺，流量极其分散，而小红书正好有能力将开发上述内容的人聚合在平台里，在“种草”后的服务则由相应的商家去承接。本身就擅长网络社区运营和“种草”的小红书有意将平台打造成推介网红城市、旅游城市的互联网窗口。近日，相隔近400公里的湖州与台州的美景通过小红书的连线在直播间里“相遇”了：在湖州市太湖之滨直播的湖州市文化广电旅游局楼局长，与在台州天台山大瀑布前直播的台州市文化广电旅游体育局吕局长现场连线，让观看直播的小红书用户欣赏了两地美景的“同框”场景（见图2-8）。直播间里，两位地方干部共同发力，热情地为观众推荐当地的特色风光，希望通过直播“种草”的方式让更多的人了解湖州和台州。同时，小红书也借助网络社区运营的优势，通过为两地策划文旅路线、设计达人深度体验游及介绍网红打卡点等方式推介旅游目的地城市。

图2-8 “同框”场景

小红书正在发挥“三次元社区”特质，通过线上“种草”反哺线下的新消费模式，助力目的地城市旅游产业复苏，拉动经济增长。类似小红书、抖音等平台生动、立体的渠道传播，未来或将成为城市宣传的新动能与新窗口。

任务布置

张翔详细了解了“小红书”网络“种草”新模式的实施规划和过程，深受启发。为了更好地了解学生消费者在不同阶段对手机饰品方面的个性化需求，并采取有针对性的营销活动以促进流量和转化率的提高，张翔打算仿效和探索新模式，在一些短视频平台推出系列营销活动。请帮张翔拟订简单的营销实施思路。

分析：可针对消费者在需求诱发、收集产品信息、产品比较选择、购买决策、事后评价等不同阶段的特点设计不同的营销方案和内容。

任务实施

任务实施导航结构图：

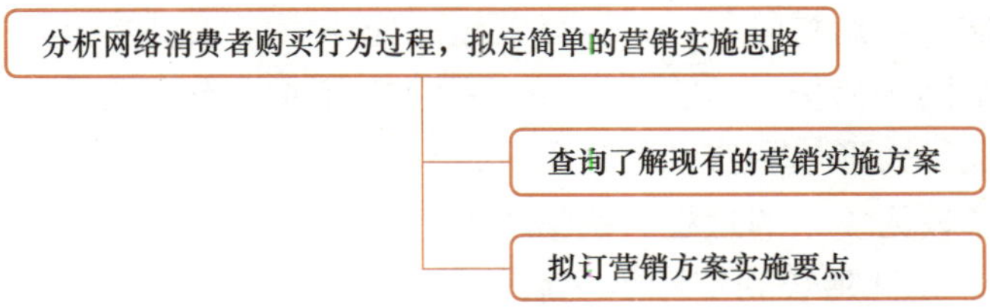

一、查询了解现有的营销实施方案

提示：广泛了解短视频营销新模式中针对网络消费者不同购物过程采取的实施方案的详细情况，完成表 2-12 的填写。

表 2-12　短视频营销新模式

编　号	网络消费者的购买过程	实施方案介绍
1	诱发需求阶段	
2	收集信息阶段	
3	比较选择阶段	
4	购买决策阶段	
5	事后评价阶段	

二、拟订营销方案实施要点

提示：按表 2-13 的要点拟订方案实施要点。

表 2-13　营销方案实施要点分析

实施方案要点与思路		
营销目标		
目标受众		
实施过程思路	诱发需求阶段	
	收集信息阶段	
	比较选择阶段	
	购买决策阶段	
	事后评价阶段	

知识链接

一、网络消费者的购买过程

分析网络消费者的购买过程

怎样设计一个愉快的购物体验，是网络营销工作中不能忽视的一项内容。首先要认识的是网络消费者的购买过程。网络消费者的购买过程，也就是网络消费者购买行为形成和实现的过程。这一过程不是简单地表现为买或不买，而是一个较为复杂的过程。网络消费者的购买行为早在实际购买之前就已经开始，并且延长到实际购买后的一段时间。从酝酿购买开始到购买后的一段时间，网络消费者的购买过程可以粗略地分为五个阶段：诱发需求、收集信息、比较选择、购买决策、事后评价。各阶段主要含义和网络营销人员在各阶段的任务见表 2-14。

表 2-14　网络消费者购买过程与网络营销人员任务

编　号	阶　段	主 要 含 义	网络营销人员任务
1	诱发需求	诱发需求是网络购买过程的起点。只有消费者对某种商品或服务产生兴趣后，才可能产生购买欲望。这是消费者做出消费决定过程中所不可缺少的基本前提。诱发需求可以来自人体内部的刺激，如食物、饮料的需求由饥饿、口渴的刺激而引发；也可以来自于外部的视听觉刺激，如看到别人使用一件设计新颖的产品而产生自己拥有并体验的需求	网络营销人员应分析、掌握与自己产品相关的实际需求和潜在需求，了解这些需求的诱发因素。利用不同形式的外部刺激激发消费者的购买欲望，使消费者产生需求。如制作精美的旗帜广告放在各种不同类型的网站上，使网络用户被动或主动地接受相关商品的信息，引起他们的兴趣，从而刺激需求
2	收集信息	需求被唤起后，消费者开始对需要的商品信息敏感起来，会主动地、广泛地收集该商品的信息，包括该商品的广告、别人的评价等 消费者收集信息的渠道主要有两个：内部渠道、外部渠道。前者指消费者个人所储存、保留的市场信息，包括购买商品的经验、对市场的观察等；后者是指消费者可以从外界收集信息的通道，包括个人渠道、商业渠道和公共渠道等	网络营销人员在这个环节主要是要重视外部渠道的作用。因为网络商品的信息传递主要依靠网络广告和在线检索系统中的商品介绍、商品描述等实现。另一方面，人们对于商品的质量、服务的评价通过网络进行传递，其传递的范围和速度是传统模式难以比拟的。一次成功的商品销售，其“口碑相传”的效果可能会超越一次营销活动。因此，在保证商品质量稳定的同时，网络营销人员应加强与顾客沟通，重视评价管理

（续）

编号	阶段	主要含义	网络营销人员任务
3	比较选择	汇集了各种渠道的信息后，消费者接下来需要对信息进行比较、分析、研究，了解商品的特点、性能和价格，从中选择最为满意的一种。一般说来，消费者的综合评价主要考虑产品的品牌、性能、样式、价格、售后服务和他人评价等。通常，一般消费品和低值易耗品选择比较容易，而对耐用消费品的选择则比较慎重	网络消费者因不直接接触实物，对网上商品的比较选择主要依赖于购物站点旦对商品的描述，包括文字的描述和图片的描述。网络营销人员应该确保对自己的产品描述充分和专业，图文并茂，既要将商品的特色充分发掘并表达出来，也要避免描述过分夸张，甚至带有虚假的成分，失信于顾客
4	购买决策	网络消费者在完成了对商品的比较选择之后，便进入到购买决策阶段。购买决策是网络消费者购买活动中最主要的组成部分 网络消费者的购买决策包括：产品种类、产品品牌、购买时间、交易对象、购买数量、付款方式等	网络营销人员在这个环节应该想尽一切办法向网络消费者提供一个愉悦、简洁、快捷的交易和支付操作界面和流程。消除消费者对产品质量、支付安全、商品递送和售后等方面的顾虑
5	事后评价	消费者购买商品后，往往会通过使用对其购买选择进行检验和评价。这种事后评价往往会左右顾客（甚至他的亲友）的购买动向。商界中流传着这样一句话：满意的顾客就是我们最好的广告。只要商品的性价比和服务与消费者的预期相吻合，消费者会感到心理上的满足，也乐意于与他人分享其“满意”；否则，就会产生厌烦心理并向他人倾诉其“不满”。微博、微信、QQ 等社交平台为消费者分享或发泄自己的事后评价提供了前所未有的便捷渠道	企业为了获得好的声誉，必须虚心倾听顾客反馈的意见和建议。网络强大的交互工具为网络营销人员收集消费者购后评价提供了前所未有的便捷和优势。商家应及时收集消费者对商品在购买、使用过程中的各种评价和意见建议。通过大数据分析工具的分析、归纳，迅速找出工作中的缺陷和不足，从而及时改进自己的产品性能和售后服务

小知识

AISAS 理论

一个有足够支付能力的消费者无意间注意（Attention）到了一款不错的品牌智能手表，他带着浓厚的兴趣（Interest）在搜索引擎或自己常逛购物平台展开产品搜索（Search），了解到该产品的详细参数介绍和网友的评价都不错之后，经比较后可能会选择合适的对象采取购买行动（Action）。一段时间之后，他还可能会在各社交平台上发几个图片，分享（Share）自己的购买感受和对产品的看法。这就是国际著名的 4A 广告公司电通所提出的 AISAS（Attention—注意，Interest—兴趣，Search—搜索，Action—行动，Share—分享）理论。该理论重构了网络时代的消费者行为模式，充分体现了网络对于人们生活方式和消费行为的影响与改变。

二、影响网络消费者购买行为的社会因素

影响消费者购买行为的因素有很多，产品特性、价格、商品评价以及消费者职业、收入水平、生活方式、心理需求等各种因素都有可能对网络消费者购买决策直接产生影响。其中大多数因素在前面的任务中已做过介绍分析，还有一种因素也很重要，对消费者购买行为会产生深刻影响，这就是社会因素。社会因素的影响主要是指消费者所处的家庭、生

活群体等对其购买行为的影响。当今影响网络消费者购买行为的社会因素主要来自家庭和网络社交平台。

1. 家庭影响

家庭是社会的基本组成单位，也是社会基本的消费单位。家庭对消费者的购买行为起着直接和潜移默化的影响。消费者购买行为很大程度上受到家庭所处的生命周期的影响。家庭生命周期可能经历的主要阶段及各阶段的购买行为特点见表 2-15。

表 2-15 家庭生命周期与购买行为特点

阶 段	特 点	购买内容与行为方式
单身阶段	几乎没有经济方面负担	比较关心时尚，崇尚娱乐和休闲，喜欢购买服装
新婚阶段	经济上有一定结余，年轻，无小孩	昂贵衣服、奢侈品、餐饮等购买率较高，喜欢旅游
满巢 I	已婚夫妇，有六岁以下小孩，家庭购买达到顶峰	关心新产品，喜欢购买电器、婴幼儿食品、玩具和衣服等
满巢 II	已婚夫妇，有六岁以上小孩	在孩子学习上花费大，耐用消费品购买多，喜欢旅游和健身产品消费
空巢阶段	年长夫妇，无孩子在家	关心旅游、健康食品和药品，不太关心新产品

就所购商品类型而言，家庭成员发挥的作用也不尽相同。不同家庭成员对网络购物决策的影响见表 2-16。对于由家庭成员（男性或女性）独自可以主导的商品类别，因决策速度快，比较适合于做网络营销（尤其是社会化营销）推广。而对于由不同家庭成员共同做购买决策的商品类别，除非有系列化的营销信息与消费决策节奏相匹配，否则营销效果难以奏效。网络营销人员选择产品推广类别时应该注意这点。

表 2-16 家庭成员对网络购物决策的影响

购买决策	主要产品类别
男性成员主导	数码产品、家用电器、家具、工具、酒类、保险产品等
女性成员主导	食品、家庭服装、清洁用品、儿童用品、美容用品等
全家共同协商	高价值的大件电器、汽车、户外文娱、旅游度假、子女教育等

2. 网络社交平台的影响

网络社交平台就是人们通过网络来进行社交，结识更多有相同兴趣爱好的人，并且通过这个平台来相互联系，是数据时代最为流行的社交方式。近几年，网络社交平台借助智能手机的普及和无线网络的应用，其规模获得了空前的增长，已快速发展成对人们有广泛影响的社会力量。这种力量同样对于网络消费者的购买行为产生影响。首先，社交网络为成员提供丰富的信息，而其成员通过“碎片化”阅读可以了解和积累各种自身感兴趣的产品信息；其次，成员间的互动交流能够影响用户的购买意愿。在社交网络群体中特别活跃的内容发布者会对其他成员的购买决策产生强烈影响，因为他们写的产品评价和推荐被绝大多数用户阅读，而且评价言论通过成员的互动有可能会被无限放大，扩大到平台群体层面。

学习评价

请利用所学知识完成评价表 2-17 中的简要介绍，并在对应的评价栏中给予相应的评价。

要求： 表 2-17 列出了两个知识点，第 1 个知识点是要完成本任务必须掌握的，第 2 个知识点要求学会对网络消费者的购买动机进行具体分析并举例；技能完成情况根据实际情况进行评价。

表 2-17　网络消费者的购买动机知识和技能评价

项　目	内　容	简要介绍	评　价		
			很好	好	继续加油
知识	网络消费者购买过程				
	影响网络消费者的购买行为因素				
技能	信息收集能力				
	信息归纳能力				
	会草拟简单的网络营销实施方案				

项目三

建立网络品牌

项目导学

网络品牌是电子商务企业的一种无形资产。创建网络品牌是在电商激烈竞争中最重要的市场营销策略，也是电商企业生存发展的重要手段。本项目以任务驱动的方式引出网络品牌的含义、网络品牌的特点、网络品牌建设的过程、网络品牌推广策略等知识的讲授，通过“任务实施”和“学习评价”来达到提高学生专业知识应用能力的目的。

通过对本项目的学习，会对网络品牌有一个大致的了解，为学习后面的内容打下良好的基础。

项目目标

- 了解网络品牌的含义、构成和特点
- 了解网络品牌建设过程
- 了解网络品牌推广方法和策略

任务一　认识网络品牌

案例导读

党的二十大报告提出，坚持依法治国和以德治国相结合，把社会主义核心价值观融入法治建设、融入社会发展、融入日常生活。使命、愿景和价值观是品牌战略的三大关键要素。强势品牌的核心价值观是企业员工、市场顾客和社会受众共同分享的价值观念，它是企业、员工、顾客和受众行为体系和价值体系的比照准则，因而是企业文化的核心内容、消费文化的主要内容及社会文化的重要内容。在品牌建设方面，一家名为韩都衣舍的企业树立了一个典范，成为知名的“淘品牌”。该企业在十年中，从一家年销售额 20 万元的淘宝小店发展成为年赚15亿元的服装品牌王国。韩都衣舍天猫旗舰店首页如图3-1所示。

图3-1 韩都衣舍天猫旗舰店首页

韩都衣舍董事长赵迎光一开始在只有8平方米的小仓库里通过在网上卖奶粉开始创业。一个偶然机会他了解到了在网上开拓品牌卖女性服装的巨大市场潜力，于是改变创业方向，创立了“韩都衣舍”。2008年创立之初，韩都衣舍仅有17名员工，一年的销售额不过几十万元。仅仅两年后，韩都衣舍一跃成为淘宝网服饰类综合人气排名第一的网店。赵迎光非常重视网络品牌的建设，他的企业先后经历了单品牌运营、多品牌运营、互联网品牌孵化平台和互联网品牌生态系统4个阶段。赵迎光认为：互联网天生适合细分定位品牌，但一定要以品牌集群的模式发展。平台上品牌越多，对供应链的议价能力越强。韩都衣舍致力于为都市时尚人群提供高品质的流行服饰。作为我国“互联网快时尚”第一品牌，目前韩都衣舍旗下拥有30个子品牌，如图3-2所示。

图3-2 韩都衣舍旗下子品牌

任务布置

再过一个多月，一年一度的“双十一”网购狂欢节就要到来，张翔可以感受到网络销售竞赛进入白热化，各种减价打折活动铺天盖地。但是张翔觉得总打“降价”牌对于企业长期发展并无好处，而且之前通过降价抢的客户“忠诚度”并不高，他们随时会转向价格更低的竞争对手网店购买。“打造网络品牌！”张翔想到了要好好利用“网购狂欢节”的机遇，增强客户对网络品牌的认识，打造自己的网络品牌。但具体从何入手呢？你能帮帮他吗？

分析：可从两方面着手设计：①重新设计网店品牌标志；②确定品牌营销目标并制订“双十一”品牌营销计划。

任务实施

任务实施导航结构图：

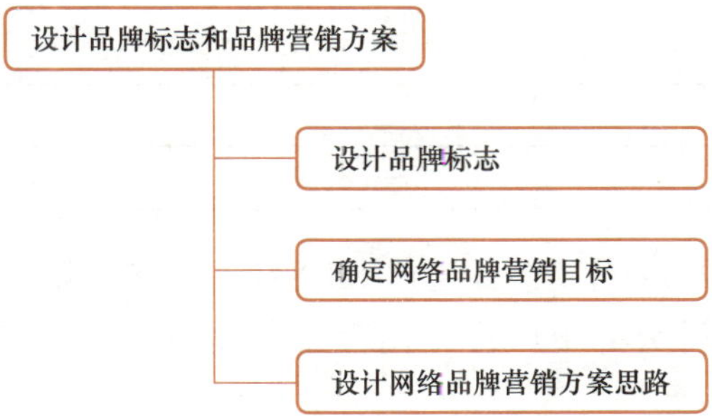

一、设计品牌标志

请结合现有网店名称，设计一个简单的店标作为品牌标志。

提示：使用手绘或画图软件制作，店标尺寸为60像素×60像素，要求结合网店品牌设计，主题鲜明，具有个性和美感。

比较好的店标例子如图3-3所示。

图3-3 店标例子

店标：

二、确定网络品牌营销目标

（1）确定顾客群体

____

____

（2）确定营销目标

____

____

三、设计网络品牌营销方案思路

请结合现有网店实际情况，制订一个“双十一”网络品牌营销方案思路。

提示： 该方案分成三个阶段实施，各阶段目标和要求已定，请针对具体内容和做法提出你的粗略想法。

第一阶段是打基础、推品牌（从10月10日至10月31日）。这阶段目的是给网店树立好口碑，树立品牌，让顾客帮助分享店铺品牌。

具体设计思路：

____

____

____

第二阶段是预热（从11月1日至11月10日）。这个阶段要求做好网店预售、聚人气的工作，根据目标消费群中广泛使用微信的情况，重点推出了微信活动“我要0元购”。

具体活动内容设计思路：

____

____

____

____

____

第三阶段是“双十一”当天的商品销售和品牌推广。这个阶段要求设计各种促销手段刺激顾客产生购买行为，同时要做好客服工作，宣传品牌。

具体促销活动设计思路：

____

____

____

____

____

知识链接

一、网络品牌的含义

电子商务经过十多年的快速发展，市场竞争已十分激烈。每天有大批新的电商企业诞生，也有大批电商企业倒闭或重组，电子商务的模式和服务同质化的情况很普遍。此外，很多新成立的电商企业发现一个问题：在网上辛苦争取来的客户并不“忠诚”，他们随时可能投向价格更低的商家“怀抱”。面对异常激烈的市场竞争，为了长期稳步成长，电子商务企业不应该总是去拼低价，而是需要树立品牌，使之与竞争对手区别开来，以品牌培养客户忠诚度并最终赢得市场。

品牌是企业的一种无形资产，是一个名称、术语、标记或设计，或是它们的组合运用，其目的是借以辨认某销售者的产品或劳务服务，并使之与竞争对手的产品和服务区别开来。网络品牌则是所有网民对某一特定网站认知的总和。

广义的网络品牌是指一个企业、个人或组织在网络上建立的有关产品或者服务的形象。网络品牌是极有效率的推广手段。创建网络品牌是在电子商务条件下最重要的市场营销策略，也是企业生存的重要手段。

二、网络品牌的构成

一个网络品牌之所以被认知，应该有其存在的表现形式，它不只是指商品或网站的名称。网络品牌可被认知的表现形式有很多，主要由品牌名称、品牌图案和品牌附属内容三部分构成，见表 3-1。

网络品牌的构成与特点

表 3-1 网络品牌的构成

构　成	详细介绍	例　子
品牌名称	网络域名、网站名称	网易（163.com）、苏宁易购（suning.com）、小红书（xiaohongshu.com）、抖音（douyin.com）
品牌图案	一种可被识别但难以直接用语言表达的特定标志，包括专门设计的符号、图案、色彩、文字等	淘宝网　JD.COM 京东 多·快·好·省　HUAWEI　dji
品牌附属内容	附属于品牌名称表达形式和品牌图案表达形式之上的其他表达形式，如声音、三维动画等	华为主题曲《我的梦》

三、网络品牌的特点

网络品牌与传统意义上的企业品牌有共性的一面，它们都是存在于消费者心目之中代表企业全部内容的一种标志，是信誉代表，是对消费者的一种承诺。网络品牌打破了传统品牌建立的模式，并形成自己独特的特点，具体见表 3-2。

表 3-2 网络品牌的特点

编号	特点	详细介绍
1	综合性和长期性	网络品牌是网络营销效果的综合表现。网络营销的各个环节都与网络品牌有直接或间接的关系，网络品牌建设和维护存在于网络营销的各个环节，从网站策划、网站建设到网站推广、顾客关系和在线销售，无不与网络品牌相关，如网络广告策略、搜索引擎营销、供求信息发布等均对网络品牌产生影响。这也决定了网络品牌建设具有长期性，绝不是通过一次活动就可以完成的
2	形态多元性	网络品牌虽产生自虚拟空间，但其本身的形态发展具有多元化的特点，并不断向现实延伸。如阿里巴巴品牌，既是一个 B2B 网站和虚拟公司，又是一个集交易、支付、物流等多元发展的上市公司
3	服务性	网络品牌的核心内容是提供有价值的信息和服务。网络品牌的服务是全天候的，能体现随时随地服务的优势，并且它的服务也是全方位的，可为产品的研发、设计、生产、销售和使用等方面提供服务。无论是现有网络客户或是潜在的客户，还是一般的浏览者，都会得到体贴的服务。如我们想到百度这个品牌时，头脑中的印象不仅是那个非常简单的网站界面，更主要的是它在搜索方面的功能服务
4	互动性和参与性	网络品牌的价值是在与网络用户的互动过程中形成的。“每一个强有力的品牌实际上代表了一组忠诚的顾客”，网络品牌的价值意味着企业与网络用户之间建立起和谐的互动关系。网络品牌可以进行“一对一”式的信息传递，客户有机会参与品牌的设计、生产、推广、服务和咨询，满足了服务对象的个性化需求，这个优势是传统品牌无法比拟的
5	国际性	网络品牌是全球化的品牌。除了有一些语言文字的局限外，网络品牌的形成和传播几乎没有地域限制，它比任何传统品牌都更具有国际性。阿里巴巴集团在美国上市即受到当地投资机构的追捧就是一个典型的例子

小知识

品牌文化

品牌文化是打造品牌竞争力的重要支撑点。品牌文化是品牌的内涵，是品牌得以传播的保证和支撑。没有文化内涵的品牌就好比是没有根基的大厦，无论外表多么华丽和宏伟，终有一天会轰然倒塌。品牌给予消费者的是一种除了功能性需求之外的情感上的体验，正是这种微妙的情感上的体验，可以让消费者产生对该品牌的信赖和支持。众多互联网品牌之所以昙花一现，就是因为它们缺少足够的品牌文化，进而迷失了发展的方向，在模糊的品牌定位中失去市场。

学习评价

请利用所学知识完成评价表 3-3 中的简要介绍，并在对应的评价栏中给予相应的评价。

要求：表 3-3 列出了 3 个知识点，第 1 和第 2 个知识点是要完成本任务必须掌握的，第 3 个知识点要求学会对网络品牌的特点进行分析并举例；技能完成情况根据实际情况进行评价。

表 3-3 网络品牌知识和技能评价

项目	内容	简要介绍	评价		
			很好	好	继续加油
知识	什么是网络品牌				
	网络品牌的构成				
	网络品牌的特点				
技能	会制作店标、店招				
	会设计品牌营销方案				

任务二 建设网络品牌

案例导读

“安岳柠檬”——“数字＋科技”，电商助农建设网络农产品品牌

小小一棵柠檬树，历经百年发展，所形成的柠檬产业已成为安岳富民强县的支柱产业，并为安岳赢得“中国柠檬之乡”的美誉（见图 3-4）。在安岳，柠檬常年产量达 60 万吨，产量、规模均占全国 70% 以上，市场占有率占全国 80% 以上。“安岳柠檬”这一品牌价值从 2012 年的 25.9 亿元增长至 2022 年的 190.64 亿元，水果类地理标志名列四川第一、全国第三。

图 3-4 “安岳柠檬”的“金字招牌”

数字技术正带领安岳柠檬品牌走向“二次发展”道路。近年来，随着电商助农、振兴乡村等项目的推广，安岳县也走上了柠檬电商的道路，目前借助天猫、京东、抖音、唯品会、拼多多等平台的商家宣传品牌和代发货物，线上线下多渠道联动，每天源源不断发往全国各地，深受广大消费者喜爱。

同比上一年，2020年的电商销售额翻了一番。通过深入实施电子商务进农村、农村淘宝和电商扶贫等项目，全县电商产业蓬勃发展。据统计，截至2020年12月，全县从事柠檬电商的企业及平台有5000余家，累计销售额已超15亿元。目前，通过，安岳柠檬及其制品已远销美国、日本、荷兰、俄罗斯、印度尼西亚等20多个国家和地区及北京、上海、广州、南京等50多个大中城市。

下一步，安岳将以推进实施首批国家级电子商务进农村综合示范项目为契机，通过实行数字农村战略、发展农村电商发展等数字乡村建设等举措，强化品牌在海内外的推广力度，充分利用国内国外双循环，为安岳柠檬产业高质量发展赋能赋新，将安岳柠檬品牌推广至全世界。

任务布置

利用“网购狂欢节”，张翔公司的网店平台尝试了网店品牌的打造和推广的做法，取得了良好的效果和反响。经过充分沟通，张翔和同事们都意识到建设网络品牌对于企业长期发展的重要性，统一了进一步建设和推广企业网络品牌的认识。张翔需要进一步了解网络品牌建设和推广的方式和策略。为了更灵活地实施品牌推广，张翔甚至还动起了企业自建商务网站的念头。请帮助张翔完成网络品牌建设相关工作。

分析：进行网络品牌建设需要考虑以下几个问题：网络品牌建设怎么规划？建设商务网站需要经历哪些过程？它有助于品牌推广吗？

任务实施

任务实施导航结构图：

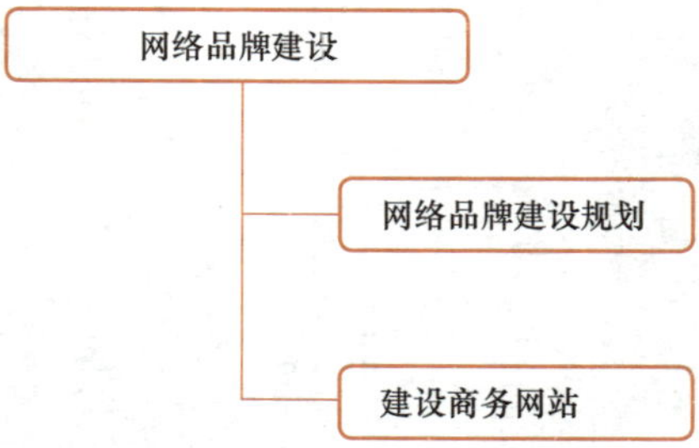

一、网络品牌建设规划

以手机饰品为例，研究现有经营该类产品网店的品牌建设情况，拟订自己的网络品牌建设规划，完成表3-4。

提示：可对同类产品网上销量最高、售价最高、文案编写最好或品牌宣传力度较大的商家进行重点研究后，制订自己独特的品牌建设设想。

表 3-4　网络品牌的建设规划

编　号	品牌建设规划	具 体 内 容
1	品牌定位	
2	目标客户	
3	竞争对手分析	
4	品牌意向	
5	体验关键点	
6	品牌战略	
7	反馈系统	

二、建设商务网站

1. 域名注册

在阿里云（万网）上为美秀坊饰品有限公司进行域名注册操作。你查询到的最适合美秀坊公司使用且尚未注册的两个域名是：________________________________

____

这两个域名首年的最新收费是：________________________________

____

域名注册的具体步骤如下。

（1）进入阿里云（万网）https://wanwang.aliyun.com/domain/ 首页，如图 3-5 所示。查询域名，若发现符合自己需要的域名尚未注册，则可单击“加入清单”按钮，如图 3-6 所示。

图 3-5　域名申请界面

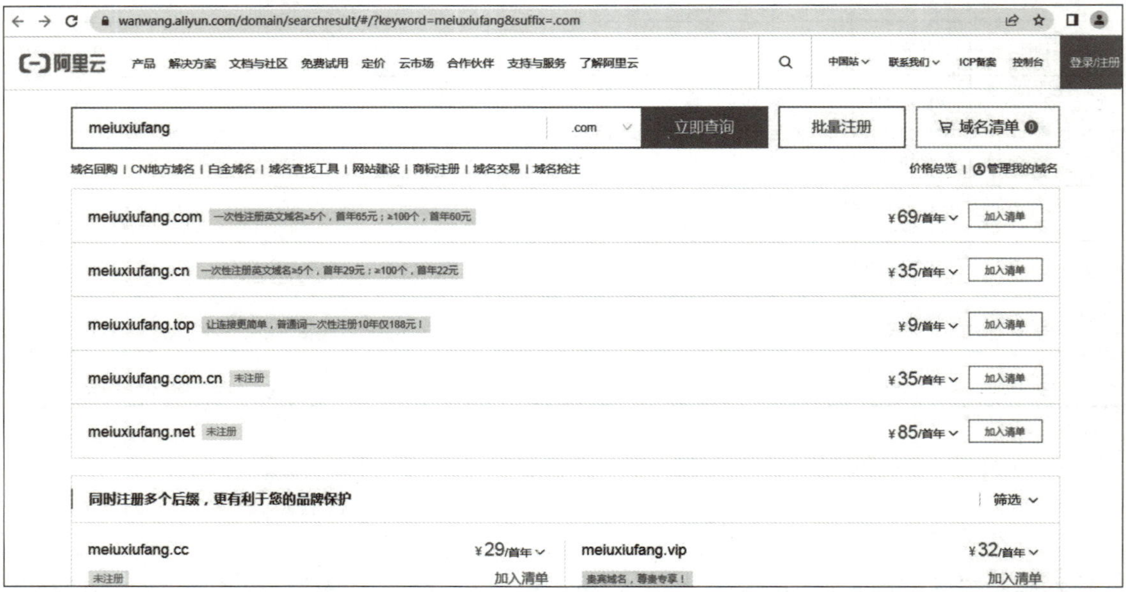

图 3-6 域名加入清单

（2）进入购买页面，设置域名购买年限和其他收费服务项目，如图 3-7 所示。

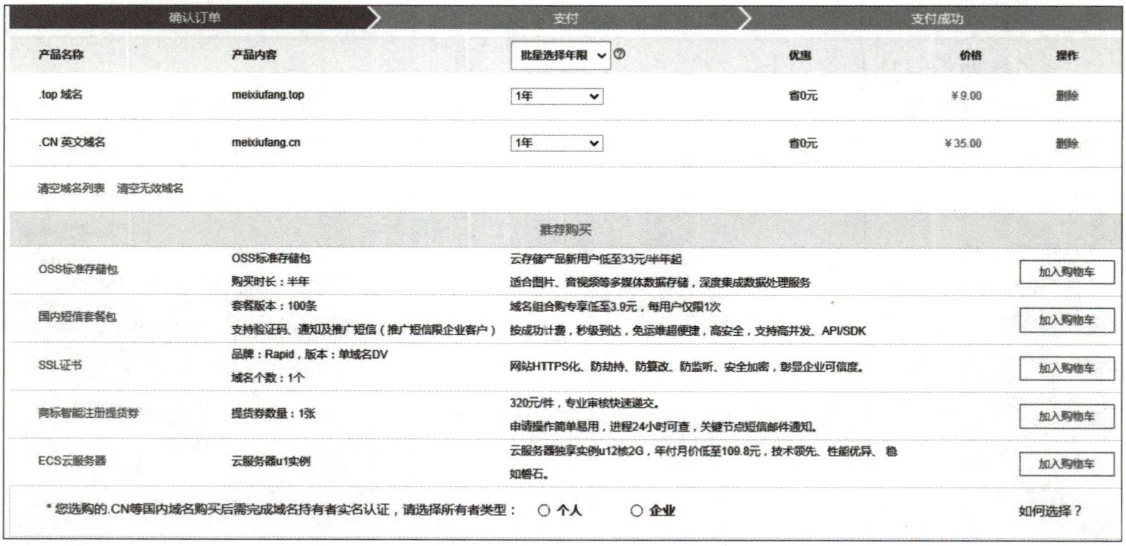

图 3-7 域名购买

（3）创建并填写信息模板，如图 3-8 所示。

（4）支付订单，如图 3-9 所示。完成实名认证后即可完成域名注册。

图 3-8　填写信息模板

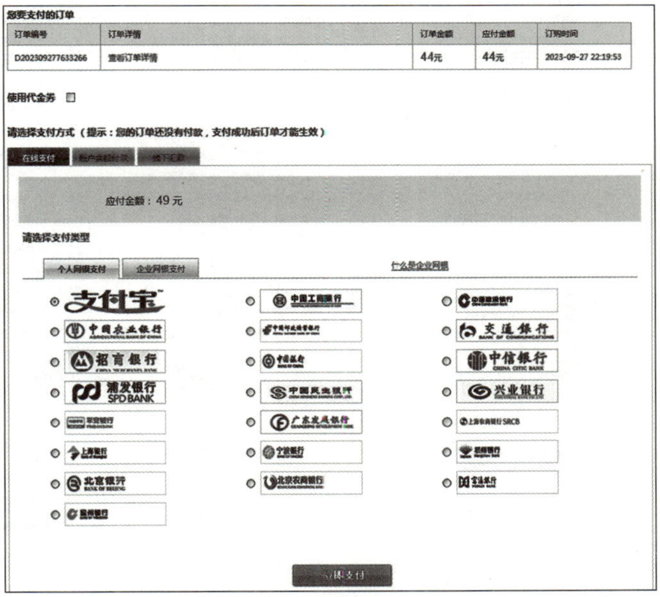

图 3-9　订单支付界面

2. 云服务器选购

给网站注册域名后，为了使官网形象展示、品牌建设、业务推广、手机站、微信公众号、小程序等功能得到充分实现，需要购买云服务器（或虚拟主机），以便为站点建设提供必要的空间和硬软件支持。张翔调研后确定，需要有 60G 的云空间和 4M 的带宽才能满足公司网站建设的需要。请在网上查找至少两个有提供云服务器的网站（比如华为云、阿里云、腾讯云等），并从中选出两个网站，对其提供的能满足公司网站建设需要的云服务器产品进行比较，完成表 3-5 的填写。

表 3-5　云服务器网站产品比较

网站名称和网址		
产品名称		
产品价格（1 年）		
基本功能		
云空间大小		
宽带与月流量		
数据中心地点		

之后访问云服务器平台，根据网站建设的目标与需求，选择一款功能匹配和性价比高的云服务器产品。在购买页面，完成身份认证，最后付费即可完成选购。华为云服务器配置信息如图 3-10 所示。

图 3-10　华为云服务器配置信息

3. 网站规划

请使用手绘或软件为美秀坊公司的网站设计一个网站导航条。要求尺寸为：952 像素 ×30 像素，效果图如图 3-11 所示。

网站规划主要是设计目录结构并通过导航条实现不同目录的链接。

图 3-11　网站导航条效果图

4. 制作首页

首页是网站最重要的页面，其风格决定了网站其他网页的风格。整个电子商务网站的主要功能模块都要在首页上体现。请为美秀坊公司制作首页，要求采用目前商务网站较流行的“匡”字型网页布局，首页布局图和效果图如图 3-12 所示。

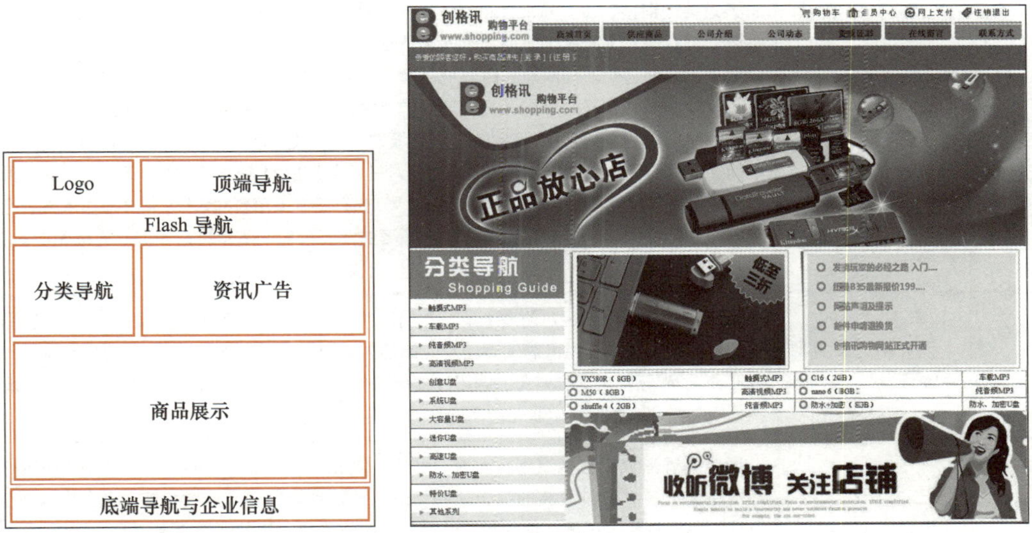

图 3-12 首页布局图和效果图

知识链接

一、网络品牌的建设步骤

与传统意义上的企业品牌建设过程相似，网络品牌往往也是多种网络营销活动带来的综合结果。网络品牌建立和推广的过程，同时也是网站推广、产品推广、销售促进的过程。但是网络品牌有其自身的特点，这决定了企业网络品牌的建设过程有其特有的途径和内涵。对许多企业来说，网络品牌的建设可以分为七个步骤，见表 3-6。

表 3-6 网络品牌的建设步骤

编 号	建设步骤	详细介绍
1	网络品牌定位	网络品牌定位是决定网络品牌建设成功与否的重要因素。没有一个企业能满足所有人的所有需求。网络品牌定位就是要求企业选出能够做得最好的部分，以最有效的方式提供给所选定的目标客户群。首先，企业需要定位自己的产品或服务，分析市场上的空缺点，尽量使自己品牌有针对性和独特性，品牌有个性，才可能走得更远。其次，企业需要定位网络品牌的目标客户群。对于网络品牌建设来说，把企业所有的业务都照搬到网上是不明智的。我们所面对的网络消费者的特征、需求和消费习惯都会有别于传统市场的消费者，因此，企业需要对所要面对的网络客户群进行筛选和定位，确定应该采取怎样的品牌策略与这部分客户群建立和发展良好的关系
2	了解目标客户	通过收集在线环境下的点击流数据，企业能够高效率、低成本地收集、整理、保存客户的信息，对商品潜在购买者以及在线和离线环境下商品的使用体验者进行全面了解。清晰界定网络品牌受众，并使得“一对一营销”成为可能，以满足目标客户日益增长的个性化需求

（续）

编　号	建设步骤	详细介绍
3	了解竞争对手	通过关键词搜索、交易平台和行业交流平台等网站明确竞争对手，开展在线直接调研。主要了解竞争对手的三个方面：①网站情况。分析网站是否是营销型网站，分析网站的设计水平、营销功能、优缺点、内容更新频率、内容质量、文案是否具有参考性等。这些信息对企业的网站布局、策划、关键词安排等方面都有很好的借鉴启示作用。②网站数据。有关网站的数据主要包括：PR 值（网页级别）、百度权重、快照日期、Alexa 排名、域名年龄、搜索引擎收录数和外链数等。这些对日后企业 SEO 专员工作很有帮助。③营销推广。尽可能多地了解竞争对手的营销手段和效果，如有没有采用新闻营销、软文写作水平怎么样、有哪些做得好的营销推广可以参考等。还要关注竞争对手其他推广手段，百度贴吧、百度知道、其他网站的广告投放，其他媒体的广告投放或者广告植入等
4	设计引人注目的品牌意图	设计品牌意图应从客户角度来解释和描述其意图，使其既容易理解又能提供积极的品牌联想。在线上环境提供品牌关键信息定制的机会很多，但不同的消费者对同一品牌的联想可能会千差万别，因此要避免品牌因过分强调个性化而导致品牌零碎化。在建设网络品牌时，不能因为强调品牌信息定制化而牺牲品牌的某些关键属性
5	识别体验关键点	网络品牌形成于虚拟空间，面对习惯走马观花的网络受众，特色鲜明的网站页面设计是留住浏览者和竞争取胜的另一个关键点。寻找和识别顾客在虚拟空间的体验关键点是设计特色网页和吸引顾客的前提。识别客户体验关键点的营销手段有很多，如产品价格、客户界面、在线和离线传播组合等。另外，把在线购买过程设计得更为动态和灵活也很重要
6	实施品牌战略	首先是要保证客户得到包括优质的产品或服务在内的良好网上体验。其次，在实施品牌战略的过程中，必须保持在线与离线品牌的完整性和一致性。即一方面企业必须能够按照品牌承诺进行品牌塑造；另一方面必须通过在营销计划各个要素中保持一致的关联来强化品牌。再次，品牌战略规划还要保持一定的灵活性，不放过稍纵即逝的机会。最后，强势品牌的建设需要企业耐心规划和长期投资。在网络时代，品牌塑造可能所花费时日不像线下品牌那么长，但谨慎挖掘品牌的核心价值、耐心和对长远关注的能力是十分重要的
7	建立反馈系统	在网络环境下建立反馈系统，收集、分析和评估客户对品牌的反馈比以往任何时候更容易实现。借助各种在线工具，企业可以与客户实现交互，快速地跟踪客户对品牌、营销传播的反应，研究品牌当前的发展轨迹并预测该品牌的未来。当然也可为企业规划下一个品牌战略规划提供准确的依据

二、网络品牌的推广

1. 网络品牌推广的策略

网络品牌
推广策略

网络品牌推广就是通过一定的方式，主要借助网络媒介对企业自身及产品品牌进行宣传和推广，使网络消费者广泛认同的系列活动过程。网络品牌推广核心在于如何让企业品牌深入人心，让消费者认识品牌、了解品牌、信任品牌，最后依赖品牌。网络品牌推广有两个重要任务：一是通过网络树立良好的企业和产品形象，提高品牌知名度、美誉度和特色度；二是最终要将有相应品牌名称的产品或服务推销出去。传统的品牌推广方式成本大、见效慢。相比之下，网络品牌推广因高性价比的优势，而逐渐受到企业的青睐。企业在网络上可采用的推广方式有很多，实施过程中也有很多策略。常用的网络品牌推广方法和策略见表 3-7。

表 3-7 常用的网络品牌推广方法和策略

编号	推广方法和策略	详细介绍
1	取一个好的名字和好的域名	一个具有品牌的电商网站，必须具有好的名字。好名字要接地气，简单易记，名字的内涵可以是公司的价值观、客户价值等容易使客户产生兴趣、好感或认同的东西。域名也是企业网络品牌的另一个重要部分，它是企业在网络上的永久性地址，好的域名可以直观地把企业的名称、形象等展示给访问者。因此，取一个易记、讨人喜欢的域名是很重要的。挑选与企业名称、品牌等标识相符的域名，有利于提高品牌知名度，确保品牌在网络上给消费者留下深刻的印象
2	通过搜索引擎来提升网络品牌	搜索引擎是引导用户获取网站信息的第一渠道。大多数企业都重视做搜索引擎推广。企业网站若能被搜索引擎收录并且在搜索结果中排名靠前，就能从众多竞争对手中脱颖而出，使企业网站的流量短时间内剧增，使企业业务和品牌得到推广
3	电子邮件营销中的网络品牌推广	由于工作的需要，企业每天都可能会收发大量的电子邮件，通过电子邮件向用户传递信息，是一种主动的网络品牌推广手段。利用电子邮件传递营销信息时，邮件内容是最基本的，品牌信息的传播只有在保证核心内容的基础上才能获得良好效果
4	网络广告中的网络品牌推广	网络广告的作用主要表现在两个方面——品牌推广和产品促销。网络广告在网络品牌推广方面具有针对性和灵活性，可以根据营销策略需要设计和投放相应的网络广告。做网络广告要注意目的、方法和实施中的细节。保持广告主题和形象的稳定，才能在消费者心中留下明确的品牌形象
5	网络软文的网络品牌推广作用	网络软文推广的目的是企业品牌的广而告之，是为刺激产品的销售做铺垫。一篇优秀的网络软文可以实现用最低的成本迅速而广泛地传播企业名称和品牌信息。好的网络软文必须要有新颖、富有创意的标题与销售推广文案；还必须展现企业的价值观、使命感，而不是简单地为了推广而推广，否则就是一篇毫无生命力的广告软文
6	社交网络中的网络品牌推广	自社交网络出现以来，几乎所有公司都已经开始使用它来做自己的品牌推广。从推特到脸书，从微博到微信，我们看到各个企业的公众号都在发力。在社交网络中做品牌推广时，要注意分享的内容能否营造用户参与的氛围，能否给读者带来价值或快乐，而不只是让他们了解企业品牌的信息；还要注意不能忽视你的用户，尤其是他们关心你或批评你的时候。如有必要，及时解决问题，表示感谢或歉意。只有你处理好了客户问题，你的企业形象和社交媒体的声誉才能迅速成长

2. 建立企业网站，积极推广品牌

企业商务网站是指一个企业或机构在网络上建立的站点，主要起宣传企业形象、产品信息发布、在线交易、咨询互动等作用。通过商务网站，企业可以采用更灵活主动的方式推广自己的网上品牌、宣传企业形象、开展商务活动以增强企业的竞争力，还可以为自己的合作伙伴、客户等访问企业内部的各种资源提供便利的途径，能增加与客户的接触点，有助于企业提供更高水平的客户服务和提高用户忠诚度的个性化服务。因此，企业可以根据自身发展情况适时建设自己的网站，这样网络品牌推广效果会更好。

电子商务网站的设计与建设是需要一系列步骤来完成的，能否遵循网站的设计步骤直接影响一个网站的质量，也直接影响网站发布后是否可以成功运行。电子商务网站建设一般需要经历五个步骤，分别是域名申请、空间申请、网站的规划与设计、网页制作与发布、网站备案和网站的管理与维护，具体见表 3-8。

表 3-8　电子商务网站建设步骤

编　号	建 设 步 骤	详细操作要点
1	域名申请	域名犹如企业在网络上的一个公司名称，网站有了域名，人们可以直接登录到该域名的网站。因而企业进行网站建设，首先要申请域名。企业可以通过万网、新网等各种域名申请代理平台直接在线申请
2	空间申请	网站需要存放空间才能把企业的各种网页、数据资料等文件展示出来并提供在线服务。网站提供的空间类别如下：独立主机、租用独立主机、主机托管、虚拟主机。其中，虚拟主机因性价比高而受到中小企业的欢迎
3	网站的规划与设计	该步骤完成对网站整体的分析，明确网站的建设目标、访问对象、网站应提供的内容与服务，设计网站的风格、目录结构、布局方式等各方面的内容。网站的导航布局方式直接影响着用户使用网站的方便性。合理的导航布局会让用户在浏览网站时快速发现核心内容和服务
4	网页制作与发布	网页制作是一种视觉语言设计。网页的设计要遵循内容与形式的统一、界面特色鲜明等规则，争取多角度展示企业品牌文化和商品信息。网站首页面的布局尤为重要。它往往直接展示出网站运营的核心内容及服务，使用户在最短的时间浏览到网站内的各种信息。首页的布局大致可分为“国”字型、“匡”字型、框架型、封面型、Flash 型等
5	网站备案和网站的管理与维护	网站管理和维护是一项非常繁重的工作，从网站建立开始一直到网站停止运行，网站管理和维护就需要一直进行。管理和维护的内容主要分为三个方面：安全管理、性能管理、内容管理。安全管理是基础也是关键，它贯穿整个网站建设过程，每一个环节都离不开安全管理。性能管理是内容管理的前提，只有在整个网站系统稳定高效的前提下才能更好地对内容进行管理和维护

学习评价

请利用所学知识完成评价表 3-9 中的简要介绍，并在对应的评价栏中给予相应的评价。

要求： 表 3-9 列出了 3 个知识点，第 1 个知识点是要完成本任务必须掌握的，第 2 和第 3 个知识点要求学会网络品牌推广的方法与商务网站建设的步骤并举例；技能完成情况根据实际情况进行评价。

表 3-9　网络品牌建设知识和技能评价

项　目	内　容	简 要 介 绍	评　价		
			很好	好	继续加油
知识	网络品牌建设的步骤				
	网络品牌推广的方法与策略				
	商务网站建设的步骤				
技能	商务网站建设过程的操作能力				

项目四

即时通信营销

项目导学

即时通信营销是企业通过即时工具，推广产品和品牌以实现目标客户挖掘和转化的网络营销方式。本项目以任务驱动的方式引出即时通信营销的概念、应用技巧和即时通信营销软件介绍等知识的讲授，通过“任务实施”和“学习评价”来达到提高学生专业知识应用能力的目的。

通过对本项目的学习，对即时通信工具有了大致的了解，为继续学习网络营销的其他内容打下良好的基础。

项目目标

- 知道即时通信营销的概念
- 了解即时通信营销的软件
- 掌握常见的几种即时通信营销软件的安装及使用方法
- 掌握和牢记网络营销应承担的职责和必备的素养
- 充满对营销职业的热爱，富有激情

任务一　初识即时通信营销

案例导读

多一份沟通，多一份经营

2019年，腾讯QQ已诞生20周年，作为一款具有20年品牌积淀的国民级APP，QQ所具备的情感张力毋庸置疑。QQ 20周年品牌公益大片《时光密码》，献给我们渐行渐远的青春。

在 20 周年的时间节点，QQ 向用户提供了一份关于他自己的、真诚热切的 QQ 数据总结。通过数字，汇集出每个人自己的 QQ 时光历程，从而牵引出每个人对于成长、青春、沟通、时代流动的感知与回忆，引发 2019 年一场集体的情感共鸣。

QQ 20 周年“玩”这么一波十足怀旧的“情怀共鸣”，从全新 IP 形象太空鹅到《我的成长轨迹》H5，再到《时光密码》品牌片，QQ 始终用温情和强调人文关怀的理念与年轻人沟通。

QQ 20 年，持续维系人与人的情感交流的产品核心始终没有改变，以“连接”作为坚实的情感主张，聚焦于社交的本质，是典型的即时营销工具。

任务布置

王月毕业于大连某职业学校，毕业后应聘到美秀坊饰品有限公司，加入了张翔的销售团队。他上班第一天来到单位后，正好赶上张翔给销售部门全体员工开会，商讨开展网络营销事宜，王月想将即时通信工具介绍给张翔。作为新来的员工，王月该如何介绍？你能帮帮他吗？

分析：要帮助王月介绍清楚，应对即时通信及即时通信软件的特点有一定的了解，并知道即时通信营销的意义，以及掌握即时通信工具的基本操作。

任务实施

任务实施导航结构图：

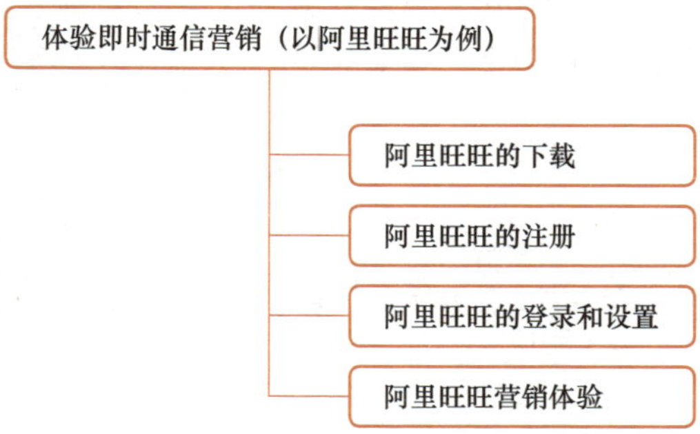

一、阿里旺旺的下载

1. 登录淘宝网，进入阿里旺旺首页

登录淘宝网，通过网页右上方“网站导航”→“更多精彩”栏目（见图 4-1），单击“阿里旺旺”链接，进入阿里旺旺页面，选择“我是买家”或“我是卖家”图标进入到下载入口，如图 4-2 所示。

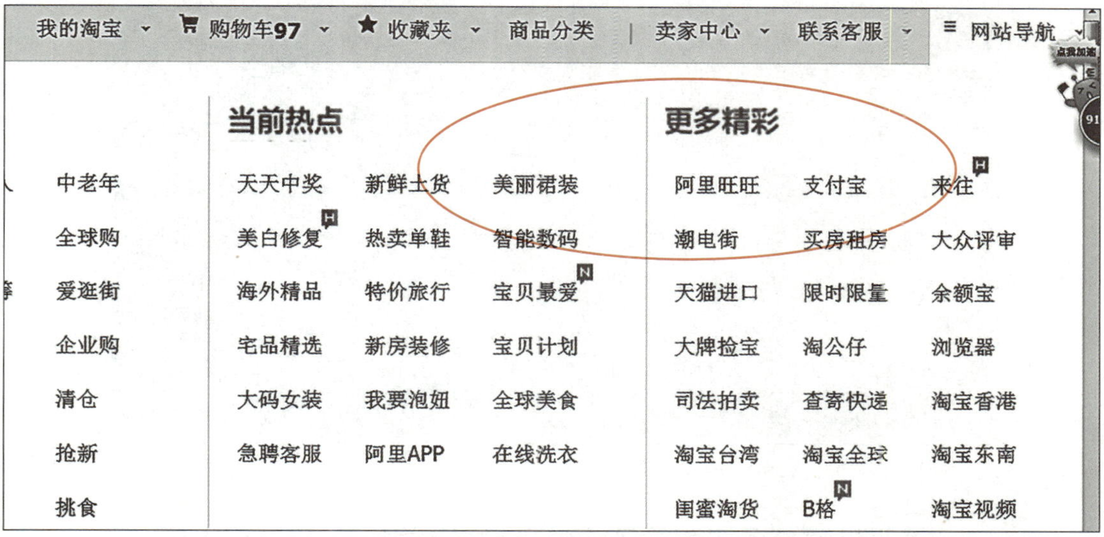

图 4-1　通过淘宝网搜索“阿里旺旺”

图 4-2　阿里旺旺买家端和卖家端下载入口

小提示

目前，下载阿里旺旺时，网页提示有“买家专用版”“卖家专用版”和“手机版旺旺”供用户选择。购物者应下载买家版进行使用，如果要在网上进行产品销售，就应该下载“卖家专用版”。

2. 下载安装阿里旺旺

（1）单击“阿里旺旺”链接，进入阿里旺旺官网首页，如图 4-3 所示。

（2）单击阿里旺旺卖家端界面中的“立即下载”按钮，选择与自己计算机相匹配的版本进行下载，如图 4-4 所示。

图 4-3　阿里旺旺官网首页

图 4-4　阿里旺旺下载界面

（3）下载完成，单击“快速安装”按钮进行安装，如图 4-5 和图 4-6 所示。安装完成，如图 4-7 所示。

（4）安装完成，进入到阿里旺旺登录界面，如图 4-8 所示。

图 4-5　阿里旺旺安装界面

图 4-6　阿里旺旺安装过程中

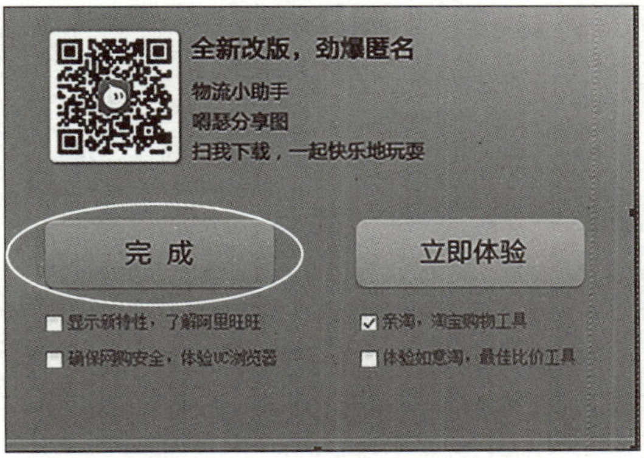

图 4-7　阿里旺旺安装完成

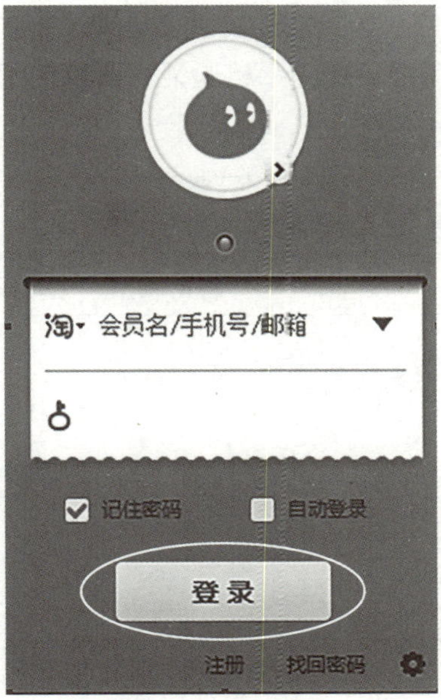

图 4-8　阿里旺旺登录界面

二、阿里旺旺的注册

（1）单击阿里旺旺登录界面下面的“注册”按钮进行注册。认真阅读弹出的对话框中的“注册协议”后，单击“同意协议”按钮，如图 4-9 所示。

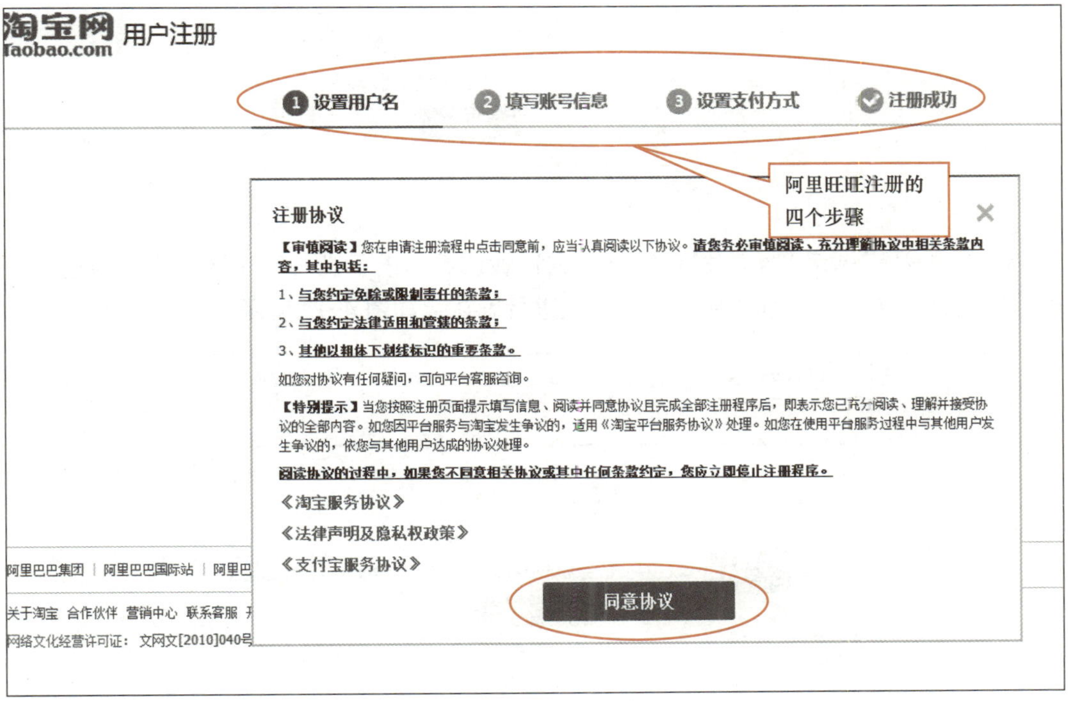

图 4-9　同意协议

（2）选择注册方式。注册可选择的方式有“邮箱注册”和“手机注册”两种方式，邮箱注册最后还需手机验证，所以为了方便，可直接选择“手机注册”方式。输入手机号码，如图 4-10 所示。

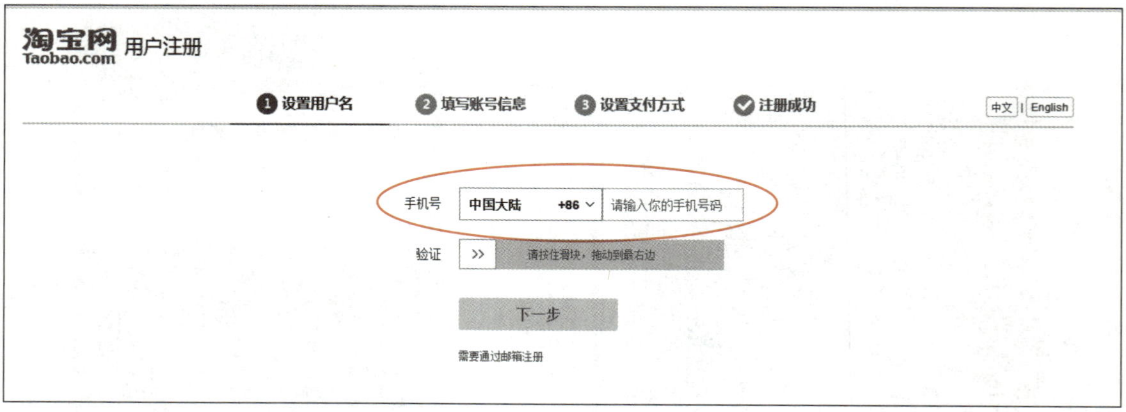

图 4-10　输入手机号码

（3）用手机接收验证码，输入验证码，单击“确认”按钮，手机和邮箱必须是未注册过阿里旺旺的手机号码和邮箱，绑定手机号码进行注册，如图 4-11 所示。

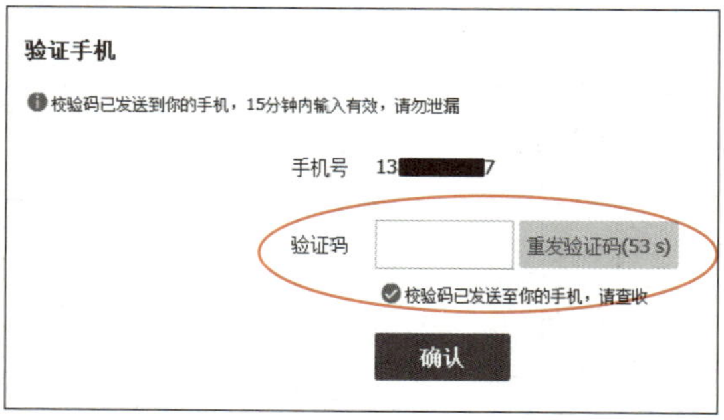

图 4-11　输入验证码

（4）手机号码绑定后会有提示信息。进行确认后，该手机号码无法再进行阿里旺旺其他账号的绑定，单击“继续注册”按钮，以进行确认，如图 4-12 所示。

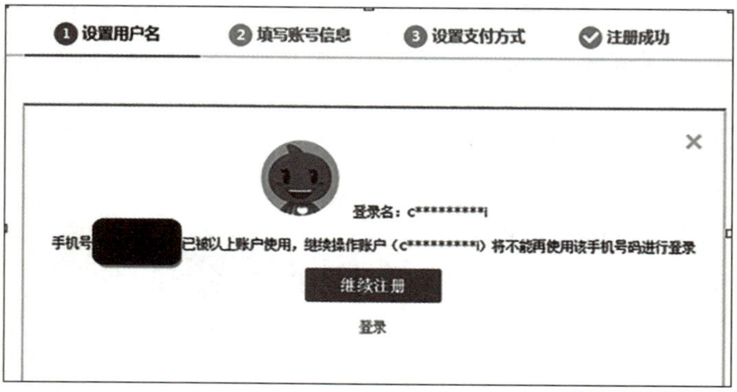

图 4-12　确认手机号码绑定

（5）填写阿里旺旺的账号信息，输入银行卡账号、持卡人姓名，证件一般选择“身份证”，确认手机号码，输入完毕后，单击“同意协议并确定”按钮，如图 4-13 所示。

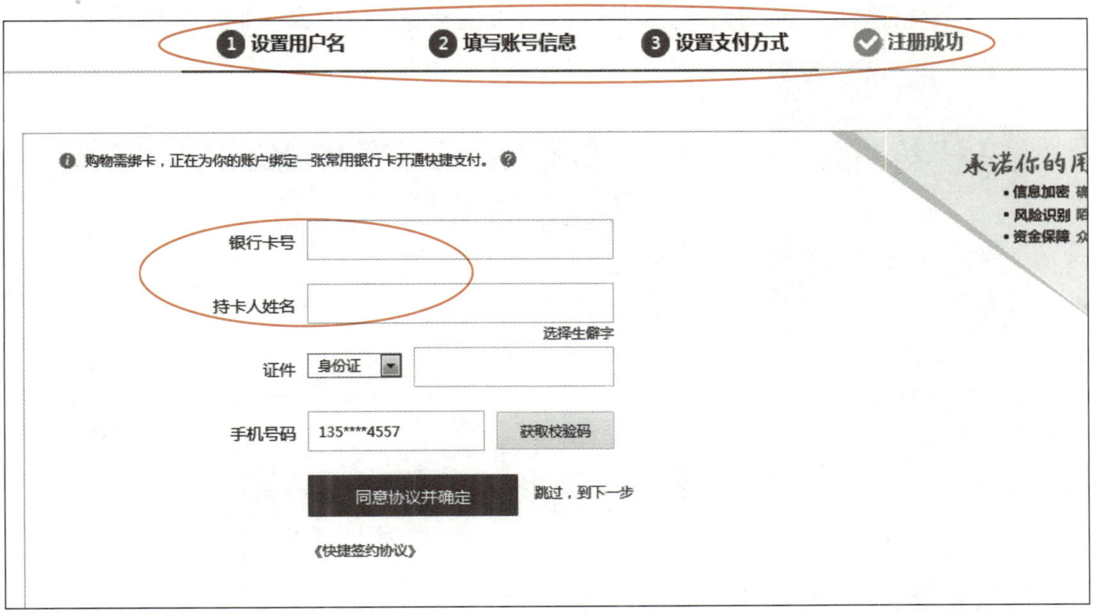

图 4-13　填写账号信息

（6）单击“注册成功”按钮，阿里旺旺就可以登录使用了，请牢记自己的账号和密码。

三、阿里旺旺的登录和设置

1. 阿里旺旺登录

完成注册后，返回登录界面，输入自己的账号和密码，单击“登录”按钮，如图 4-14 所示。

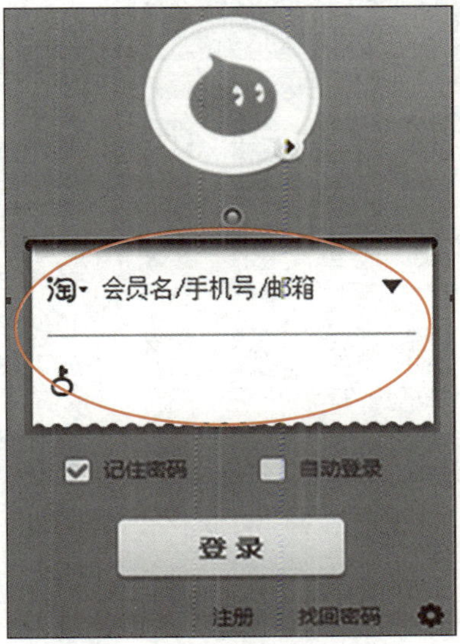

图 4-14　阿里旺旺登录

2. 阿里旺旺基本设置

（1）单击阿里旺旺界面左下角的设置图标，进入系统设置页面，如图 4-15 所示。

（2）在系统设置中，可对网络、聊天、个性、安全等进行设置，如图 4-16 所示。

图 4-15 阿里旺旺界面

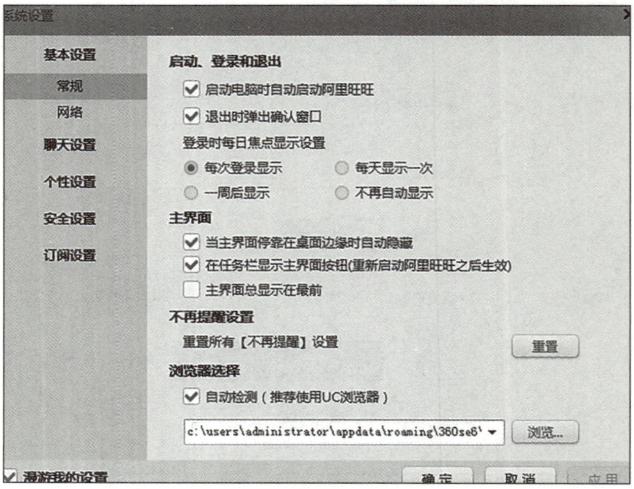

图 4-16 阿里旺旺系统设置

3. 阿里旺旺应用市场设置

单击阿里旺旺界面右下角的“⊞”图标进行应用市场设置，可以把左边弹出框中的图标，有选择性地加入到右边的弹出框中，如图 4-17 所示。

图 4-17 阿里旺旺应用市场设置

4. 阿里旺旺对话框界面设置

单击对话框中的“好友”一栏，可以进行即时聊天、设置自己店铺的状况，可以插播广告及优惠情况，还可以群发消息，如图 4-18 所示。

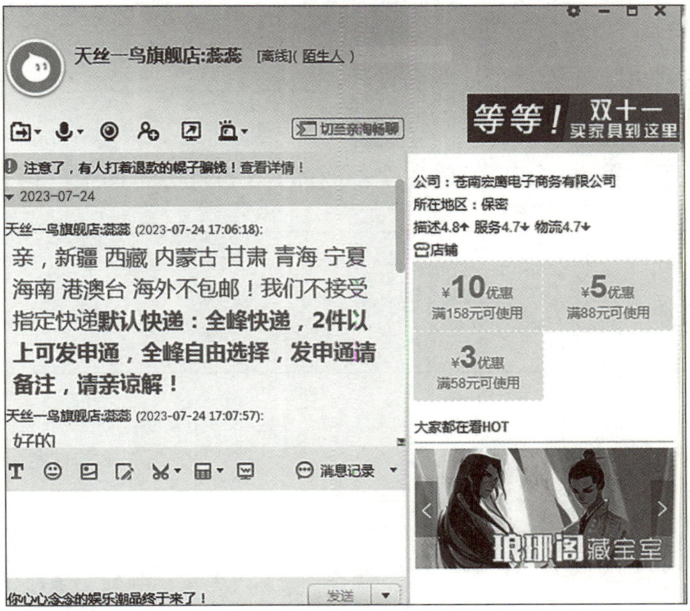

图 4-18 阿里旺旺对话

5. 阿里旺旺安全设置

阿里旺旺还可以通过淘宝卖家端进行设置，可对安全、个人资料、隐私、个人成长信息、支付宝绑定、微博绑定、个人交易信息、收货地址、网站提醒、旺旺网页版等进行设置，如图 4-19 所示。

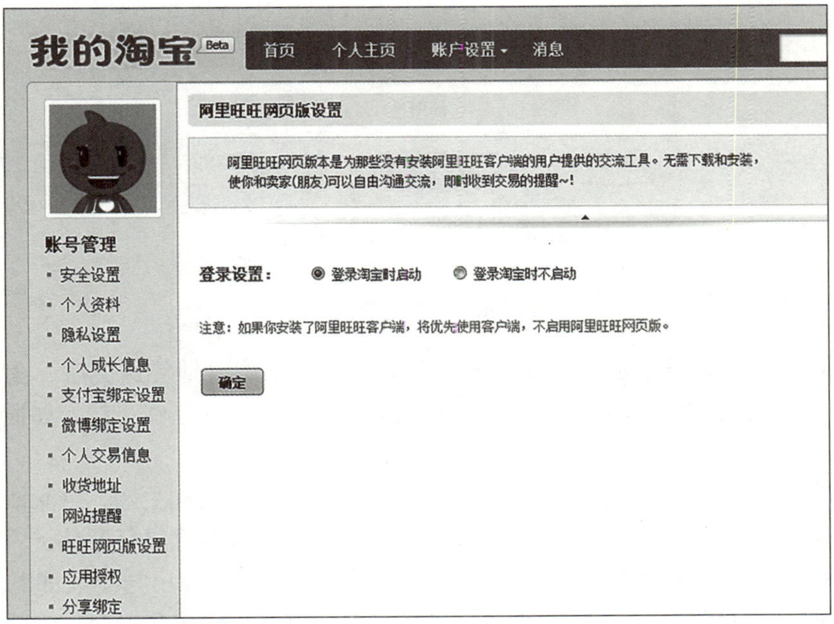

图 4-19 淘宝卖家端进行阿里旺旺安全设置

四、阿里旺旺营销体验

1. 个性签名设计

请为美秀坊的阿里旺旺进行个性签名设计：________________________________

2. 撰写营销推广信息

请设计一则关于“美秀坊网店开张，全部商品 8.8 折优惠”的推广信息：

____

3. 发布营销推广信息

设计发布营销推广信息方案：

____

知识链接

一、即时通信软件概述

1. 即时通信的含义

即时通信（Instant Messaging，IM）是一个终端服务，是指能够即时发送和接收互联网消息等的业务。即时通信利用的是互联网线路，通过文字、语音、视频、文件的信息交流与互动，有效节省了沟通双方的时间与经济成本。即时通信系统不但成为人们的沟通工具，还成为人们利用其进行电子商务、工作、学习等交流的平台。

2. 即时通信的特点

即时通信具有五大特点，如图 4-20 所示。

图 4-20　即时通信的特点

（1）同时性　即时通信不仅允许两人或多人使用网络即时地传递文字、图片信息，或进行语音与视频交流沟通，还可以将网站信息与聊天用户直接联系在一起，如通过网站向聊天用户群发送信息，吸引聊天用户群对网站的关注。

（2）即时性　即时通信不同于电子邮件之处在于它所需的时间更短，且交谈是即时的。通过即时通信功能，用户可以知道他的好友是否正在线上，并与之进行通信。

（3）高效性　即时通信作为专业的即时通信服务，必须体现出与个人即时通信产品的明显差异，根据企业用户的需求，企业即时通信产品以高效、稳定和安全作为其产品开发的重点。

（4）实用性　即时通信工具作为一个交流沟通工具，不仅可以实现个人与他人的交流沟通，还可以实现企业内部的管理和外部的沟通等。

（5）安全性　安全对于企业即时通信产品的重要性已无须赘述，它是企业选择产品的重要参考指标，也直接关系到未来企业即时通信市场的发展速度。

3. 典型即时通信软件介绍

（1）千牛　千牛是阿里巴巴集团官方出品的，淘宝卖家、天猫商家均可使用的即时聊天工具软件。千牛包含卖家工作台、消息中心、阿里旺旺、量子恒道、订单管理、商品管理等主要功能，目前有 PC 版和手机版两个版本。千牛 PC 版是在阿里旺旺卖家版的基础上升级而来的。卖家千牛平台如图 4-21 所示。

图 4-21　卖家千牛平台

小提示

千牛 PC 版是在阿里旺旺卖家版的基础上升级而来的，千牛 PC 版和阿里旺旺卖家版是可以相互切换的，千牛 PC 版应用更加便捷。

（2）如流　如流是百度旗下新一代智能工作平台，致力于构建 AI 时代工作流水线，融企业通信、协同工作、知识管理、企业服务于一体。如流以知识管理为核心，可以使企业内部的信息、知识高效的流动起来，推动企业业务创新及文化变革，大幅提升组织运营效率和组织能力，助力企业打造核心竞争力。

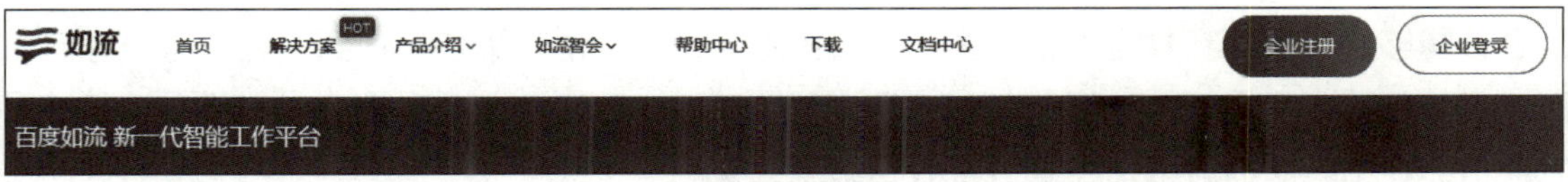

图 4-22　百度如流首页

二、即时通信营销概述

1. 即时通信营销的含义

即时通信营销，又叫 IM 营销，是企业通过即时工具推广产品和品牌，以实现目标客户挖掘和转化的网络营销方式。即时通信营销主要有以下两种情况：

（1）网络在线交流　中小企业建立了网店或者企业网站时一般会有即时通信在线。这样，潜在的客户如果对产品或者服务感兴趣自然会主动和在线的商家联系。

（2）广告　中小企业可以通过即时通信工具发布一些产品信息、促销信息，或者可以通过图片发布一些网友喜闻乐见的表情，同时加上企业要宣传的标志。

2. 即时通信营销的特点

即时通信营销是网络营销的重要手段，是进行商机挖掘、在线客服、病毒营销的有效利器，是继电子邮件营销、搜索引擎营销后的又一重要营销方式。它克服了其他非即时通信工具信息传递滞后的不足，实现了企业与客户无延迟、全方位的沟通。

为了工作交流方便，一半以上的用户上班时通过即时通信来进行业务往来。作为即时通信工具，即时通信最基本的特征就是即时信息传递，具有高效、快速的特点，无论是品牌推广还是常规广告活动，通过即时通信都可以取得巨大的营销效果。总结其特点如下：

（1）在线咨询及时解决问题，提高交易的可能性。

（2）充当最优接触点和最综合营销平台角色。

（3）病毒营销的强力助推器。

3. 即时通信营销的优势

即时通信营销与传统的营销方式相比，具有三个方面的优势，如图 4-23 所示。

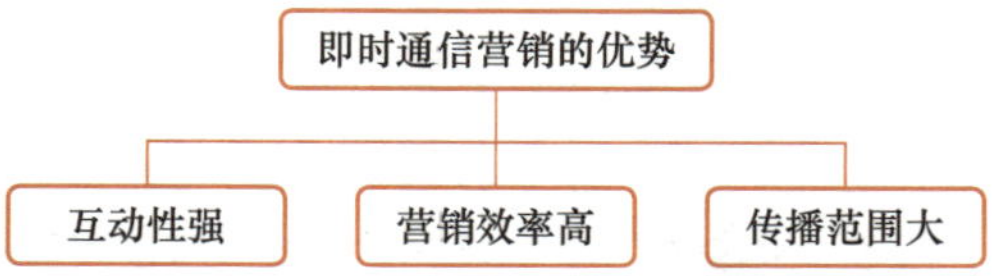

图 4-23　即时通信营销的优势

（1）互动性强　无论哪一种即时通信方式，都会有各自庞大的用户群，即时的在线交流方式可以让企业掌握主动权，摆脱以往等待关注的被动局面，将品牌信息主动地展示给消费者。

（2）营销效率高　一方面，通过分析用户的注册信息，如年龄、职业、性别、地区、爱好等，以及兴趣相似的人组成的各类群组，针对特定人群专门发送用户感兴趣的品牌信息，能够诱导用户在日常沟通时主动参与信息的传播，使营销效果达到最佳。另一方面，即时通信传播不受空间、地域的限制，类似促销活动这种消费者感兴趣的实用信息，通过即时通信能在第一时间告诉消费者，有效传播率非常高。

（3）传播范围大　任何一款即时通信工具都聚集有大量的人气，并且以高品质和高消费的白领阶层为主。即时通信有无数庞大的关系网，好友之间有着很强的信任关系，企业的任何有价值的信息，都能在即时通信中开展精准式的扩散传播，产生的口碑影响力远非传统媒体可比。

学习评价

请利用所学知识完成评价表 4-1 中的简要介绍，并在对应的评价栏中给予相应的评价。

要求：表 4-1 列出了 6 个知识点中，对前 3 个知识点能有一定的了解就可以，后 3 个知识点是要完成本任务必须掌握的；3 个技能中的前两个是必须要掌握的，第 3 个技能需要在今后的学习和实践中不断提升。

表 4-1 即时通信营销知识和技能评价

项　目	内　容	简要介绍	评　价		
			很好	好	继续加油
知识	即时通信的含义				
	即时通信的特点				
	即时通信软件的分类和应用				
	即时通信营销的含义				
	即时通信营销的特点				
	即时通信营销的优势				
技能	会注册、登录阿里旺旺				
	会设置阿里旺旺				
	会发布产品信息				

任务二　掌握即时通信营销的技巧

案例导读

讲述历史故事，传播民族品牌

“局部气候调查组”团队曾经推出的百雀羚纵向长图广告《一九三一》以极快的速度刷爆了微信朋友圈。广告运用一组长图片，展开故事，讲述了在新中国成立前的上海，一名时髦的旗袍女郎，衣内藏枪支，出门完成组织的刺杀任务。经过一番曲折，她射出了子弹，而让人出乎意料的是，刺杀的对象是“时间”。从而道出百雀羚品牌广告词——“与时间作对”。故事还穿插了 19 世纪 60 年代到 20 世纪 40 年代的街景及历史事件，让人沉浸在故事情节中，丝毫不会察觉是广告营销。百雀羚用故事叙述的方式，有别于强制性观看广告。故事情节衔接自然得当，娓娓道来，而结果的巨大反差，反而让受众更加印象深刻。主打怀旧营销，唤起消费者内心的怀旧心理，利于培养品牌忠诚度，从而激发购买欲望。软广的植入，富有创意，好玩有趣之余，还极易转发传播。通过微信朋友圈的转发，就其阅读量和转发量而言，无疑是成功的。

任务布置

王月把即时通信软件和即时通信营销介绍给主管张翔后，得到张翔的高度认同。张翔自己也搜集了很多有关即时通信营销的成功案例，他意识到，企业发展电子商务离不开强大的即时通信营销，他决定在美秀坊饰品有限公司展开即时通信营销。请和张翔一起带领团队进行即时通信营销。

分析：开展即时通信营销之前必须要思考需要对员工进行怎样的培训，才能让员工尽快掌握即时通信营销的技巧。

任务实施

任务实施导航结构图：

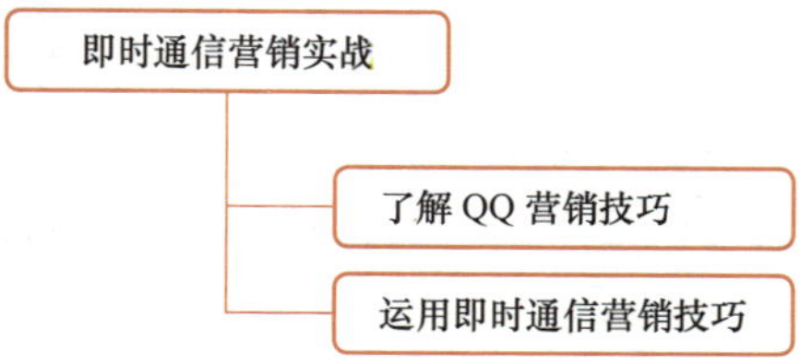

一、了解 QQ 营销技巧

即时通信营销已经成为帮助企业进行品牌和产品推广的重要营销手段。本任务我们以即时通信工具 QQ 为例，了解企业进行 QQ 营销的方法，进而知晓企业开展即时通信营销的基本技巧。

小资料

QQ 是目前我国网民使用频率非常高的即时通信工具，用户分布在不同的年龄阶段，因此也成为众多公司想在上面做宣传的地方。QQ 营销的形式和工具众多，如群公告、群相册、群聊天、群名片、群邮件、新人报到、群动态、群社区、群共享、群活动等。

1. QQ 空间营销

QQ 空间传播主体可以建立自己独特的 QQ 空间，从而围绕企业和产品开展信息传播和推广。

例：以东尼摄影会馆的空间为例，将自己会馆的摄影作品展示在 QQ 空间，并进行一定的排列和适当的点评，将东尼摄影会馆定期或不定期的优惠及促销活动全都展现在空间中，这样让阅读 QQ 空间的人可以很直观地感受到东尼摄影会馆的作品，并了解到东尼摄影会馆的促销活动，如图 4-24 ～图 4-26 所示。

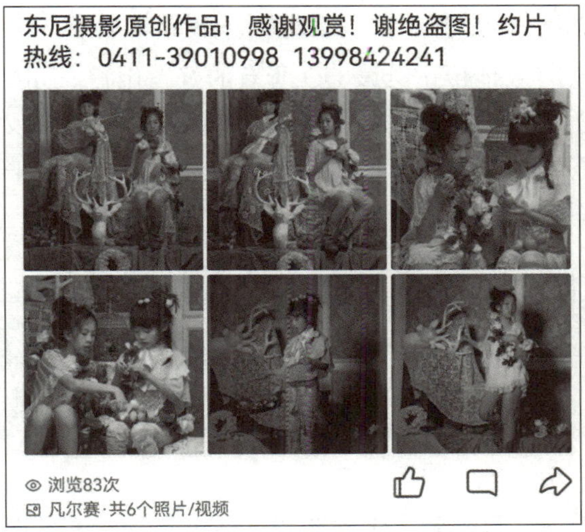

图 4-24　东尼摄影会馆的空间作品展示

图 4-25　东尼摄影会馆的空间布局

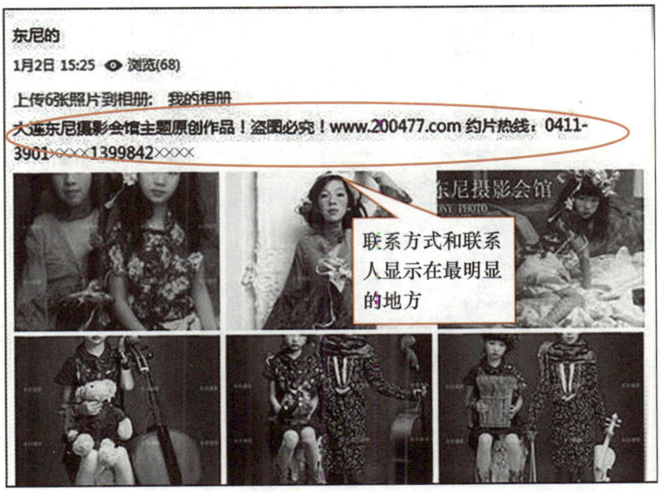

图 4-26　东尼摄影会馆的空间营销

2. QQ个性签名营销

QQ签名可以把信息有效地传达给该QQ所有的好友用户。如果设置了同步更新到QQ空间，那么这些信息在好友浏览自己的空间时都可以看到，既简单又醒目。

例1：可以在QQ签名中，把自己的淘宝店标志在上面，如图4-27所示。

例2：可以把QQ签名设置成祝福及广告语，如图4-28所示。

图4-27　QQ签名标志淘宝店

图4-28　QQ签名祝福及广告语

3. QQ空间说说营销

QQ空间说说类似微博，只是名字不同罢了。通过它，商家可以及时地把信息传达给所有好友用户，且QQ有着庞大的用户群体，每个人的QQ好友都很多，阅读到QQ空间说说的人会很多，如图4-29所示。

图4-29　QQ空间说说

4. QQ群营销

（1）群选择及群加入　要选择与所宣传的产品相关度高，且有一定联系的群。具体操作为：

1）单击QQ界面右下角的“查找”图标，如图4-30所示。

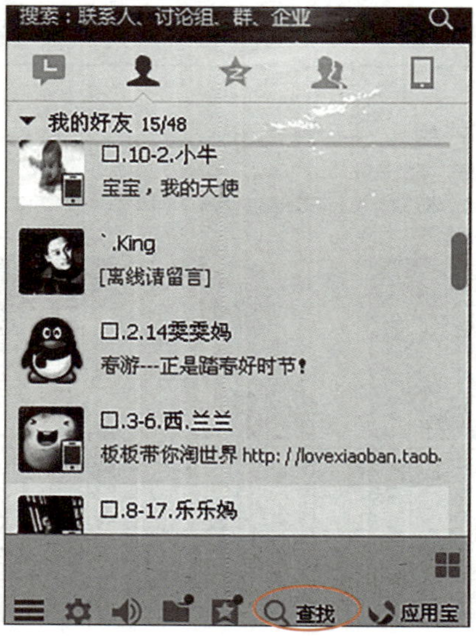

图4-30　QQ查找

2）选择“找群”选项，在查找框中输入与所推广产品相关的关键词，如“饰品”，单击搜索图标，出现如图 4-31 所示的页面。

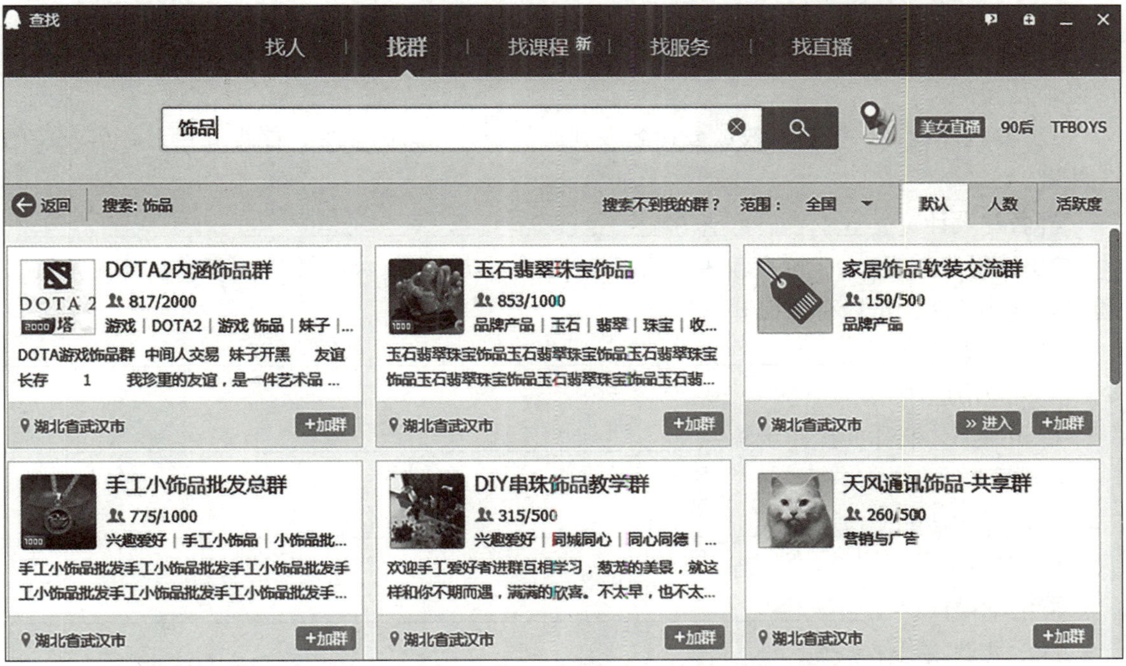

图 4-31 输入找群关键词

3）单击“加群”按钮，输入验证信息，如图 4-32 所示。验证信息要尽可能详细、具体。

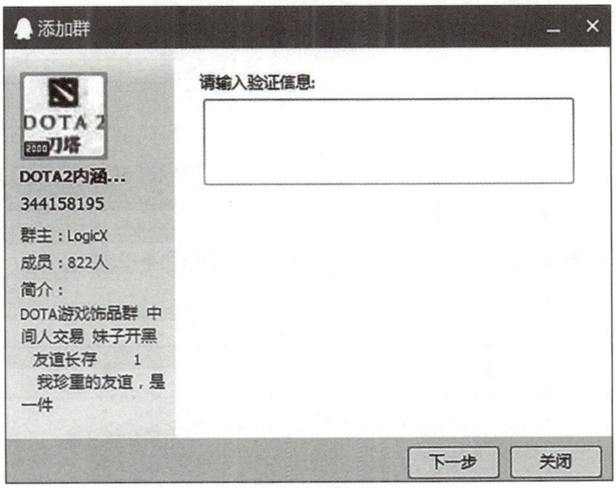

图 4-32 验证信息

（2）自己建群 通过“创建”→“创建群”→“选择群类别”→“填写群信息”→“邀请群成员”，完成自建群操作。

提示：通过 QQ 推广，自己建群一定要建 200 人或 500 人的高级群；要充分利用好群动态与群相册去推销自己的产品或品牌；群名要有针对性，便于搜索；要找专业、负责的群成员担当管理员，管理员应当是在群里比较活跃的、擅长沟通和聊天的，这样能吸引眼球，增加群的关注度和活跃度。

（3）群推广

提示：本任务针对美秀坊2023年新款情侣对戒“梦幻海洋”，请按提示分别进行群推广设计及操作。

1）群名片设计。把名片改成公司名或其产品服务相关的名称，能提高自己在群友中的关注度。

群名片设计：____

2）善用群功能。QQ群有较多的功能，如共享、群公告、群文件、群邮件、群论坛等。利用好这些功能，可以有效提升广告效果。

群公告设计：____

3）群相册。

群相册上传照片的操作步骤：______________________________

4）群文件。

上传群文件的操作步骤：__________________________________

5）群活动。

群活动设计：____

群活动创建操作步骤：____________________________________

6）群维护。QQ群营销其实是一种口碑营销，口碑营销很重要的一点就是关系的维护。群维护包括维护在群中的友好度和知名度，对自己的QQ群进行管理，进行相关活动的策划等。

群维护方案设计：______________________________________

二、运用即时通信营销技巧

根据前面介绍的阿里旺旺的下载、安装、登录和设置的过程以及QQ的营销技巧，王月想帮美秀坊饰品有限公司下载、安装及设置阿里最新版的卖家千牛平台，并在卖家千牛平台上进行产品发布和产品推广营销。将过程和步骤填写在表4-2中。

表4-2 卖家千牛平台下载、安装及应用

序号	基本步骤	技巧	注意事项
1	下载：网站导航→阿里旺旺→卖家千牛→电脑Windows版→立即下载	按照步骤一步一步操作	千牛在卖家端
2	安装：		
3	登录：		
4	设置：		
5	应用：		
6	营销：		

知识链接

一、中小企业即时通信营销的方法

中小企业即时通信营销是指中小企业把即时通信工具作为信息交互载体，以实现目标客户挖掘和转化的网络营销方式。

其主要应用方法有：

1. 商机挖掘

商机挖掘是中小企业即时通信营销的一大特色。通过即时通信工具，网站管理员能够方便地知道网站实时访问情况，了解意向客户的访问轨迹及停留状态，以分析其潜在的需求。在此基础之上，可对判定有意向的访客主动发起交谈邀请，从而建立沟通互动，有效获取宝贵的商机。

2. 商机转化

建立对话沟通只是获取商机的第一步，而商机转化则是中小企业即时通信营销更为重要的任务。通过即时通信工具，网站管理员能够获取客户的第一手资料，了解客户需求，及时展示企业的产品信息和促销活动，通过提供一对一的网络营销服务，甚至能分析解决客户的个性化需求，为最终使该商机获得有效转化奠定基础。

3. 服务导航

对于购买意向并不明确或已成交客户，即时通信工具也能发挥作用，主要体现在为其提供服务导航上面。通过即时通信工具，网站管理员能够快速对意向客户或已成交客户进行需求分拣，并提供解决问题的服务指南，使得客户能够获得满意的答案或解决实际问题，有利于提升客户的网络营销服务满意度和用户忠诚度。

二、即时通信营销的技巧

1. 网络头像和人物表情道具的应用

即时通信工具作为一类网上通信软件，其强大的虚拟人物塑造功能和聊天表情道具往往让网民为之倾心，所以把营销推广元素加入即时通信网络头像和表情道具中是非常有效的病毒营销策略之一。借助于庞大的即时通信用户传播群体，携带产品基本信息的头像和表情可以迅速地在网上进行流传。

2. 群的建立

群是即时通信工具中一项独特的功能，最早在 QQ 中出现。QQ 群具有话题集中的特性，QQ 群的成员对共同的话题都有浓厚的兴趣，而且都是某个话题的积极参与者，因此 QQ 群也成为营销的一个非常好的平台，它可以让 QQ 用户中拥有共性的小群体建立一个即时通信平台，实现多人同时在线交流的功能。比如可创建“安家置业”“我的大学”等群，每个群内的成员都有着相似的兴趣爱好，并可以再邀请朋友或者有共同兴趣爱好的人到一个群里面相互聊天沟通。这给营销创建了极好的机会，群用户不仅可以通过口碑的方式在交流过程中向群内用户宣传营销信息，同时还可以不断吸引群外用户加入，参与宣传讨论。

3. 机器人聊天

聊天机器人就是通过程序的设置，可以和即时通信的使用者进行人工智能聊天的一类软件。最开始的时候，聊天机器人被用来打发即时通信上没有聊友时的寂寞时间，用户将它添加入好友名单，每次发信息时，它就会从记忆库中调出相应的回复，跟人不同，它可以 24 小时在线、永不疲倦地陪你聊天。它不只是一个玩具，还是一个可以将互联网内容嵌入的新平台，它可以将互联网应用服务整合进入聊天机器人，并通过对自然语义的理解来驱动，同时使得互联网内容提供商（ICP）在除通过浏览器发布信息的途径外又多了一个渠道宣传信息，如腾讯公司的小 Q 妹妹等。

4. 空间传播

很多的即时通信工具提供了空间服务，在网页空间中，用户可以使用论坛、相册、共享文件等多种交流方式。网页空间可以写日志、分享相册和音乐等。作为一个完全私人化的网上空间，即时通信使用者可以完全开放或者仅邀请自己的好友参观访问。

用户只需单击即时通信好友中的空间选项就可以参观访问朋友的网上天地，这无疑是一个非常好的营销载体。当网上空间具有一定的知名度后，你所推广的企业产品品牌信息就会随着你的网上空间的传播而快速传播开来，从而充分起到积累口碑的效果。

5. 广告

在许多广告客户和广告代理商眼中，即时通信已经成为吸引大量广告费用投入的媒体平台。其中一个重要原因是即时通信拥有一个庞大的消费者群体。

6. 其他技巧

对于不同种类的即时通信工具，除了上述部分即时通信工具都具备的主要功能外，个别的即时通信还有其特殊性。我们在开展营销过程中可以根据不同的即时通信平台选择不同的方式。如 QQ 的电子宠物等，都是我们开展营销可以选择的渠道。

小提示

即时通信营销的弊端

即时通信带来的安全问题呈不可遏止的上升趋势，其趋势几乎与即时通信的受欢迎程度并驾齐驱。黑客、病毒、垃圾邮件侵扰、公司身份盗窃等屡见不鲜。

学习评价

请利用所学知识完成评价表 4-3 中的简要介绍，并在对应的评价栏中给予相应的评价。

要求：表 4-3 出的两个知识点中，对第 1 个知识点能有一定的了解就可以，第 2 个知识点是要完成本任务必须掌握的；10 个技能中的前 4 个是必须要掌握的，后 6 个技能需要在今后的学习和实践中不断提升。

表 4-3　应用即时通信营销的技巧知识和技能评价

项　目	内　容	简 要 介 绍	评　价		
			很好	好	继续加油
知识	中小企业进行即时通信营销的方法				
	即时通信营销的技巧				
技能	QQ 空间营销能力				
	QQ 个性签名营销能力				
	QQ 空间说说营销能力				
	QQ 群营销能力				
	会下载千牛				
	会安装千牛				
	会登录千牛				
	会设置千牛				
	千牛应用能力				
	千牛营销能力				

项目五

搜索引擎营销

项目导学

随着信息时代的发展和普及，网络的信息量越来越庞大。对网站的经营者来说，希望浏览者能方便、准确地发现自己的网站；对网民来说，希望能在互联网提供的海量信息中，快速、准确地找到所需的信息。搜索引擎的出现解决了这一问题。本项目从搜索引擎的含义、组成、工作原理，以及搜索引擎营销的含义、方法和搜索引擎营销效果评估等方面对相关知识进行介绍。

通过对本项目的学习，可以对搜索引擎及搜索引擎营销相关知识有一定的了解，并能掌握利用搜索引擎寻找信息，以及结合企业实际情况选用合适的搜索引擎进行网络营销应用的能力。

项目目标

- 了解搜索引擎的含义、组成及工作原理
- 了解搜索引擎营销的含义及目标
- 能够运用搜索引擎营销的主要方法实现搜索引擎营销
- 掌握搜索引擎营销效果评估的方法
- 提升文化自信，引导树立正确的创业观、价值观

任务一　认识搜索引擎营销

案例导读

品牌、销售两不误

如有消费者在百度搜索上输入“兰蔻”两字，搜索结果页面最上方不再是普通的文字链接，而是图文并茂的兰蔻网上商城品牌专区。兰蔻与百度联手，加强网上营销业务，意在将搜索引擎上的潜在消费者吸引到其B2C网站进行消费。

通过百度品牌专区，兰蔻网上商城链接、促销公告、商品信息等以图文并茂的形式呈现。与传统的搜索显示结果最大的不同是，广告主可以亲手编辑栏目内容，将企业的最新信息前移，主动管理企业在搜索引擎上的品牌形象，促进网络平台和线下活动的良性互动。

“通过百度的品牌专区，我们的品牌在那些搜索兰蔻的消费者面前有了更好的展示，不但能够提升品牌形象，并且为兰蔻网上商城带来了很多高质量的流量。在使用了品牌专区之后，我们大幅度地提高了品牌关键词的转化率，因此而产生的销售也相应提高了30%。”兰蔻品牌营销官如是表示。

任务布置

随着网络的发展，网站的数量已数不胜数，互联网上的信息量呈爆炸性增长，加大了人们寻找目标信息的难度，而搜索引擎的出现给人们寻找信息带来了极大的便利，成为不可或缺的上网工具。兰蔻的案例给了张翔和他的营销团队很大的启发，为了提高市场竞争力，张翔打算利用搜索引擎营销增加其网店销售额，进一步开拓饰品市场，以应对当今激烈的市场竞争，你能帮帮他吗?

分析：要开展搜索引擎营销首先要了解搜索引擎的工作原理，明白搜索引擎营销目标，以及掌握一定的搜索引擎使用方法。

任务实施

任务实施导航结构图：

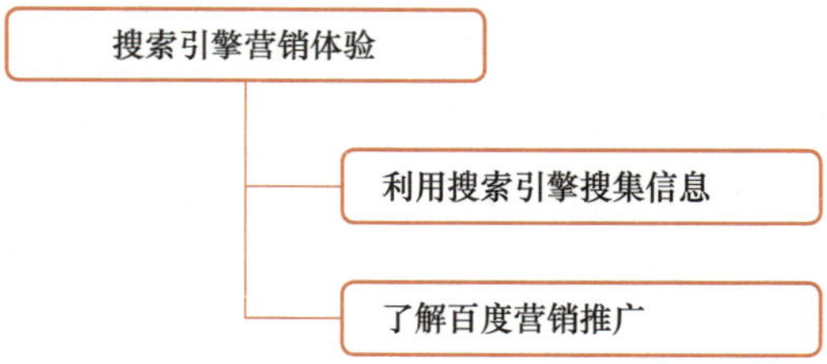

一、利用搜索引擎搜集信息

小资料

百度公司于2000年1月由李彦宏、徐勇两人创立于北京中关村，致力于向人们提供“简单、可依赖”的信息获取方式。目前，百度是全球最大的中文搜索引擎，覆盖范围极广，是最具价值的企业推广平台之一。百度搜索引擎中的“百度”二字，源于宋朝词人辛弃疾的《青玉案·元夕》词句“众里寻他千百度”，象征着百度对中文信息检索技术的执着追求。百度搜索引擎具有高准确性、高查全率、更新快以及服务稳定的特点，能够帮助广大网民快速地在浩如烟海的互联网信息中找到自己需要的信息，因此深受网民喜爱。

下面以百度为例，介绍利用百度搜索引擎收集有关“饰品”的相关信息，具体操作步骤如下。

1. 进入百度首页

双击图标，启动浏览器。在地址栏中输入“https://www.baidu.com”，按回车键，登录百度首页，如图 5-1 所示。

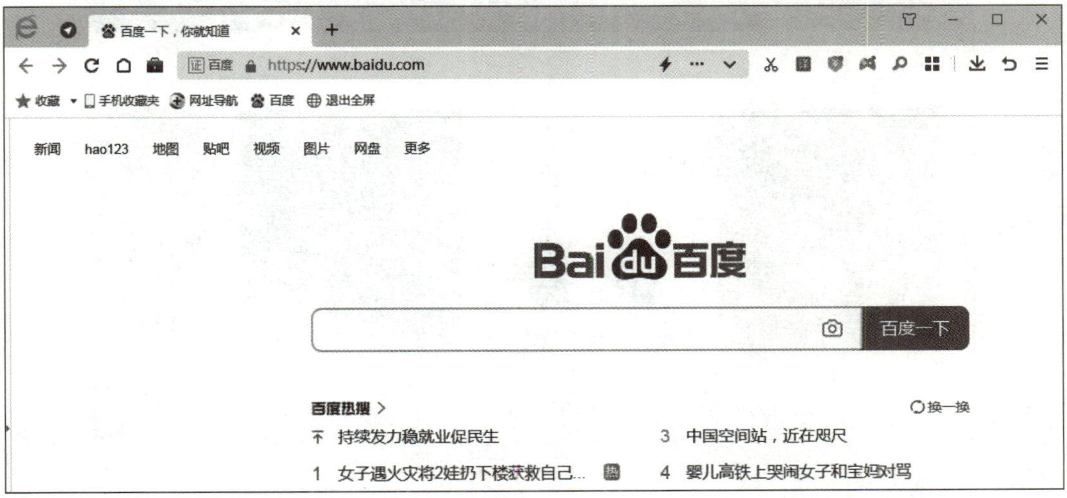

图 5-1 登录百度首页

2. 利用关键词进行搜索

在百度首页搜索栏中输入关键词“饰品”，单击“百度一下”按钮（或按回车键），就可检索到有关“饰品”的信息了，如图 5-2 所示。

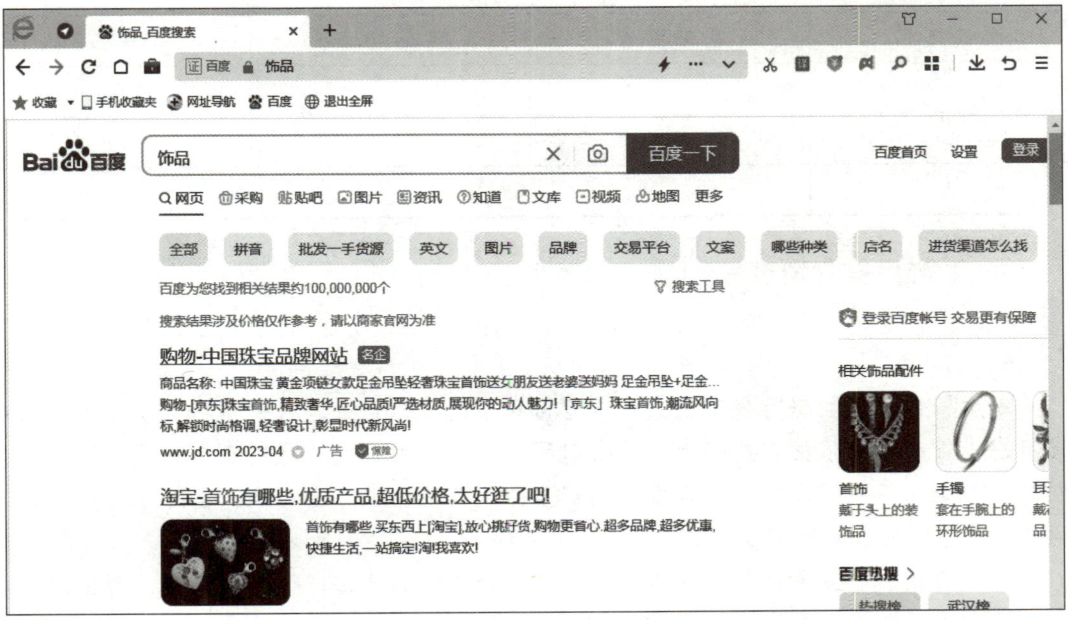

图 5-2 检索到有关“饰品”的信息

3. 浏览信息

选择任何一条感兴趣的信息，单击标题后就可浏览到所搜索的信息，如图 5-3 所示。

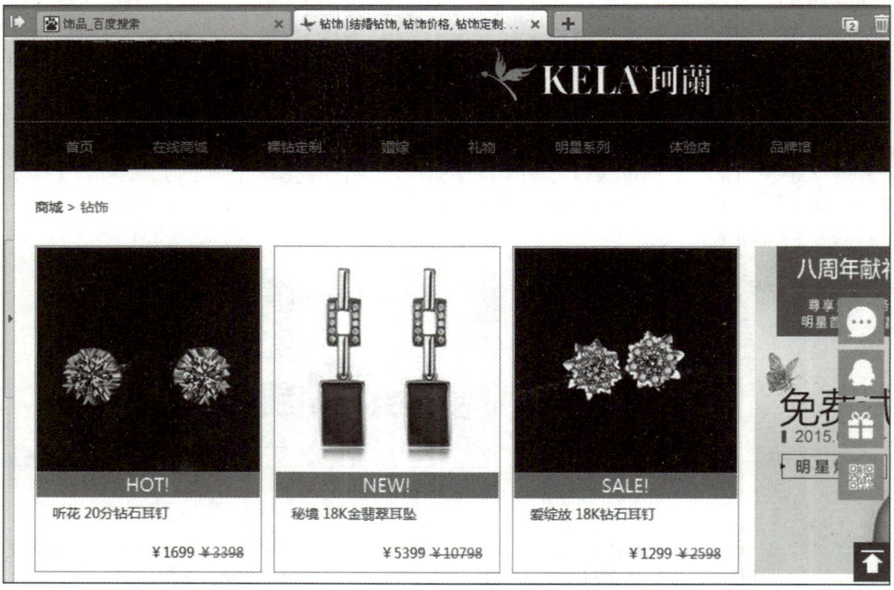

图 5-3　搜索结果显示页面

4. 对搜索到的信息进行分析

利用百度搜索引擎收集有关“饰品”的信息，发现百度共为我们收集到超过 1 亿条信息。请对搜索并浏览后的信息进行分析，并将分析结果填写在表 5-1 中。

表 5-1　搜索结果分析表

搜索排名	网站名称	网站特点	排名靠前的原因
1			
2			
3			

二、了解百度营销推广

小资料

百度营销是大数据时代下企业品牌宣传的渠道，为企业进行营销推广，解决企业获客难题。百度营销依托百度强大的搜索引擎，让需求用户更快找到适合的产品和服务，同时助力企业获得潜在客户。百度营销覆盖全国各地，服务全行业、全阶段企业，企业通过百度营销实现获客增长。

百度营销广告主要包含搜索推广、信息流推广、品牌推广等类型广告，为企业推荐合适的产品，投放快速曝光，抢占获客流量新风口。

搜索推广是基于中文搜索引擎百度搜索，在搜索结果显著的位置优先展示广告主的推广信息，只有客户点击广告之后，才需要付费。客户主动搜索关键词时，能立即看到广告主的产品及服务，主动寻求合作。

信息流推广是在百度APP、百度首页、贴吧、百度手机浏览器等资讯流中穿插展现的原生广告，广告即是内容。将推广信息自然融入各类资讯、信息中，易传播，易操作。

百度品牌专区，位于百度搜索结果首位，以首屏展示位置，以文字、图片、视频等多种广告形式全方位推广展示企业品牌信息，提升企业品牌推广效能，打造企业的专业品牌形象，增强消费者信任，利于网络获客。

开屏推广搭建百度系开屏产品矩阵，整合百度广告资源与流量，以APP开屏广告的样式，增强品牌曝光。整合优质品牌广告流量，以开屏广告的形式提高品牌曝光率。

聚屏推广通过聚合多类屏幕，触达消费者多场景生活时刻，实现线上线下广告整合和程序化投放。程序化数字屏幕广告，全面覆盖用户日常生活场景，强化品牌形象。

下面以百度营销为例，了解百度营销推广的内容，体验百度营销推广的具体操作。

1. 进入百度营销主页

方法一：利用搜索引擎，搜索“百度营销”，如图5-4所示。在搜索结果页面单击“百度营销”图标，如图5-5所示，进入百度营销官方网站首页；或者滑动右侧滚动条，单击“百度营销—让客户主动来找你—解决企业获客难题”链接进入百度营销网站首页。

图5-4 搜索“百度营销”

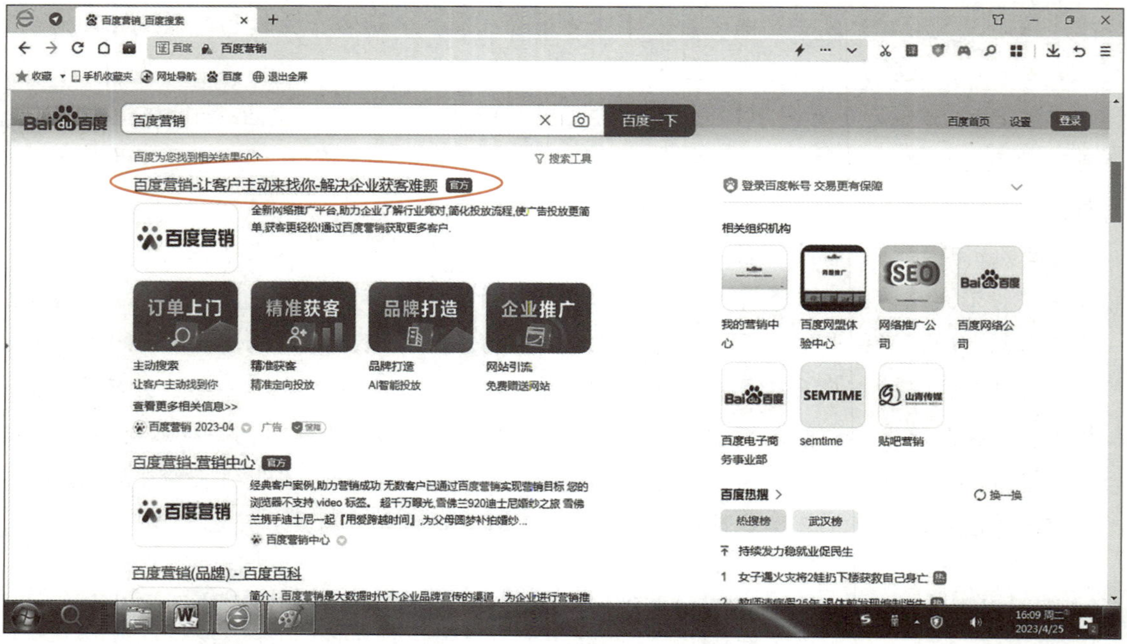

图 5-5 找到百度营销官网链接

方法二：打开 IE 浏览器，在地址栏中输入网址“https://e.baidu.com”，直接进入百度营销官网首页，如图 5-6 所示。

图 5-6 百度营销官网首页

2. 熟悉百度营销网站内容

分别单击“平台优势”“广告类型”“营销案例”“了解更多”，查看相关内容。

3. 了解广告类型及体验活动

（1）了解广告类型　单击“广告类型”栏目，分别查看搜索广告、信息流广告、品牌广告、开屏广告和聚屏广告相关内容，如图 5-7 所示。

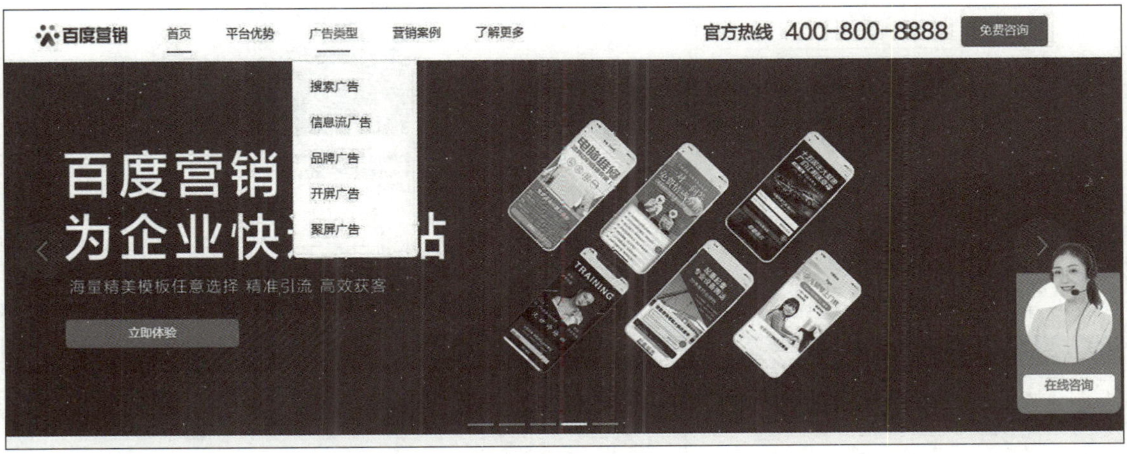

图 5-7　广告类型栏目内容

（2）体验“搜索广告”推广　单击“搜索广告”→“立即体验”，出现如图 5-8 所示的页面，填写相关信息，单击“立即提交”即可。

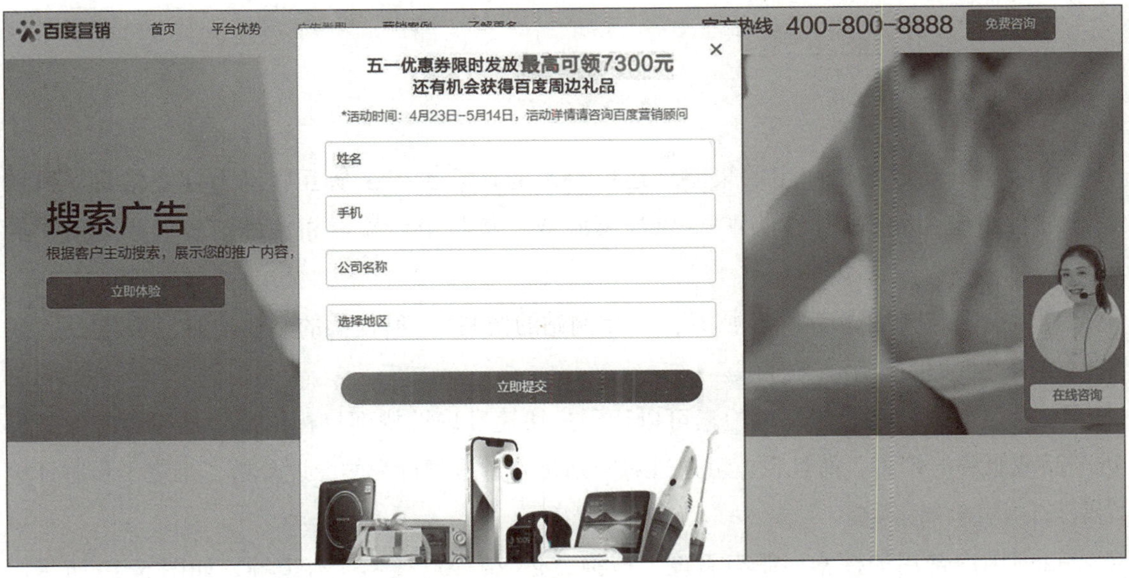

图 5-8　体验信息填写页面

（3）在线咨询体验　单击“在线咨询”，可就推广内容进行咨询，如图 5-9 所示。

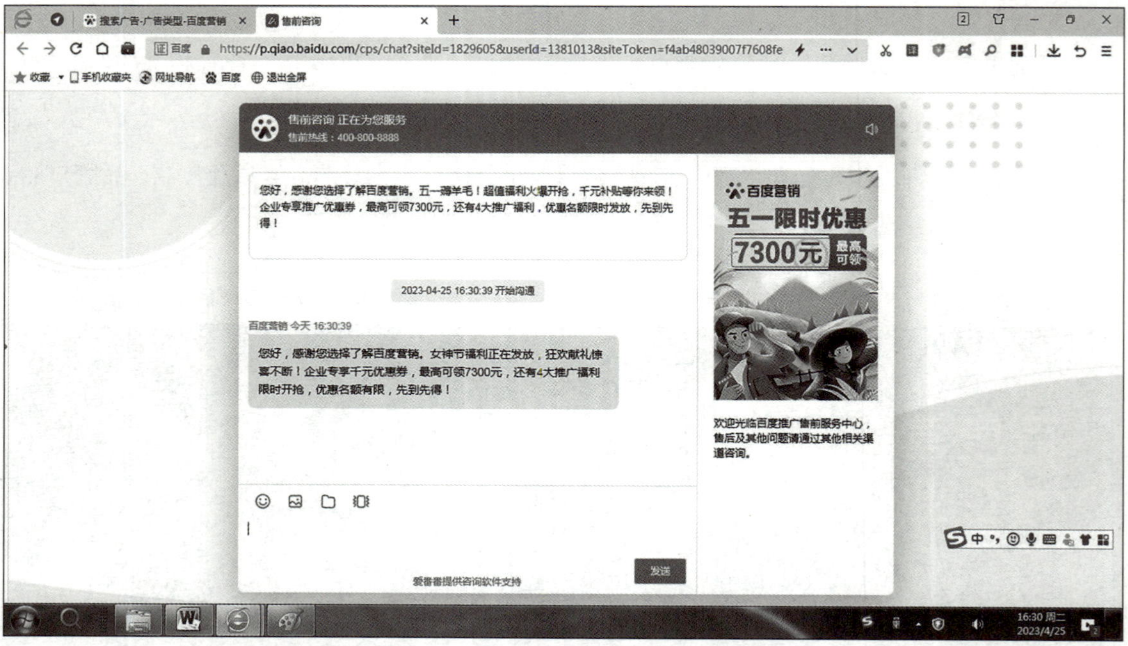

图 5-9　在线咨询体验

知识链接

一、搜索引擎概述

1. 搜索引擎的含义

搜索引擎是指根据一定的策略，运用特定的计算机程序从互联网上搜集信息，再对信息进行组织和处理后，为用户提供检索服务，将与用户检索相关的信息展示给用户的系统。

搜索引擎是网站建设中针对“用户使用网站的便利性”所提供的必要功能，同时也是“研究网站用户行为的一个有效工具”。

对企业来说，高效的站内检索可以让用户快速准确地找到目标信息，从而更有效地促进产品或服务的销售，而且企业可通过对网站访问者搜索行为的深度分析，来进一步制订更为有效的网络营销策略。

目前国内常用的搜索引擎有百度、搜狗、必应、360 搜索、有道等，如图 5-10 所示。每个搜索引擎都有自己的优势，有自己的特点，有自己的用户群。

图 5-10 国内常用搜索引擎

2. 搜索引擎的组成

搜索引擎一般由搜索器、索引器、检索器和用户接口四个部分组成，如图 5-11 所示。

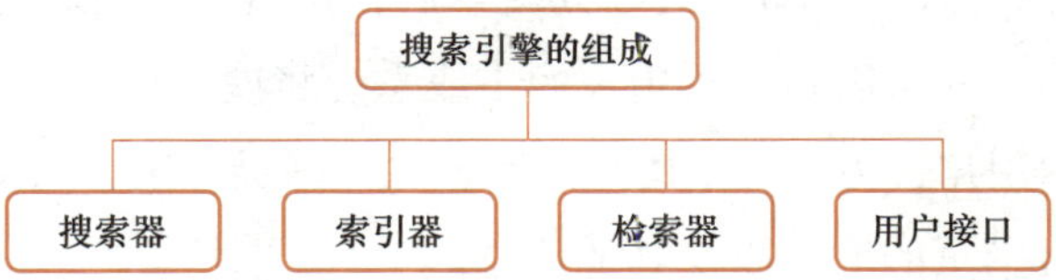

图 5-11 搜索引擎的组成

（1）搜索器 搜索器的功能是在互联网中漫游，发现和搜集信息。

（2）索引器 索引器的功能是理解搜索器所搜索到的信息，从中抽取出索引项，用于表示文档以及生成文档库的索引表。

（3）检索器 检索器的功能是根据用户的查询在索引库中快速检索文档，进行相关度评价，对将要输出的结果排序，并能按用户的查询需求合理反馈信息。

（4）用户接口 用户接口的作用是接纳用户查询，显示查询结果，提供个性化查询项。

3. 搜索引擎的工作原理

搜索引擎的工作原理基本分为三步，如图 5-12 所示。

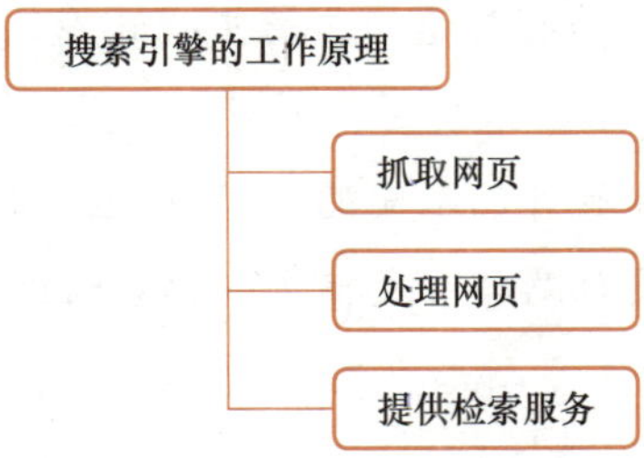

图 5-12 搜索引擎的工作原理

（1）抓取网页 每个独立的搜索引擎都有自己的网页抓取程序。网页抓取程序有一个很形象的名字叫“网络蜘蛛”，是指把互联网比喻成一个蜘蛛网，那么网页抓取程序就是在网上爬来爬去的蜘蛛。网页抓取程序是通过网页的链接地址来寻找网页的，从网站某一个页面（通常是首页）开始读取网页的内容，找到在网页中的其他链接地址，然后通过这些链接地址寻找下一个网页，这样一直循环下去，直到把这个网站所有的网页都抓取完为止。

（2）处理网页　搜索引擎抓到网页后，还要做大量的预处理工作，才能提供检索服务。其中，最重要的就是由分析索引系统程序对收集回来的网页进行分析，提取相关网页所在的网址链接、编码类型，页面内容包含的关键词，关键词位置、生成时间、大小、与其他网页的链接关系等信息，根据一定的相关度算法进行大量复杂的计算，得到每一个网页针对页面内容中及超链接中每一个关键词的相关度或重要性，然后用这些相关信息建立网页索引数据库。处理网页还包括去除重复网页，判断网页类型，分析超链接，计算网页的重要度、丰富度等。

（3）提供检索服务　当用户输入关键词搜索后，由搜索系统程序从网页索引数据库中找到符合该关键词的所有相关网页，再由页面生成系统将搜索结果的链接地址、页面内容摘要等，组织起来返回给用户。为了便于用户判断，除了网页标题和URL（统一资源定位器）外，还会提供一段来自网页的摘要以及其他信息。

小知识

关键词

关键词源于英文“keyword”，是指网络用户输入到搜索框中的文字，也就是命令搜索引擎寻找的东西，关键词可以是任何中文、英文、数字或中文英文数字的混合体，关键词的内容可以是人名、网站、新闻、小说、软件、游戏、星座、工作、购物、论文等。关键词搜索是网络搜索信息的主要方法之一。

URL

URL（Uniform Resource Locator，统一资源定位器）是用于完整地描述互联网上网页和其他资源地址的一种标志方法。简单地说，URL就是Web地址，俗称“网址”。URL是进入互联网后查阅信息的有效途径，是指明资源地址的手段，用于在互联网中按统一方式来指明和定位一个www信息资源的地址，即www是按每个资源文件的URL来检索和定位的。每个网页都有自己不同的URL地址，每个URL地址由所使用的传输协议、域名（或IP地址）、文件路径和文件名四部分组成。

二、搜索引擎营销概述

1. 搜索引擎营销的含义

搜索引擎营销（Search Engine Marketing，SEM）是指基于搜索引擎平台的网络营销，利用人们对搜索引擎的依赖和使用习惯，在人们检索信息的时候尽可能地将营销信息传递给目标客户。这是最经典也是最常用的网络营销方法之一。

小资料

据中国互联网络信息中心（CNNIC）在京发布的第 50 次《中国互联网络发展状况统计报告》显示，截至 2022 年 6 月，我国搜索引擎用户规模达 8.21 亿，较 2021 年 12 月减少 737 万，占网民整体的 78.2%。2022 年上半年，我国互联网企业在搜索引擎领域继续进行深度布局，应用内搜索用户数量持续增长。一是互联网企业在搜索领域持续投入。2022 年上半年，字节跳动推出独立搜索产品“悟空搜索”，形成“头条搜索 + 悟空搜索 + 抖音搜索”的产品矩阵，尝试吸引更多细分市场流量。二是应用内搜索用户数量持续增长。随着微信生态的蓬勃发展，微信“搜一搜”逐步满足用户的多元化需求，为内容创作者、服务提供者和入驻商户更好地连接用户提供了支撑。截至 2021 年，微信“搜一搜”月活跃用户数超过 7 亿，部分类目搜索流量提升 139%，已支持超过 5100 家公立医院官方挂号，挂号累计服务超过 1 亿人次。

2. 搜索引擎营销的目标

搜索引擎营销追求最高的性价比，以最小的投入获得最大的来自搜索引擎的访问量，并产生商业价值。用户在检索信息时所使用的关键词反映出用户对该问题的关注，这种关注是搜索引擎被应用于网络营销的根本原因。

搜索引擎营销的基本思想是让用户发现信息，并通过点击鼠标进入网站进一步了解他所需要的信息。搜索引擎营销的最主要工作是扩大搜索引擎在营销业务中的比重，通过对网站进行搜索优化，更多地挖掘企业的潜在客户，帮助企业实现更高的转化率。

搜索引擎营销的目标可分为四个层次：存在层、表现层、关注层和转化层。

第一层是存在层，其目标是被搜索引擎收录，即在主要的搜索引擎、分类目录中获得被收录的机会，这是搜索引擎营销的基础，离开这个层次，搜索引擎营销的其他目标也就不可能实现。搜索引擎登录包括免费登录、付费登录、搜索引擎关键词广告等形式。

第二层是表现层，其目标是在被搜索引擎收录的基础上尽可能获得好的排名，即在搜索结果中有良好的表现。因为用户关心的只是搜索结果中靠前的少量内容，如果利用主要的关键词检索时网站在搜索结果中的排名靠后，就可利用关键词广告、竞价广告等形式作为补充手段来实现这一目标；如果在分类目录中的位置不理想，则需要同时考虑在分类目录中利用付费等方式获得排名靠前。

第三层是关注层，目标是增加用户的点击（点进）率，主要表现在网站访问量指标方面，就是通过搜索结果点击率的增加来达到提高网站访问量的目的。实现这一目标，需要从整体上进行网站优化设计，并充分利用关键词广告等有价值的搜索引擎营销专业服务。

第四层是转化层，其目标是将浏览者转化为顾客，即通过访问量的增加转化为企业最终实现收益的提高，可称为转化层。转化层是前面三个目标层次的进一步提升，是各种搜索引擎方法所实现效果的集中体现，但并不是搜索引擎营销的直接效果。

在这四个层次中，前三个可以理解为搜索引擎营销的过程，而只有将浏览者转化为顾客才是最终目的。

学习评价

请利用所学知识完成评价表 5-2 中的简要介绍，并在对应的评价栏中给予相应的评价。

要求：表 5-2 列出了 3 个知识点和 2 个技能点，第 3 个知识点和 2 个技能点是要完成本任务必须掌握的，其他 2 个知识点分别能简单描述就达到了本任务的目标。

表 5-2　搜索引擎营销知识和技能评价

项　目	内　容	简要介绍	评　价		
			很好	好	继续加油
知识	搜索引擎的含义				
	搜索引擎营销的含义				
	搜索引擎营销的目标				
技能	会利用搜索引擎搜集有用信息				
	能够掌握百度营销推广的操作步骤及技巧				

任务二　熟悉搜索引擎营销的方法

案例导读

微信（WeChat）是腾讯公司于 2011 年 1 月 21 日推出的一个为智能终端提供即时通信服务的免费应用程序。2019 年 12 月 11 日，公司宣布微信搜索正式升级为“微信搜一搜”，搜索能力全面升级。自上线以来，微信搜一搜不断优化。目前用户可通过主动搜索关键词获得公众号、小程序、游戏、百科以及医疗咨询等 20 多种信息服务内容。微信搜一搜还整合了公众号文章，接入 ZAKER、知乎、豆瓣等平台内容资源。

2022 年 12 月 28 日，微信搜一搜发布《2022 用微信搜什么》视频和数据报告，呈现了年度热点事件和用户搜索量变化，多维度展现疫情背景下微信用户的关注点和搜索需求。报告显示，疫情使得线上化成为常态，体育、音乐、学习、科技成为人们向上的动力源泉。随着微信生态内容、服务的日益丰富，用户在微信里的搜索需求正逐渐走向多元化，搜一搜在微信生态的“连接器”作用也越发凸显。

党的二十大报告指出：“必须坚持科技是第一生产力、人才是第一资源、创新是第一动力。”腾讯公司一直秉承科技向善的宗旨，通信和社交服务连接全球逾 10 亿人，帮助他们与亲友联系，畅享便捷的出行、支付和娱乐生活。腾讯发行多款风靡全球的电子游戏及其他优质数字内容，为全球用户带来丰富的互动娱乐体验。腾讯还提供云计算、广告、金融科技等一系列企业服务，支持合作伙伴实现数字化转型，促进业务发展。

任务布置

阅读完案例后，张翔陷入思考：通过网络平台，利用搜索引擎投放关键词能给企业带来较高的销售业绩，这种推广方式是否适合美秀坊？如果公司也进行搜索引擎营销，该选择哪种方法？大概的推广费用是多少？你能帮帮他解决这些困惑吗？

分析：要帮助张翔，应该了解搜索引擎营销的主要方法，掌握进行搜索引擎营销的基本操作方法和技巧，并会对搜索引擎营销效果进行评估。

任务实施

任务实施导航结构图：

一、体验免费登录搜索引擎

小资料

百度站长平台是全球最大的面向中文互联网管理者、移动开发者、创业者的搜索流量管理的官方平台，提供有助于搜索引擎收录的工具、SEO 建议、API 接口（应用程序编程接口）、多端适配服务的能力等。

企业网站内容被百度收录能提高网站内容曝光的机会，百度站长平台为站长提供免费提交链接的通道，站长可按照要求提交想被百度收录的链接。提交成功后，百度搜索引擎会按照标准进行处理。目前主要的全文搜索引擎大多为免费登录，但不保证提交的链接一定能被收录。收费登录要向提供收费登录服务的搜索引擎或其代理商支付费用，并按要求提交有关资料。

下面以百度搜索引擎为例，实际体验免费登录百度网站搜索引擎的操作。

1. 进入百度网站登录页面

方法一：打开浏览器，在地址栏中输入百度搜索资源平台链接提交页面网址：https://ziyuan.baidu.com/linksubmit/url，按回车键进入链接提交页面，如图 5-13 所示。

方法二：利用搜索引擎搜索“免费登录百度网站”或“百度网址提交”“百度站长工具”等关键词，单击搜索结果中的“百度搜索资源平台”链接，进入链接提交页面，如图 5-13 所示。

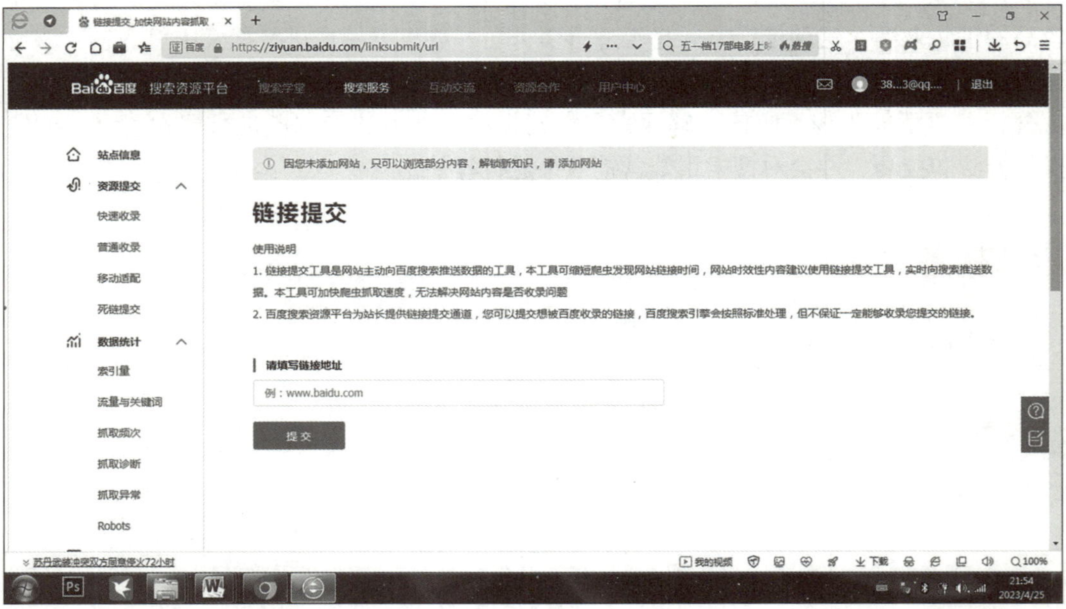

图 5-13　链接提交页面

2. 注册百度账号

（1）链接提交需要先注册、登录百度账号，单击网页右上方的“登录”链接进入注册、登录页面，如图 5-14 所示。

图 5-14　注册、登录百度账号页面

图 5-14 注册、登录百度账号页面（续）

（2）填写手机或邮箱号，输入密码和验证码，单击“注册”按钮，就会出现如图 5-15 所示的提示激活页面。

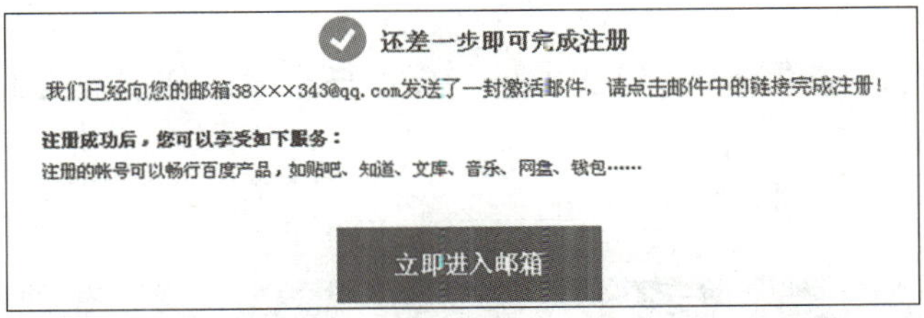

图 5-15 提示激活页面

（3）单击“立即进入邮箱”按钮，或者直接登录邮箱，打开“baidu”发来的主题为“百度账号 - 账号激活”的邮件，单击邮件中的链接，激活账号，如图 5-16 所示。

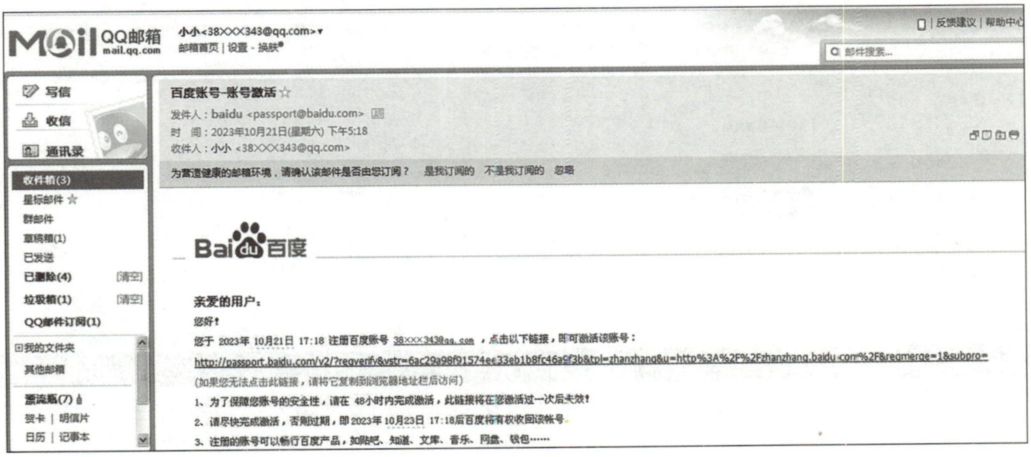

图 5-16 进入邮箱激活账号页面

（4）完成图 5-16 的操作，进入成功注册百度账号提示页面，如图 5-17 所示。

图 5-17　成功注册百度账号提示页面

3. 登录百度账号

单击百度站长平台右上角的登录链接，进入登录页面，输入账号、密码和验证码，如图 5-18 所示。然后单击“登录”按钮，完成登录操作。

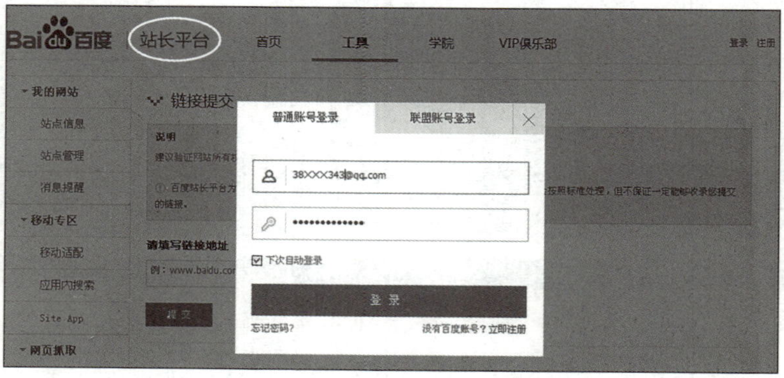

图 5-18　登录百度账号

4. 提交网站网址

（1）登录成功后，在“请填写链接地址”文本框中输入你要提交的网站网址，然后单击“提交”按钮，如图 5-19 所示。

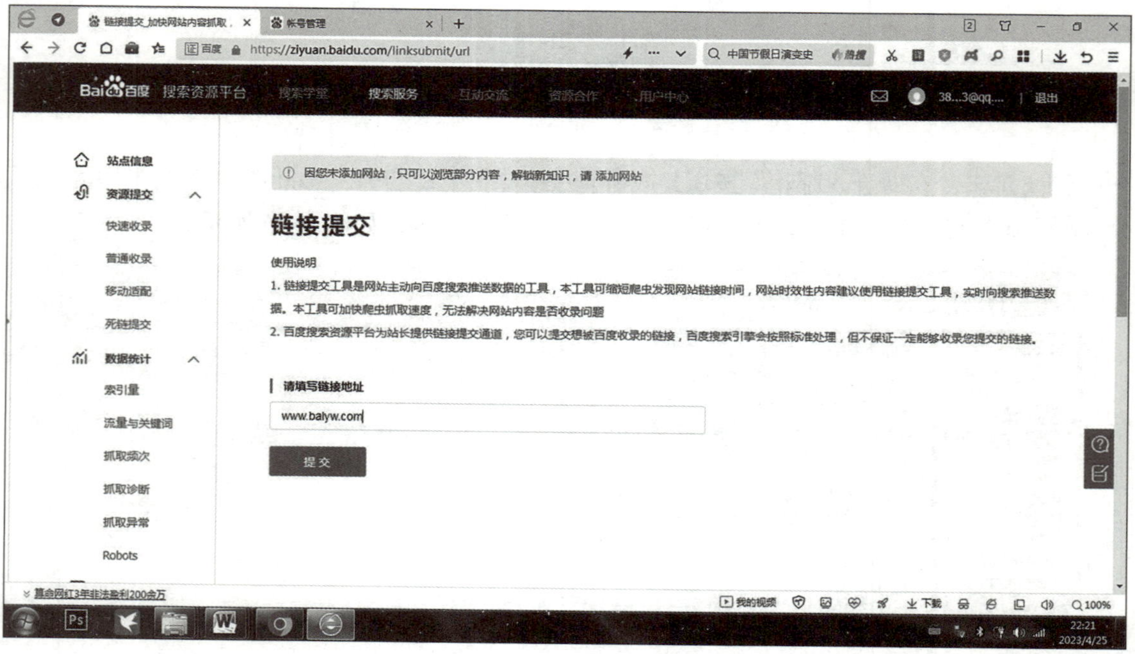

图 5-19　链接提交页面

（2）完成图 5-19 中所示的操作后，会出现一个提示提交成功的页面，如图 5-20 所示。

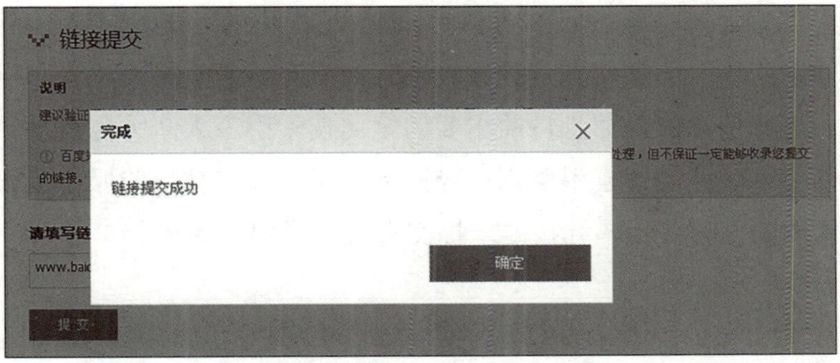

图 5-20　链接提交成功页面

5．查看提交的网站是否被收录

查看百度是否收录了你提交的网站，可在搜索文本框中输入“site：网址”，然后按回车键即可。例如，想查看刚提交的网站和淘宝网是否被百度收录，可分别在搜索文本框中输入“site：www.baiqw.com”和“site：www.taobao.com”，然后按回车键，出现如图 5-21 和图 5-22 所示的页面，显示结果表示刚提交的网站未被收录，而淘宝网站有 155 个网页被百度收录。

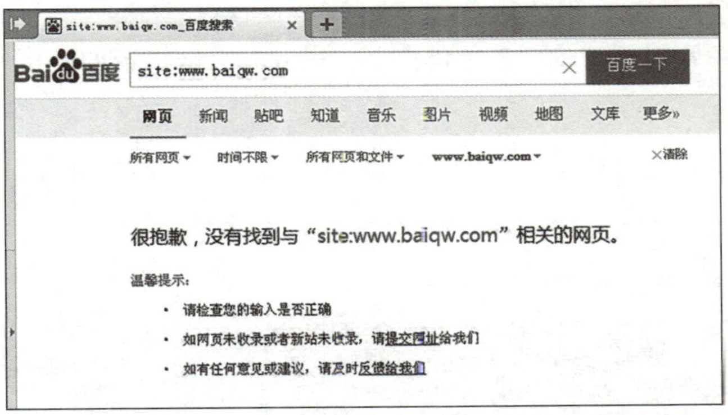

图 5-21　网页未被收录页面

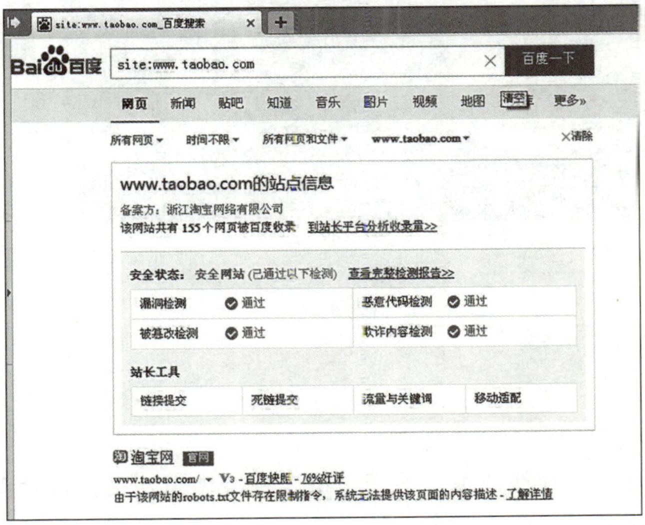

图 5-22　提示淘宝网站被收录网页

提示：如果你想让网站被收录，可以单击图 5-21 中的“提交网址”链接，然后重复第 4 步“提交网站网址”的操作，直到被收录。如果有任何意见或建议，也可单击“反馈给我们”链接，进行信息的反馈。目前主要的全文搜索引擎大多为免费登录，但大部分提供分类目录搜索引擎服务的搜索引擎都已经开始收费。收费登录的操作也很简单，只要向搜索引擎或其代理商支付费用，并按要求提交有关资料即可完成。

小资料

“site”是目前所有搜索引擎都支持的搜索指令，它的用法是“site：网址”，它的用处是查询特定搜索引擎对指定网站页面的收录数量。site 指令是站长或从事 SEO 工作的人员必须掌握的最基本指令之一。

二、熟悉百度推广的方法与步骤

1. 进入百度推广网站

方法一：利用搜索引擎搜索“百度推广”，进入有官网标识的链接——百度推广官网首页，如图 5-23 所示。

方法二：在浏览器地址栏输入“http://e.baidu.com”，按回车键进入百度推广首页。

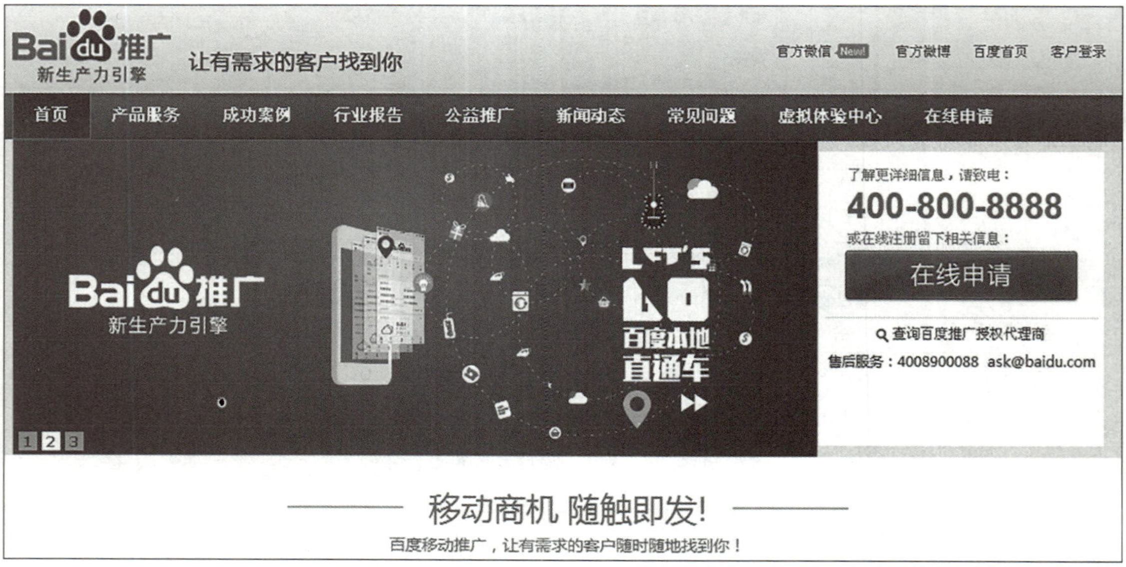

图 5-23 百度推广官网首页

2. 查看并记录“在线申请”的步骤

单击百度推广首页“在线申请”按钮，进入在线申请网页，查看申请流程，并将申请流程及各环节的内容填写在表 5-3 中。

表 5-3 百度推广在线申请流程

序 号	步 骤	具体内容
1		
2		
3		
4		

三、了解关键词和关键词分析工具

1. 了解关键词相关术语

请利用搜索引擎收集有关关键词的信息，完成表 5-4 内容的填写。

表 5-4 关键词信息收集

编 号	名 词	解 释
1	核心关键词	
2	热门关键词	
3	长尾关键词	
4	关键词组合	

2. 为企业选择关键词

针对美秀坊饰品有限公司的情况，为公司选择适合推广的关键词。请将你想到的关键词尽可能多地写在下面的横线上。

____

____

3. 关键词分析

在选择关键词的时候要充分利用好关键词分析工具。关键词分析工具有很多，有免费的和付费的，如百度的百度指数、卖家网等。下面以卖家网为例介绍如何利用专业工具分析关键词。

小资料

卖家网（http://www.maijia.com）隶属于杭州麦家科技有限公司，是我国领先的电商服务平台，为电商卖家提供淘宝、天猫卖家数据统计查询，电商卖家最前沿行业资信，电商垂直招聘服务，电商卖家在线培训服务，网店转让零风险担保交易等服务。

（1）进入卖家网首页。在地址栏输入“www.maijia.com”，按回车键进入卖家网首页，如图 5-24 所示。

（2）单击“直通车选词”选项，在搜索栏输入想要查询的关键词，查看分析结果。例如输入“饰品”，单击“搜索”按钮，出现“饰品”选词搜索结果页面，如图 5-25、图 5-26 所示。卖家可根据展现指数、点击指数、点击率、市场均价、竞争度等对该关键词进行分析。

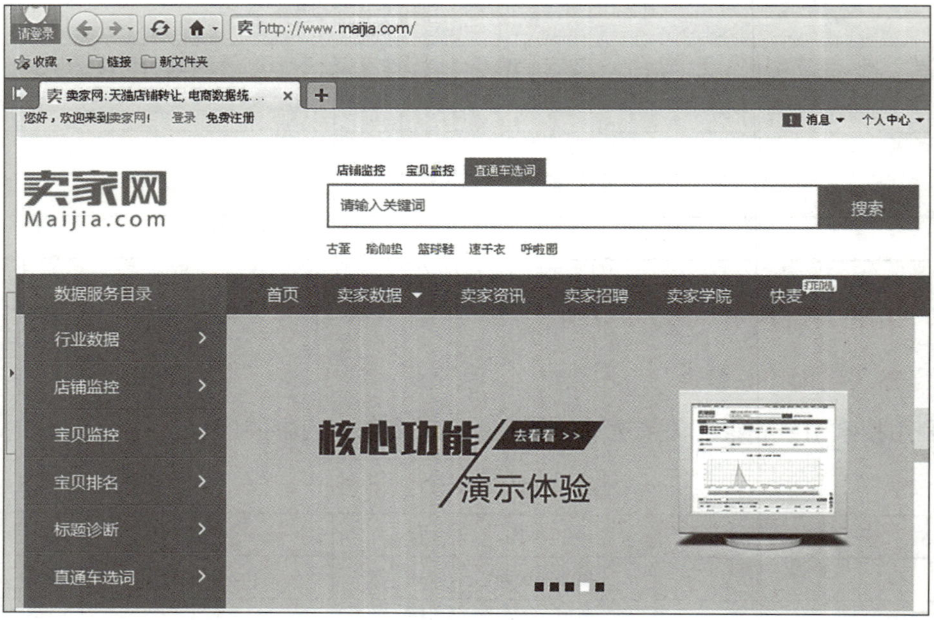

图 5-24　卖家网首页

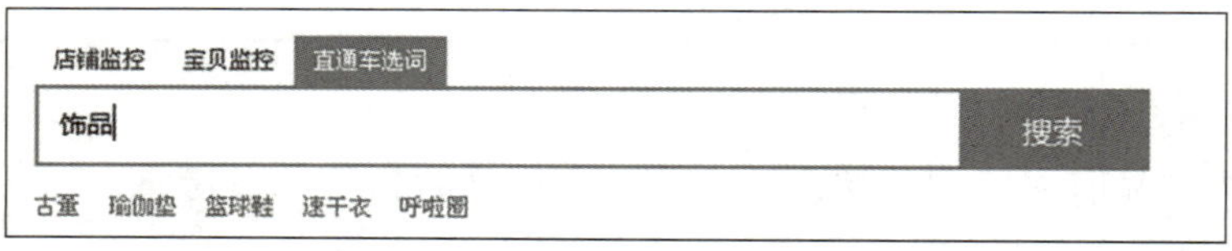

图 5-25　直通车选词搜索

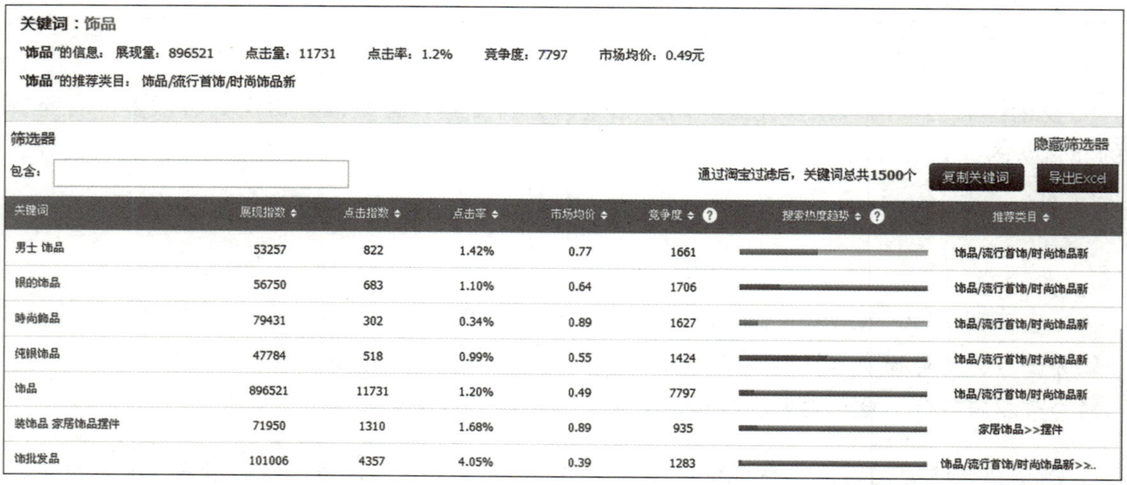

关键词	展现指数	点击指数	点击率	市场均价	竞争度	搜索热度趋势	推荐类目
男士 饰品	53257	822	1.42%	0.77	1661		饰品/流行首饰/时尚饰品新
银的饰品	56750	683	1.10%	0.64	1706		饰品/流行首饰/时尚饰品新
時尚飾品	79431	302	0.34%	0.89	1627		饰品/流行首饰/时尚饰品新
纯银饰品	47784	518	0.99%	0.55	1424		饰品/流行首饰/时尚饰品新
饰品	896521	11731	1.20%	0.49	7797		饰品/流行首饰/时尚饰品新
装饰品 家居饰品摆件	71950	1310	1.68%	0.89	935		家居饰品>>摆件
饰批发品	101006	4357	4.05%	0.39	1283		饰品/流行首饰/时尚饰品新>>..

图 5-26　直通车“饰品”选词搜索结果页面

提示：输入不同的关键词进行查询，通过对不同关键词在淘宝的展现指数、点击指数、点击率、市场均价、竞争度等多维度分析关键词的直通车数据，为企业选择所需关键词，并提供关键词优化建议，提升直通车效果。

四、查询百度 SEO 价格

1. 进入“百度 SEO 价格查询系统”

在浏览器地址栏输入“http://www.seocn.cn”，进入“百度 SEO 价格查询系统”首页，如图 5-27 所示。

图 5-27 “百度 SEO 价格查询系统”首页

2. 百度 SEO 价格查询

输入你想查询的关键词，查询该关键词的报价。如依次输入“饰品”“饰品 项链”“项链”“饰品 杭州”，单击“提交查询”按钮，出现如图 5-28 所示的页面。

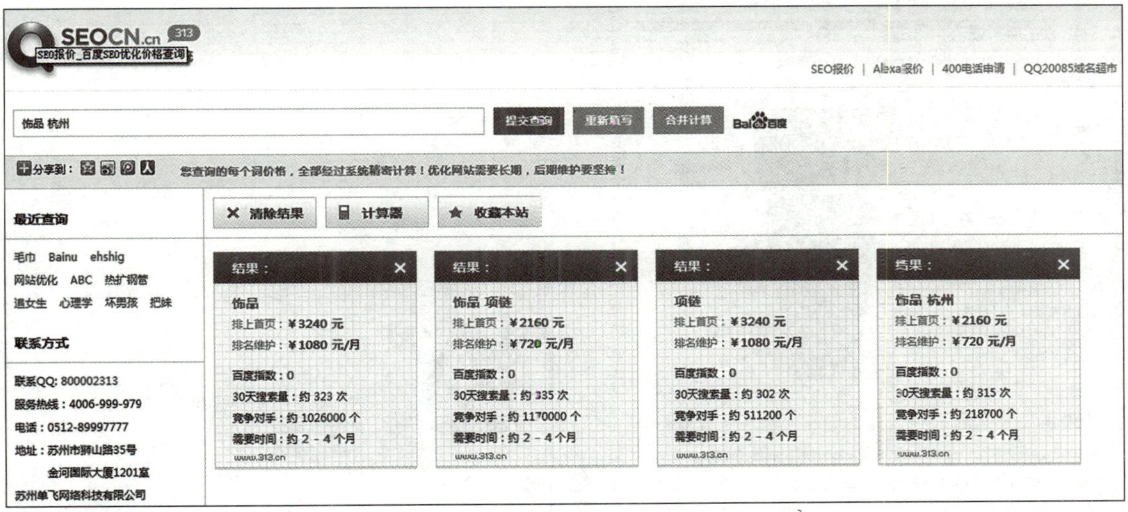

图 5-28 百度 SEO 价格查询页面

3. 不同关键词报价分析

可从 30 天搜索量、竞争对手、需要时间等方面对不同关键词进行分析，从而选择适合企业进行推广的关键词。

五、评估搜索引擎营销效果

下面以生意参谋为例，实际体验评估搜索引擎效果。

小资料

生意参谋是阿里巴巴打造的首个商家统一数据平台，面向全体商家提供一站式、个性化、可定制的商务决策体验。生意参谋集成海量的数据及店铺经营思路，不仅可以更好地为商家提供流量、商品、交易等店铺经营全链路的数据披露、分析、解读、预测等功能，还能指导商家的数据化运营。阿里巴巴生意参谋淘宝版是淘宝卖家开店做生意和数据化经营的参谋平台，涵盖页面分析、宝贝温度计、无线专题分析等功能。

1. 订购“标准包”

（1）进入“我的淘宝”下的“卖家中心”页面，单击“店铺数据”选项查看店铺相关数据，如图 5-29 所示。

（2）单击如图 5-29 所示的“点击查看行业排名趋势”链接，提示没有订购“标准包”，单击“0 元订购”按钮，如图 5-30 所示。

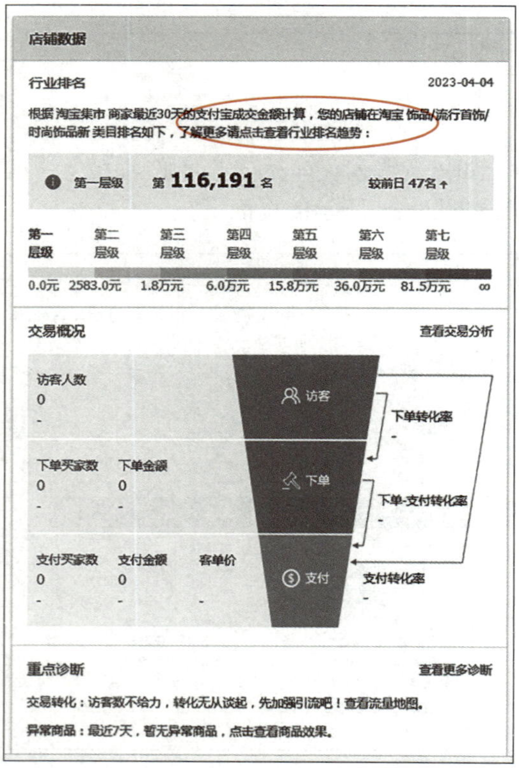

图 5-29　店铺数据显示

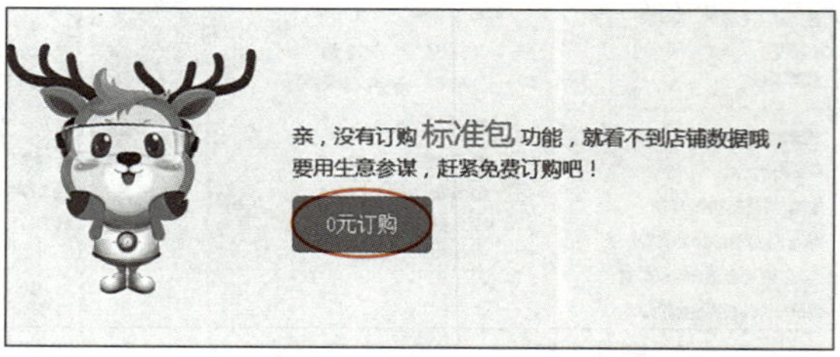

图 5-30　订购标准包提示页

（3）根据需要，选择勾选“自动续费”“在服务到期前提醒我”“匿名购买”选项，然后单击“同意协议并付款”按钮，如图 5-31 所示。

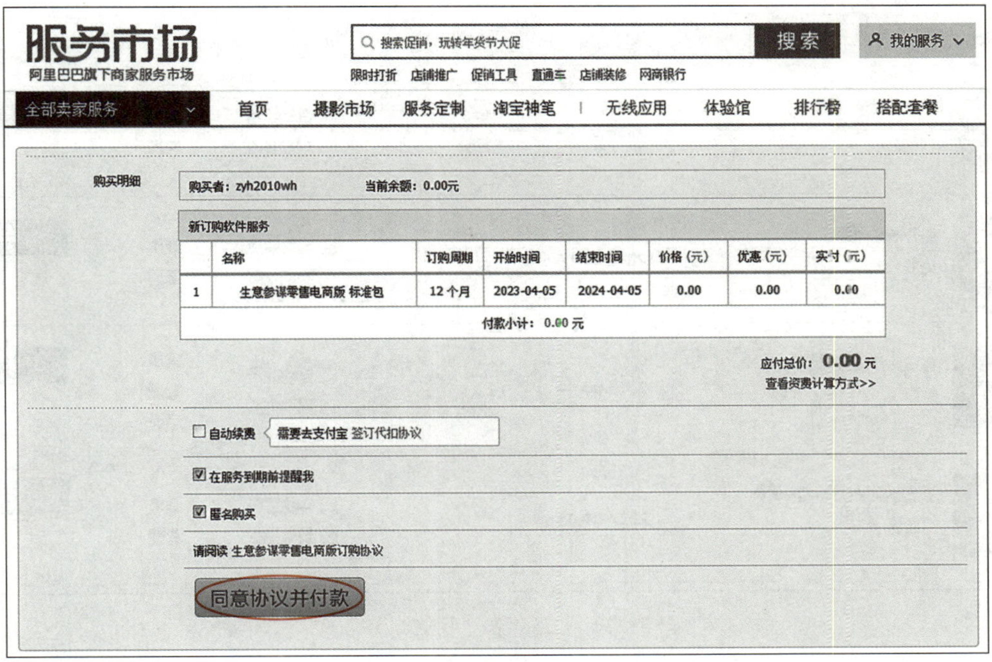

图 5-31 订购标准包页面

（4）订购成功，如图 5-32 所示。

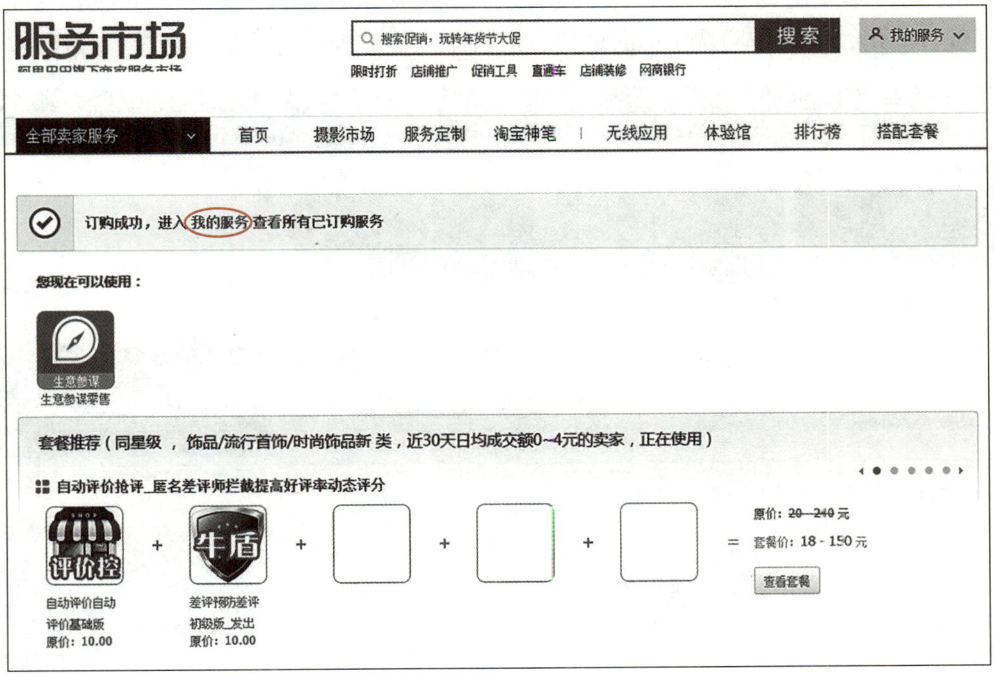

图 5-32 订购成功提示

2. 使用“标准包”

（1）单击如图 5-32 所示的“我的服务”链接，可查看所有已订购服务。找到“生意参谋零售电商版—标准包”服务，单击“立即使用”按钮，如图 5-33 所示。

图 5-33　生意参谋“我的服务”页

（2）进入“生意参谋”首页，可查看实时指标、行业排名、经营概况、流量分析等数据，如图 5-34 和图 5-35 所示。在流量分析中，可通过查看店铺流量构成、PC 流量来源 TOP5、PC 端入店关键词 TOP 等指标，发现用户访问网站的规律。如果店铺开通了直通车、钻石展位等应用，就可按照选定的时间段，对各个指定数据进行分析，查看推广效果。

图 5-34　生意参谋个人数据页（1）

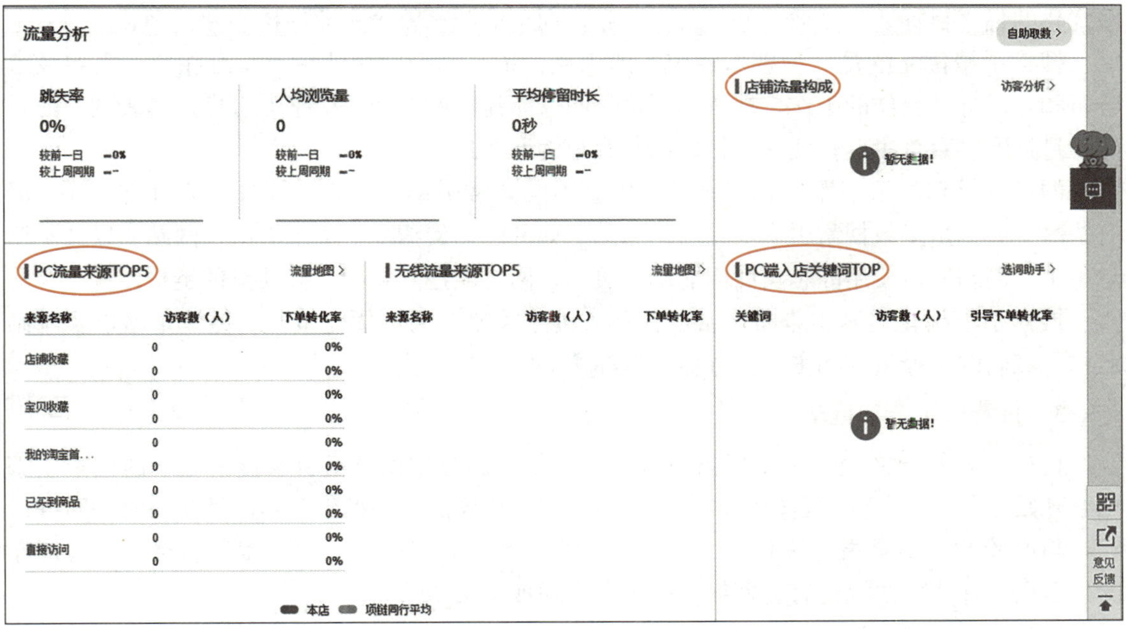

图 5-35　生意参谋个人数据页（2）

知识链接

一、搜索引擎营销的方法

搜索引擎营销是随着搜索引擎技术的产生而产生，随着搜索引擎领域的变化而逐渐发展的。目前，出现了多种搜索引擎营销模式，主要有免费登录分类目录、搜索引擎优化、付费登录分类目录、关键词排名、关键词广告、网页内容定位广告等。

1. 免费登录分类目录

免费登录搜索引擎是传统的网站推广手段，只要符合网站登记的条件，通常都可以在适当的类别中登记自己的网站，如百度、搜狗、必应网站均提供免费登录，将网站登录在尽可能多的搜索引擎网站上，是网络营销的一项必不可少的工作内容。

企业进行搜索引擎登录的操作非常简单，工作人员只需按网站要求填写相应说明即可，无须专业技术人员或营销策划人员。

2. 搜索引擎优化

搜索引擎优化是针对搜索引擎对网页的检索特点，让网站建设各项基本要素适合搜索引擎的检索原则，从而使搜索引擎收录尽可能多的网页，并在搜索引擎自然检索结果中排名靠前，最终达到网站推广的目的。搜索引擎优化包括网站内容优化、关键词优化、外部链接优化、内部链接优化、代码优化、图片优化、搜索引擎登录等。

搜索引擎优化是企业网站推广的一种方法，是网络营销的一种方式。企业进行搜索引擎优化的最终目标要与企业建站的目标一致，而不能脱离整个企业的核心营销理念。

搜索引擎优化既是一项技术性较强的工作，也是一项同企业特点息息相关、需要经常分析和寻求外部合作的工作。搜索引擎优化不仅能让网站在搜索引擎上有良好的表现，而且能让目标顾客直奔主题，使网站体现出与客户沟通的最佳效果。

网站在针对搜索引擎优化时，应考虑到不同搜索引擎的排名计算方法会有所差异，但有些基本原则是多数搜索引擎网站所遵循的，如网站结构清晰、信息丰富，网站应以文本信息为主，网站应多使用静态页面而非动态页面，网站应建立正确、高质量的链接。

搜索引擎优化的基本策略通常分为：关键字策略，网页优化策略，链接策略以及网站名称、域名的选择策略和主机服务器的选择策略等。

3. 付费登录分类目录

目前主要的全文搜索引擎仍为免费登录，但大部分提供分类目录搜索服务的搜索引擎已经开始收费，如国内知名的门户网站搜狐、网易和新浪等均推出了不同档次的收费服务。

与原始的自由登录方法相似，收费登录的操作十分简单，只要向搜索引擎或其代理商支付费用，并按要求提交有关资料，就可以实现搜索引擎营销。

4. 关键词排名

关键词排名是一种在搜索引擎搜索结果中以字、词、词组的相关性体现网页排名的方式，可以分为关键词自然排名以及各搜索引擎提供的关键词竞价排名服务两种。关键词自然排名是搜索引擎对所有相关网页抓取结果自动分析、自动排名的体现，是利用长期总结出的搜索引擎收录和排名规则搜索的结果，一般可以通过 SEO 技术来达到关键词排名提升的目的。关键词竞价排名服务是由搜索引擎提供的一种有偿排名服务。例如百度的“竞价排名”就是其中的一种。

5. 关键词广告

关键词广告是付费搜索引擎营销的主要形式之一，一般为文字广告，由广告标题、简介及网址等组成。关键词广告一般在搜索结果页面中与自然搜索结果分开，如百度等搜索引擎采取这种模式。

关键词广告形式简单、制作成本低廉，计价方式是按点击量收费的，费用是可以控制的，且可随时查看流量统计和科学地对关键词进行管理。

6. 网页内容定位广告

基于网页内容定位的网络广告是关键字广告搜索引擎营销模式的进一步扩展，广告载体不仅是搜索引擎的搜索结果页，也延伸到服务合作伙伴的网页。

二、搜索引擎营销效果评估

搜索引擎营销在开展网络营销的企业中得到了广泛的应用，是一种非常受重视的网络营销方法。企业营销部门进行搜索引擎营销，需要投入一定人力、物力和财力，自然要对投资效果进行评估。

对于搜索引擎营销效果的评估目前还没有统一的模式，比较常用的方式是对搜索引擎营销带给网站的访问量进行统计和分析。

从网络营销管理的角度来定义网站访问量统计分析，是指通过对用户访问网站的情况进行统计、分析，从中发现用户访问网站的规律，并将这些规律与网络营销策略相结合，从而发现目前网络营销中可能存在的问题，并为进一步修正或重新制订网络营销策略提供依据。

目前，国内已经推出不少免费网站流量统计分析系统，可以了解到网站的基本访问数据，如一统天下、生意参谋、百度统计等。

学习评价

请利用所学知识完成评价表 5-5 中的简要介绍，并在对应的评价栏中给予相应的评价。

要求：表 5-5 列出了 2 个知识点和 2 个技能点，第 1 个知识点和 2 个技能点是要完成本任务必须掌握的，其中第 1 个技能点能掌握 3 种方法就达到了本任务的目标。

表 5-5 搜索引擎营销的方法知识和技能评价

项目	内容	简要介绍	评价		
			很好	好	继续加油
知识	搜索引擎营销的方法				
	搜索引擎营销效果评估				
技能	能够选择适合的搜索引擎营销方法进行推广				
	能够掌握搜索引擎营销效果评估的方法				

项目六

博客营销与微博营销

项目导学

博客和微博作为一种网络交流方式，不仅被用于发布个人的网络日志，也成为企业发布信息的工具，因而成为一种新型的网络营销工具。博客营销、微博营销作为网络营销的重要方式，已被众多的营销人士广为运用。本项目从介绍博客的基本概念入手，着重介绍博客营销和微博营销的基本概念和主要方法。

通过对本项目的学习，可以了解博客和博客营销的基本概念，掌握博客注册的基本操作和博客营销的基本方法；了解微博的基本概念，掌握微博营销的基本方法，并具备熟练运用微博进行营销的能力。

项目目标

- 了解博客和博客营销的基本概念
- 掌握博客注册、登录及博客营销的基本方法
- 了解微博和微博营销的基本概念
- 掌握微博注册、登录的方法
- 掌握微博营销的常用方法及技巧
- 培养学生的创业意识、创新精神和创新创业能力
- 培养学生创造绿色网络环境、遵守网络传播相关法律法规的职业素养，强调诚信沟通的重要性，不可虚假宣传等营销不端行为，引导学生树立营销道德

任务一　初识博客营销

案例导读

在欧洲有一个被广泛传播的博客，博客的主人 Patrice Cassard 是一位住在法国中部的自学成才的网络游戏和社群开发师。

Patrice Cassard 对 T 恤很着迷，他绝大多数时间上身都只穿一件 T 恤。对他来说，T 恤是表达自我的绝佳方式，不只是设计的人，连穿的人都能借以表现自我。不过他认为，零售商店里陈列销售的都是工厂批量生产的、千篇一律的棉衫，不能更好地表达自我。于是他决定在网络上开设自己的 T 恤店，同时推出个人博客。任何人只要对他的 T 恤感兴趣，他都愿意倾心和对方分享经验。感兴趣的人非常多，而且彼此都十分愿意分享他们对 T 恤的热情。有些博客读者开始把他们自己的设计发送给 Cassard，其他人则开始投票选出那些一旦投产他们就愿意掏钱购买的设计。

如果某项设计获得足够多的票数，Cassard 便回馈设计人 300 欧元，然后动手生产，他几乎能在收到订单的当天就完成 T 恤的制作并投递给顾客。除了货运和信用卡交易之外，博客囊括了他的 T 恤事业的每一个层面，因此效率超高，而顾客所花的钱也少于直接向实体店购买的花费。Cassard 的博客不久便聚集了比大多数 T 恤店多得多的顾客。一年后，博客平均每月销售量为 1500 ～ 1800 件，而且每月都在增长。

Patrice Cassard 的 T 恤生意之所以成功，关键在于他通过博客与顾客充分沟通，从顾客的需要出发，由顾客来决定他制造什么、销售什么。

创新创业是经济发展的活力之源，是推动经济社会发展的关键动力，广大青年是创新创业的生力军、主力军。新时代的伟大实践为青年建功立业提供了无比广阔的舞台。广大青年学子应自觉培养创新意识、提升创造能力、投身创业实践，敢想敢为、善作善成，定能让青春在新征程的创业实践中熠熠生辉。

任务布置

在一次美秀坊饰品有限公司的例会上，入职不久的赵甜甜提出建议：“上学的时候班里很多同学都玩博客，有同学利用博客赚得了人生的第一桶金，咱们公司也可以开通博客宣传企业文化、产品及促销活动等信息。”领导经过短暂的商议后，觉得此项建议成本低、具有可行性，可以让年轻人试一下，于是将此任务交给了赵甜甜和她所在的团队。请和同学一起帮助赵甜甜完成任务。

分析： 要完成此任务，首先需要到提供博客服务的网站进行注册，然后按照网站提示进行博客管理，并利用多种手段宣传推广自己的博客，让更多的人通过博客了解企业及产品。

任务实施

任务实施导航结构图：

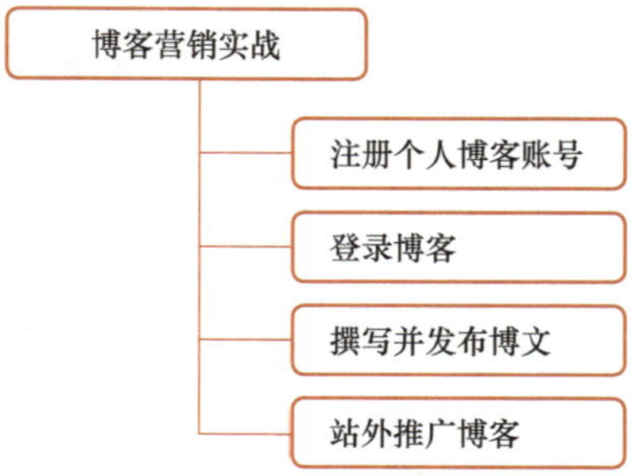

一、注册个人博客账号

1. 选择博客网站进入

提示：互联网上提供博客注册功能的网站有很多，具体选择何种网站进行注册首页，要根据个人兴趣爱好进行选择，这里提供两种选择博客网站的方法供参考。

方法一：利用搜索引擎进行博客网站的搜索。如进入百度，在文本框内输入“注册博客”，单击“百度一下”按钮，会出现如图 6-1 所示的画面。选择你感兴趣的链接进入，并最终确定你想在哪个网站注册。

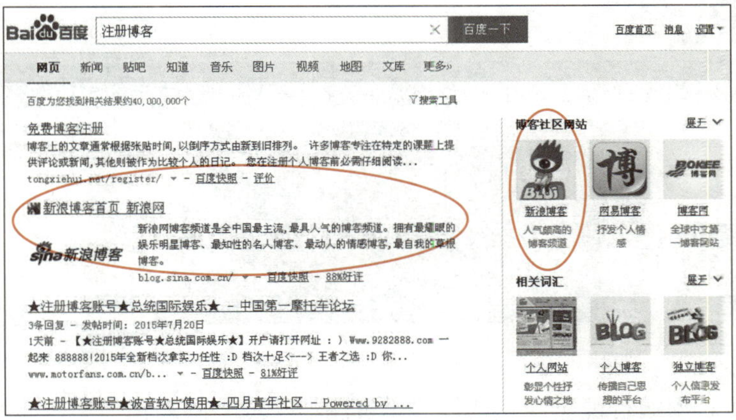

图 6-1 利用关键字搜索“注册博客”结果显示页

方法二：进入你所知道的提供博客服务的网站，如进入网易网站（http://www.163.com），首页如图 6-2 所示，单击“博客”链接，进入如图 6-3 所示的页面。单击“注册”链接，按提示即可完成网易博客的注册。

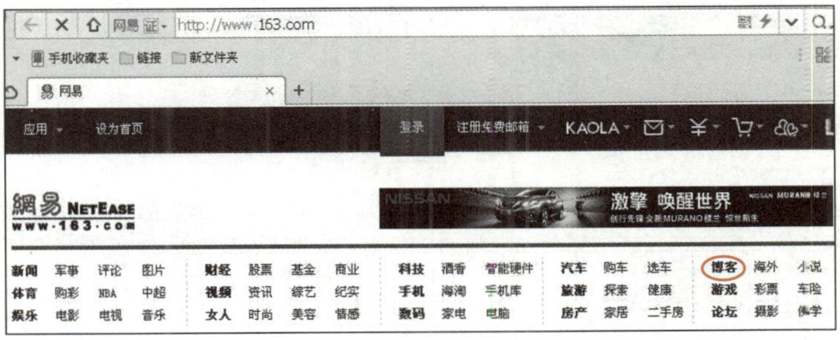

图 6-2 网易首页

图 6-3 网易博客注册页面

2. 进入博客网站进行注册，开通个人博客

本任务以在“新浪博客”网站注册为例进行介绍。

新浪网博客频道是人气颇高的博客频道之一，拥有娱乐明星博客、知性的名人博客、动人的情感博客及自我的草根博客等。

1）单击图 6-1 中的“新浪博客”图标，进入新浪博客首页，然后单击“注册”或“立即注册”按钮，如图 6-4 所示。

图 6-4　新浪博客首页

2）进入注册新浪通行证页面，选择“手机注册”或“邮箱注册”，本操作选择“邮箱注册”；按网页要求，认真填写注册信息，单击“立即注册”按钮，如图 6-5 所示。

3）验证邮箱地址。注册新浪博客需用邮箱地址进行注册，当出现如图 6-6 所示的页面时，单击“立即登录 QQ 邮箱”按钮或通过 QQ 直接登录邮箱，完成邮箱验证。特别要注意的是，要在 30 分钟内完成验证，30 分钟后链接失效则需要重新填写注册信息。

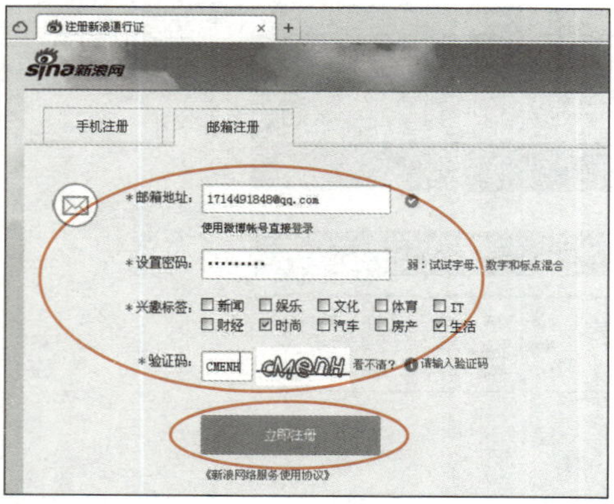

图 6-5　注册新浪通行证页面

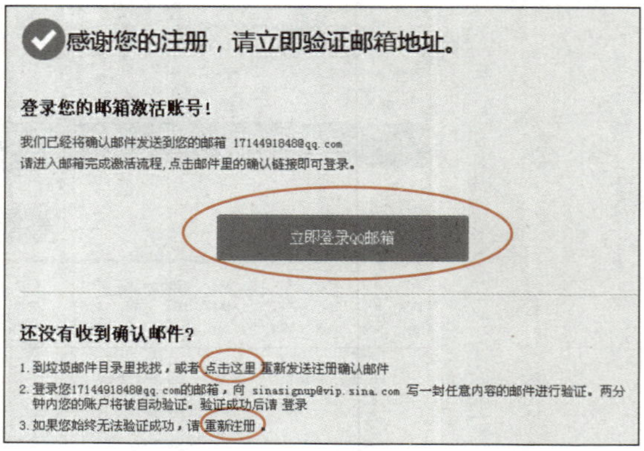

图 6-6　验证邮箱地址

4）进入邮箱后，单击“收件箱”按钮，打开新浪博客发来的一封主题为“快来激活你的注册账号！”的邮件，进入后出现如图 6-7 所示的页面，单击链接完成注册。如果没有收到邮件，可到垃圾邮件目录里找找，或者可单击图 6-6 中的“点击这里”按钮，新浪网会重新发送注册验证邮件；如果始终无法验证成功，则需单击“重新注册”按钮，并按提示完成相关操作。

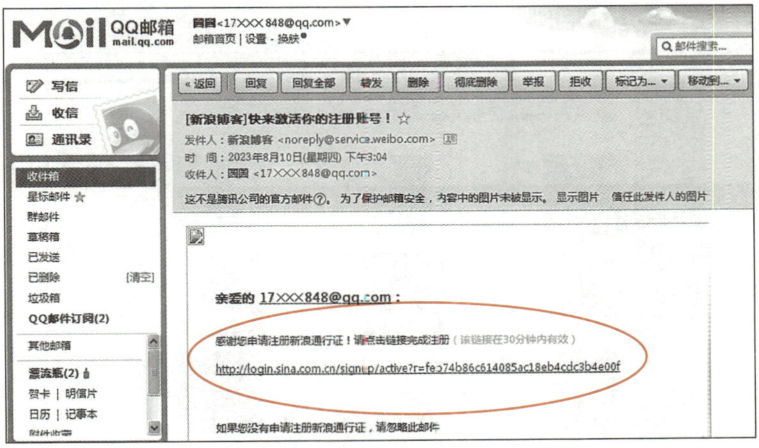

图 6-7　打开邮件激活注册账号

5）新浪通行证注册完成，立即开通新浪博客。打开邮件单击链接，成功激活新浪通行证注册账号后会出现如图 6-8 所示的页面，显示你新浪通行证的账号。单击“立即开通新浪博客”链接，输入博客名称等信息，单击“完成开通”按钮，如图 6-9 所示。

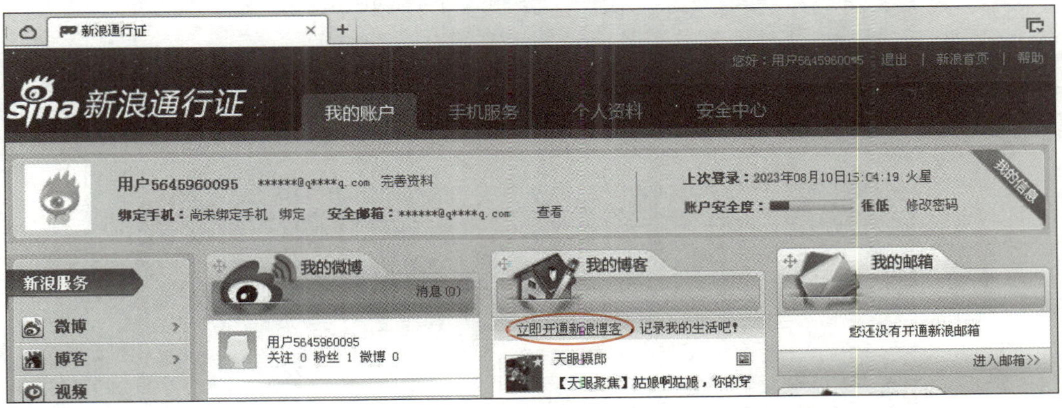

图 6-8　新浪通行证账户信息页面

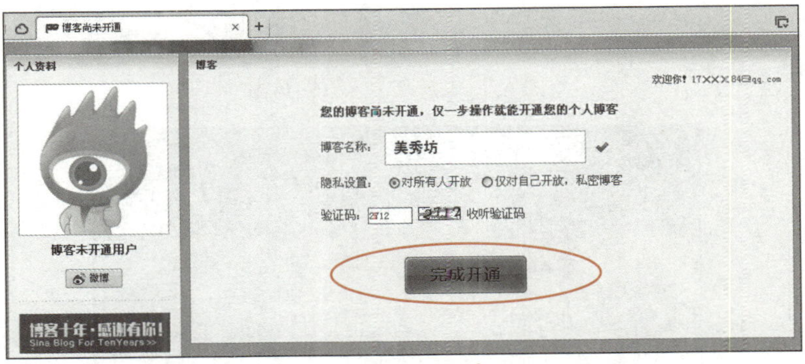

图 6-9　完成开通博客页面

6）博客设置。完成开通后，可根据弹出页面添加关注设置，如图 6-10 所示。单击“完成”按钮，进入提示页面，如图 6-11 所示。单击“马上修改”按钮，进入修改个人资料页面，如图 6-12 所示。或者直接单击“用户 5645960095 的博客”链接进入“我的博客”页面，如图 6-13 所示。

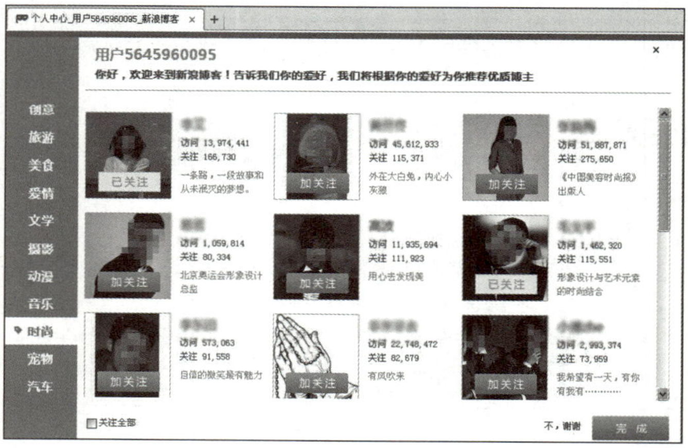

图 6-10　博客加关注设置

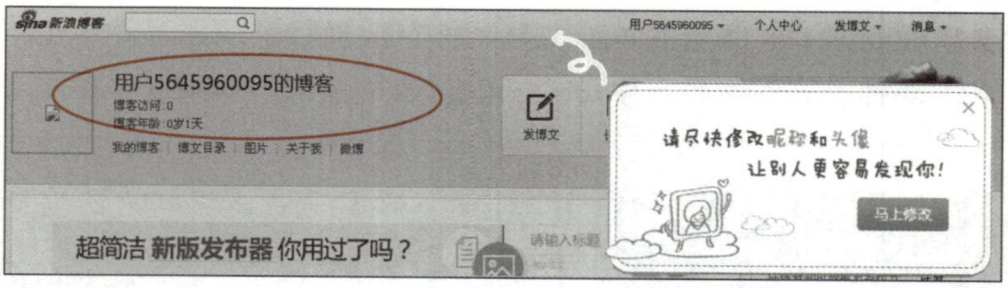

图 6-11　提示修改个人资料页面

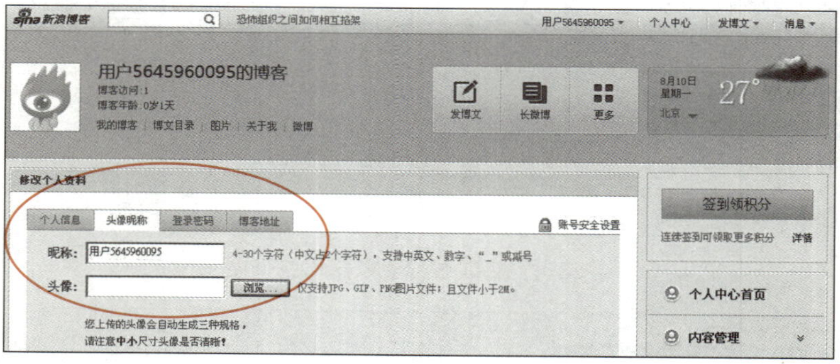

图 6-12　修改个人资料页面

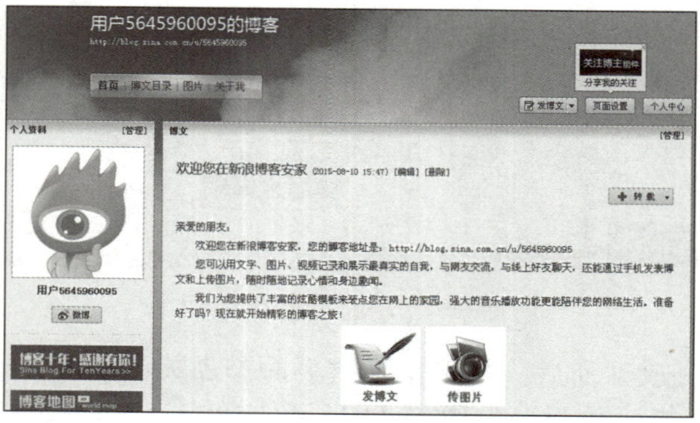

图 6-13　“我的博客”页面

二、登录博客

登录博客的方法主要有以下两种。

方法一：进入博客网站，鼠标移至网页右上侧“登录”链接上，在弹出窗口输入登录名和密码，单击“登录”按钮，如图 6-14 所示。进入如图 6-15 所示的页面，单击“博客”链接即可进入“我的博客”。

方法二：进入博客网站首页，单击“博客”按钮，如图 6-14 所示。进入如图 6-16 所示的页面，在文本框中依次输入登录名和密码，单击“登录”按钮即可进入“我的博客”。

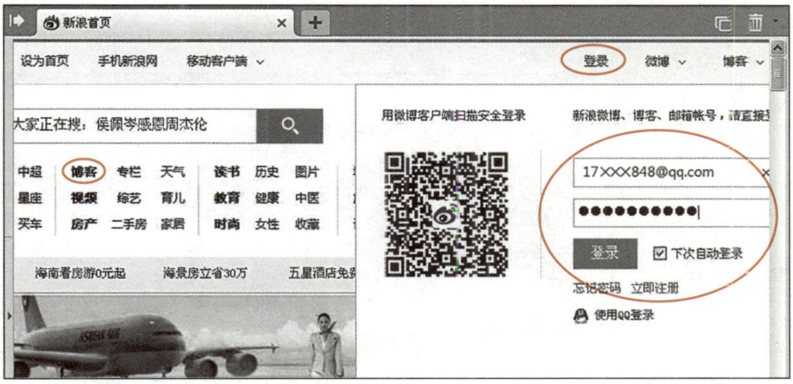

图 6-14　登录新浪博客

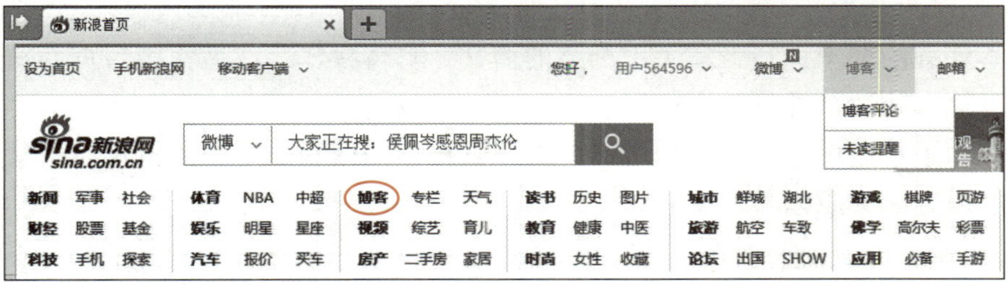

图 6-15　进入我的博客

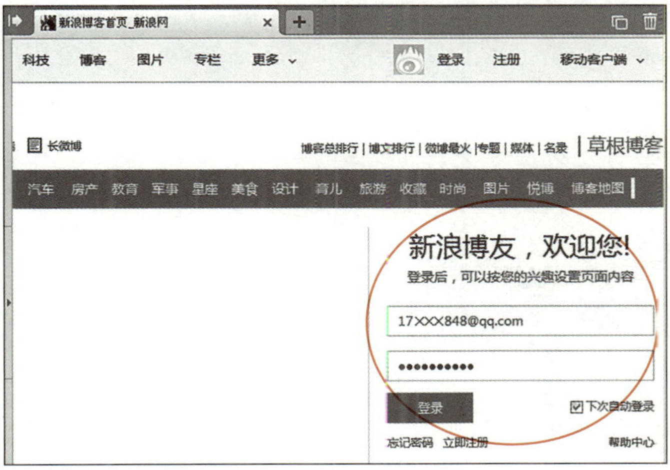

图 6-16　登录我的博客

三、撰写并发布博文

小知识

利用博客本身所在的平台资源，撰写并发布博文，以此达到博客营销的目的，属于利用网络推广博客方法中的站内推广。

1. 进入撰写博文页面

登录“我的博客”后，单击“发博文”图标，可进入发博文页面，如图6-17和图6-18所示。

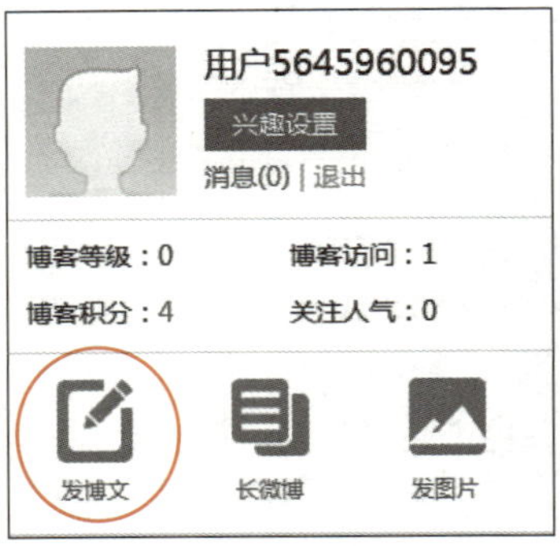

图6-17 单击“发博文”图标

图6-18 发博文页面

2. 撰写博文

根据本任务的要求，写一篇关于饰品的博文。具体操作：在博文撰写页面输入标题、正文，还可插入图片、视频、表情等，如图6-19所示。

提示：为了让尽可能多的用户看到博文并直接访问博客，博文的标题应尽量突出关键词，博文的内容应为原创。

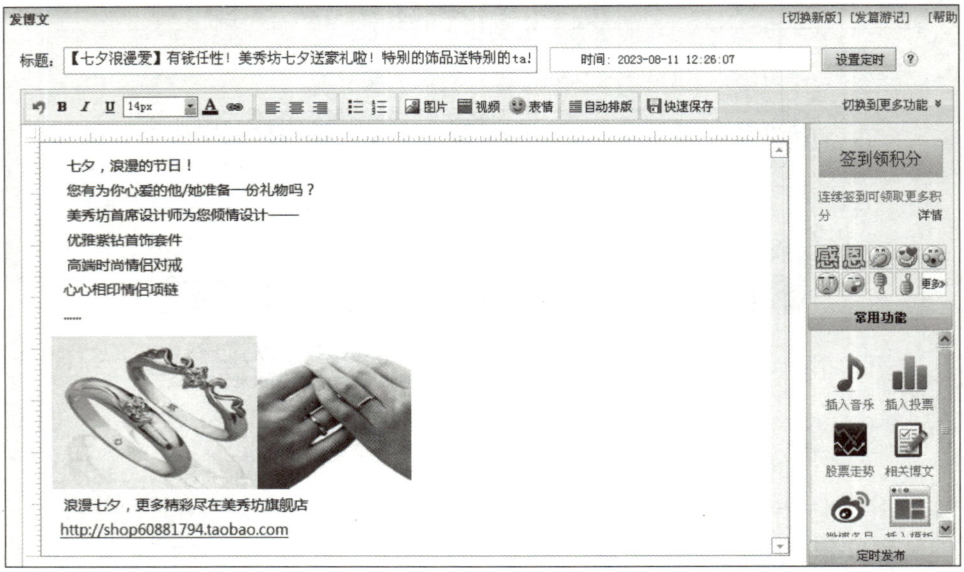

图6-19 撰写博文

3. 博文设置及发布

移动图 6-19 右侧的滚动条，进行分类、标签、设置、同步的相关操作，如图 6-20 所示，最后单击“发博文”按钮。

提示：发布博文时要注意选择分类，也可自建分类，如“特别推荐”“饰品保养”等，方便用户选择和搜索引擎分类；标签可以自己设置，也可以选择自动匹配。

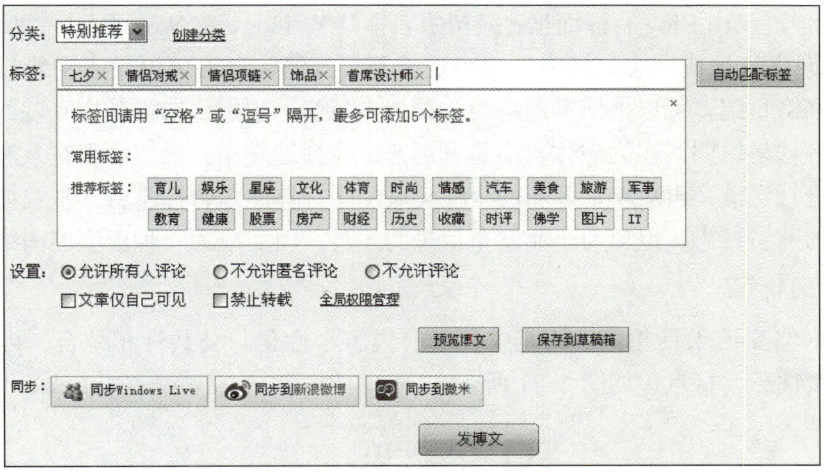

图 6-20 博文设置及发布

四、站外推广博客

小知识

站外推广博客是指利用博客以外的一些网络推广工具来推广自己的博客，如利用电子邮件、即时聊天工具和论坛等进行推广。

提示：请根据所掌握的知识采用至少四种站外推广的方法对自己的博客进行推广，并将具体操作填写在表 6-1 中。

表 6-1 站外推广博客的方法

编　　号	站外推广博客的方法	操 作 步 骤
1		
2		
3		
4		
推广心得		

知识链接

一、博客

1. 博客的含义

“博客”一词是由Blog音译而来，最初的名称是Weblog，由Web和Blog两个单词组成，中文意思是网络日记或网志。博客的内容通常是公开的，自己可以发表网络日记，也可以阅读别人的网络日记，可以把博客理解为一种个人思想、观点、知识等在互联网上的共享。简言之，博客就是以网络作为载体，简易、迅速、便捷地发布自己的心得，及时、有效、轻松地与他人进行交流，再集丰富多彩的个性化展示于一体的综合性平台。现在博客不仅被用于发布个人的网络日志，也成为企业发布信息的工具，因而成为一种新型的网络营销工具。

2. 博客的特点

与其他网络交流工具相比，博客主要具有内容个性化与公共性相结合、内容更新的及时性和超链接性三大特点，如图6-21所示。

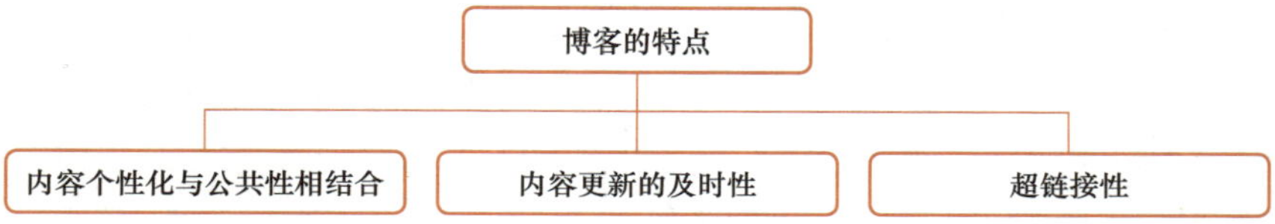

图6-21 博客的特点

（1）内容个性化与公共性相结合 内容个性化是指其内容的个性表达。同时，博客也是个性化和公共性的结合，其精髓不是主要表达个人思想，也不是主要记录个人日常经历，而是以个人的视角，以整个互联网为资源来展现个人的知识视野和知识积累，使其具有更高的共享价值。

（2）内容更新的及时性 博客通常按时间顺序组织其内容，以倒序的方式将最新的内容放在最上面，方便网民快速地捕获最新信息。博客的内容更新频繁，这种信息发布与流动的及时性是博客的一个重要特点，它大大提高了博客作为一种信息交流工具的效率。

（3）超链接性 运用超链接可以拓展博客文章的内容，实现与其他博客的联系。超链接是博客文章内容的一种重要表达方式。

3. 博客的作用

博客以时间为序来组织内容，可以进行网络留言、引用跟踪，同时提供简单的多种文档归类和检索查询等功能。概括来说，其作用主要体现在三个方面，如图6-22所示。

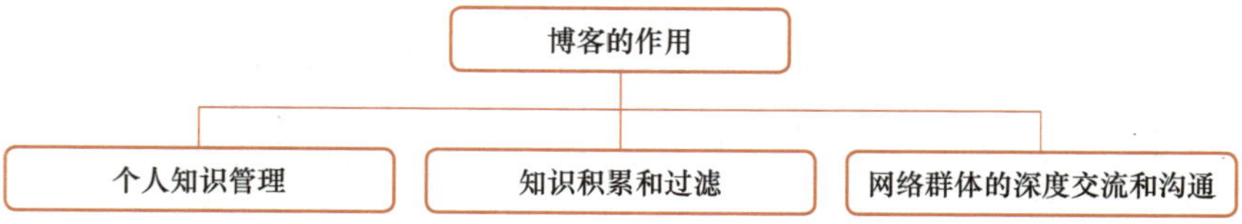

图6-22 博客的作用

（1）个人知识管理　博客不仅对个人知识按照时间顺序进行归档存储，同时它还可以将这些知识进行共享交流。也就是说，博客作为个人知识管理工具，不仅促进了个人自身的知识积累，同时也为他人提供了帮助，使知识具有了更高的共享价值。

（2）知识积累和过滤　个人知识管理是针对博客作者而言的，知识积累和过滤是针对读者而言的。读者可以通过浏览兴趣相同或主题相近的博客来获得自己所需的知识和信息，而不必在漫无边际的网络中花费过多的时间和精力去寻找；同时，也可以通过浏览不同博客对某些信息的评论，加深个人的理解。

小资料

目前，随着博客的兴起，各大搜索引擎纷纷推出了博客搜索功能。已经出现了专业的博客搜索引擎，通过它可以找到自己感兴趣的博客，它不仅可以搜索到原创的信息，同时也可以发现经过人们过滤之后被推荐的重要信息，这比用传统搜索引擎要快捷和准确得多。

（3）网络群体的深度交流和沟通　博客为建立网络社交群体提供了良好的机会，同时其简单易用和即时发布的特点又使得人们能够方便地利用它展开对于一些主题的探讨。

4. 博客的分类

按照不同的标准，博客可分为不同类型，以下介绍三种主要的划分标准及博客类型，即根据博客的功能、博客的拥有者和博客的存在方式进行分类，如图 6-23 所示。

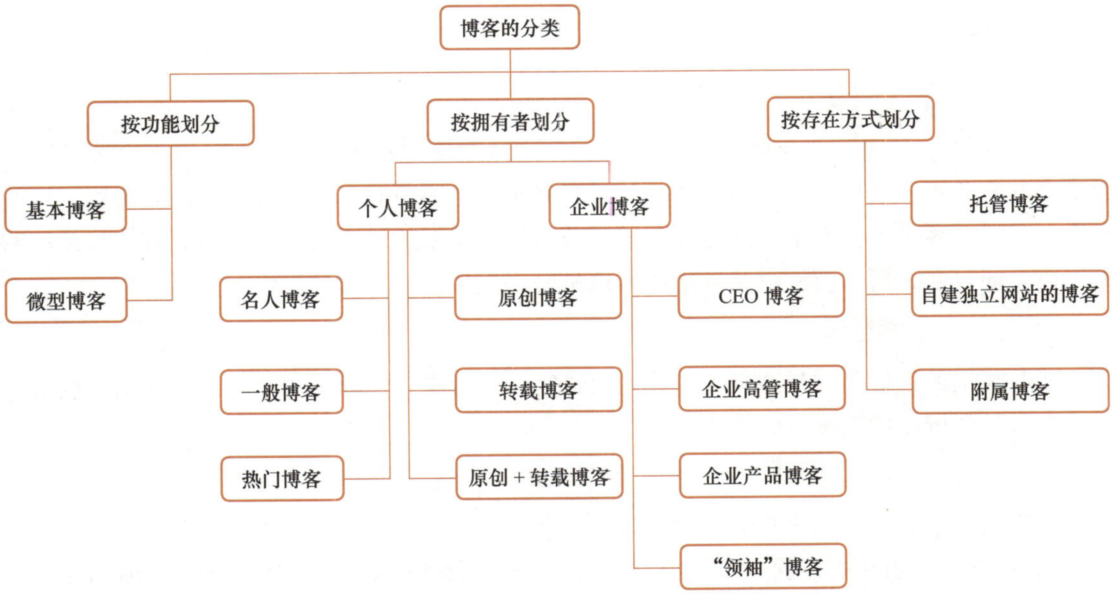

图 6-23　博客的分类

（1）按功能划分　按博客的功能划分，博客可分为基本博客和微型博客。

1）基本博客。基本博客是博客中最简单的形式，即单个的作者对于特定的话题提供相关的资源、发表简短的评论。这些话题几乎可以涉及人类的所有领域。

2）微型博客。微型博客简称微博，是一个基于用户关系的信息分享、传播以及获取平台，用户可以通过 Web、WAP（无线应用协议）以及各种客户端组建个人社区，以 140 字内的文字长度更新信息，并实现即时分享。微博可以说是目前全球最受欢迎的博客形式，因为博客作者不需要撰写很复杂的文章，而只需要抒写 140 字内的文字即可。

（2）按拥有者划分　按博客的拥有者划分，博客可分为个人博客和企业博客。

1）个人博客。个人博客又可按博客主人的知名度、博客文章受欢迎的程度将个人博客分为名人博客、一般博客、热门博客等；按博客内容的来源、知识版权还可以将个人博客分为原创博客、（非商业用途的）转载博客以及原创 + 转载博客。

2）企业博客。企业博客又可分为 CEO 博客、企业高管博客、企业产品博客、“领袖”博客等。以公关和营销传播为核心的博客应用已经被证明将是商业博客应用的主流。

（3）按存在方式划分　按博客的存在方式划分，博客可分为托管博客、自建独立网站的博客和附属博客。

1）托管博客。托管博客无须自己注册域名、租用空间和编制网页，只要去免费注册申请即可拥有自己的博客空间，是最“多快好省”的方式。

2）自建独立网站的博客。自建独立网站的博客要有自己的域名、空间和页面风格，需要一定的条件，例如需要自己进行网页制作，需要懂得网络知识。自建独立网站、拥有自己域名的博客与其他博客相比更加自由，有最大限度的管理权限。

3）附属博客。附属博客是指将自己的博客作为某一个网站的一部分，如一个栏目、一个频道或一个地址等，这三类之间可以演变，甚至可以兼得，一人拥有多种博客网站。

二、博客营销

1. 博客营销的含义

博客营销是公司、企业或者个人利用博客这种网络交互平台，发布并更新企业、公司或个人的相关概况及信息，密切关注并及时回复平台上客户对于企业或个人的相关疑问以及咨询，通过博客平台帮助企业或公司零成本获得搜索引擎的较前排位，以达到宣传目的的营销手段。简言之，博客营销就是利用博客这种网络应用形式开展的网络营销活动。

2. 博客营销的目标

博客营销的目标是通过原创专业化内容进行知识分享，争夺话语权，建立起信任权威，形成个人品牌进而影响读者的思维和购买。

3. 博客营销的基本形式

博客具有多方面的网络营销价值，其基本表现形式主要有以下三点。

1）利用第三方博客平台的博客文章发布功能开展的网络营销活动，如在新浪网注册博客，发表博文，开展网络营销活动（见图 6-24）。

2）企业网站自建博客频道，鼓励公司内部有写作能力的人员发布博客文章，以吸引更多的潜在用户。

3）有能力运营维护独立博客网站的个人，可以通过个人博客网站及其推广，达到博客营销的目的。如可下载博客程序放到自己的空间内，这种博客有独立域名和空间，可实现完全自主管理，投放自己的广告，为自己带来收益，这类博客的博主想说就说，自己为自己的言论负责，还可以自由导出数据，永久保存。

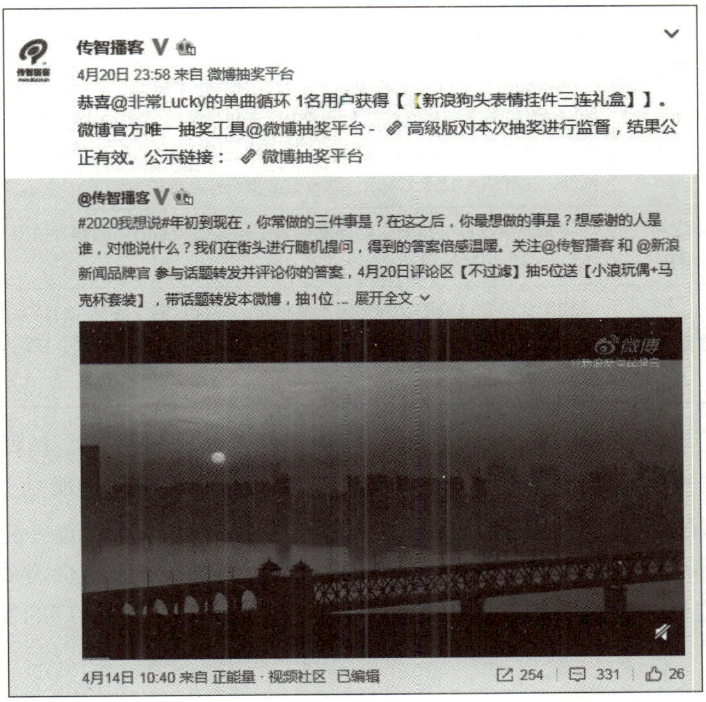

图 6-24 博客营销

三、博客推广的方法

博客推广的目的在于让尽可能多的用户了解并访问自己的博客，并通过博客获得有关信息，实现博客思想的最大价值。博客推广可分为传统线下推广和网络推广两种。线下推广企业博客，企业可印刷一些宣传资料，如产品手册、企业宣传册、宣传袋、甚至个人名片等，在上面添加企业博客网址。博客推广最传统、最直接的方式是通过网络推广。网络推广博客的方法有很多，概括地讲可以分为站内推广和站外推广两类。

（1）站内推广 站内推广指博客内的推广，是指利用博客本身所在的平台资源来推广。进行推广要注意六点内容，见表 6-2。

表 6-2 博客营销站内推广注意事项

编 号	站内推广内容	简 单 介 绍
1	博客内容要原创且经常更新	先写好一篇高质量的营销性文章，只要读者能看到这篇文章，他就能通过这篇文章了解你的个人思想或企业所经营的产品和服务，并且能通过博客中的相关链接到达企业网站了解相关产品和服务的具体信息。因此，博客要经常更新，质量要有保证，只有质量好的博客才能留住用户。更新博客时，应该留下企业网站的网址，吸引更多潜在的用户
2	博文标题尽量突出关键词	撰写博文时需要一个能立刻吸引读者的标题，并且有足够的魅力让他们阅读你的文章内容，可以说一篇文章的标题精彩与否决定了这篇文章是否会被读者点击阅读。主题明确还有利于搜索引擎优化

（续）

编　号	站内推广内容	简单介绍
3	博文注意选择分类	发布博文时要注意选择分类，一方面方便客户选择想要的，另一方面搜索引擎也好对其分类
4	末尾添加文字或超级链接	撰写博文时最好在文章中添加链接，如“想了解公司其他产品请点击这里”，后面是你的网站的网址。可以在介绍某些服务或者提供某些信息的时候只写一半内容，留一半内容放在你的网站上，让想看的朋友点击进入你的网站来浏览。如果把内容完全写好后再留下你的网址，这样读者看完文章后，就没有必要再打开你的网站了
5	及时关注和回复访客的留言	可采取激励性的措施，比如发起活动和提供奖品来刺激读者的参与和留言，并做到及时关注和回复访客的留言
6	申请推荐	如果觉得自己或朋友的博文足够精彩，可将它们“推荐”给博客编辑。当博文被编辑推荐到新浪首页、博客首页、新闻中心等页面的时候，系统就会在这篇博文前面自动加上一个荐。此方法可大大提高点击率

（2）站外推广　站外推广是利用其他的一些推广工具来推广，是指博客以外的推广。再好的文章也需要拓展人脉圈子，要尽可能通过多种方式来宣传你的网站。站内博客推广做得再好，如果没有想其他办法去推广自己的博客，那你的博客就很有可能淹没在互联网的信息海洋之中，那么之前所做的工作就都白费了，因为读者根本没机会看到你的这篇博文。所以在写完博客之后，一定要想方设法地去推广自己的博客。站外推广的主要方法有六种，见表 6-3。

表 6-3　站外推广的主要方法

编　号	站外推广方法	具体介绍
1	论坛、贴吧推广	去论坛发帖或解答别人的问题，然后在论坛签名里写上你的博客名称和链接，以此推广你的博客或网站等
2	搜索引擎登录推广	开通博客后可把博客提交到搜索引擎或一些专业网站，只要经常上网甚至天天上网向搜索引擎提交，就可尽快让各大搜索引擎收录你的博客。这样你的博客就容易被人搜到，从而提高你网站的访问量
3	交换链接推广	交换友情链接，就相当于把网站的访问人群资源共享，别人在访问他人网站的同时有可能进入你的网站，有点像广告的性质。交换友情链接的方式很多，如通过博客左边的“友情链接”交换，在其他博主的文章里加入博文的关键词链接等
4	访问他人网站进行推广	关注别人，别人同样也会对你投来关注的目光。多去别人的博客“踩踩”，留下你对别人日志的评价，留下联系方式、网址，别人有时也会回访，看看你写的怎么样。特别是在浏览量和点评量都非常大的博客内留言，并放上你想推荐的博文链接，就有可能会引起一些人关注而去点击你的博文
5	利用即时聊天工具推广	利用旺旺、QQ 等即时聊天工具推广，平时多注意即时聊天工具网友的添加和整理，在写完博客之后，可利用其群发功能向相关网友发送你新写的博文和链接地址，从而达到推广博文的目的
6	利用电子邮件推广	在邮件签名时加上博客网址来推广博客，增强关注度。如很多人都知道在邮件签名档中加入企业的网址，但往往忽视了在邮件签名档中加入企业博客的链接地址

博客推广具有重要性、长期性、灵活性的特点，以上这些方法都可以提高博客的曝光度，不管是哪种方法，只要坚持做下去，努力把它做好，都是一种有效推广。博客推广的

效果不是一两天就能看到的，是一种长期的积累，久而久之，你的博客一定能被越来越多的读者所看到，从而达到推广企业产品和服务的目的。

学习评价

请利用所学知识完成评价表 6-4 中的简要介绍，并在对应的评价栏中给予相应的评价。

要求：表 6-4 列出了 5 个知识点，对前 4 个知识点能有一定的了解就可以，最后 1 个知识点是要完成本任务必须掌握的；3 个技能中的前 2 个是必须要掌握的，第 3 个技能需要在今后的学习和实践中不断提升。

表 6-4 博客营销知识和技能评价

项 目	内 容	简要介绍	评 价		
			很好	好	继续加油
知识	什么是博客				
	博客的特点				
	什么是博客营销				
	博客营销的目标				
	博客推广的方法				
技能	注册、登录博客				
	撰写、发布博文				
	博客推广能力				

任务二 体验微博营销

案例导读

2023 年 3 月 23 日，华为在上海举办 2023 春季旗舰新品发布会，两款华为旗舰机型——华为 P60 系列和折叠屏 Mate X3 系列首次同台齐发。两者都汇聚了先进的创新技术，并暗藏不少黑科技。

发布会上，华为特意邀请了微博 CEO 现场讲解微博适配折叠屏手机的新体验，分享了微博针对华为折叠屏的创新适配体验。他表示，微博数据显示，过去一年，微博折叠屏手机用户增长了 74%，截至目前，微博折叠屏手机用户中华为品牌占比第一，份额达到 56%。

华为这个手机界“顶流”为何特意邀请微博去做软件适配？微博又为何能成为国产智能机预装 APP 名单上的一员呢？

实际上，这是微博与各手机厂商长期合作共赢的体现，也是数十年间携手共同发展的缩影。微博作为一个上线 13 年依然拥有庞大活跃用户的 APP，早已成为手机厂商的“兵家必争之地”。而微博在与各手机厂商的合作中不断成长，也从众多平台中脱颖而出，最终成为最大的中文社交媒体社区之一。

其中最经典的合作自然是华为与微博，庞大的用户生态和超级内容的强强联合，让曝光与活跃共生互哺。华为为微博提供了多个热搜的浅入口，在为应用场景扩增更多高质流量的同时，也提升了用户对微博的习惯性、主动性消费依赖，培养用户心智，吸引和拴住更多“铁粉”级用户、让获量成为手机用户自觉自愿的场景，达到品牌厂商与微博的双赢。与此同时，从华为 Mate10 开始，微博上面使用华为终端的用户占比迅速攀升，不到 3 年时间，从 12% 增长到 36%。

当然，不止华为，几乎所有的手机品牌厂商与微博都有着长期深入的合作，并逐渐将微博组件融于系统，渗透到各个场景中。尤其是两会、世界杯、春晚、奥运会等大型热点事件的时候，用户经常在手机的核心流量入口“借道”微博，获取最新资信。

这一切只因微博在经历十数年的发展后，已经成为最大、最繁荣的中文社交平台之一，让每一个普通人都证明了其在互联网时代里的意义。

新浪董事长曾说：“时至今日，微博已经走入了成熟期，加速向中国经济社会生活各个领域全面渗透，推动国家新语境、国民新思维和社会新变革，双 # 号成为这个时代的标志，过去我们常说‘关注就是力量，围观改变中国’，而如今关注已不仅仅是一种力量，更是一种能量；围观改变的也不仅仅是中国，而是每个人的生活。”

党的二十大开幕式期间，网络新闻媒体通过微博、微信、新闻视频网站、客户端等全程直播开幕式，为人民群众及时收看提供多种选择。开幕式当日，仅新浪微博的直播观看量就达 1.26 亿人次。大会期间，微博联合各个部委官微、地方政务官微、媒体官微，引导用户参与二十大相关话题的关注与互动，掀起学习二十大精神的热潮。央视新闻微博开设党的二十大相关话题总阅读量突破 147 亿。

任务布置

通过系统的学习和在实践中不断地总结提升，赵甜甜和她的团队利用博客很好地对企业及产品进行了宣传，博客建立后，企业网站的用户、反链接、停留时间等都增加了不少。公司领导对她们的能力给予了高度的评价，这让赵甜甜和她的“90 后”“00”后团队非常兴奋。善于接受新事物、迎接新挑战的她们意识到在网络高速发展的今天，随着微博的快速发展和普及，其对诸多领域的影响日益广泛，如果能较好地利用微博进行营销活动，可能会为企业带来比博客更好的效益。“没有做不好，只有想不到”，请和她们一起开始微博营销之旅吧！

分析：要完成此任务，首先需要到提供微博服务的网站进行相关注册，然后利用微博向网友传播企业、产品的信息，树立良好的企业形象和产品形象，提升知名度，增加销量。

任务实施

任务实施导航结构图：

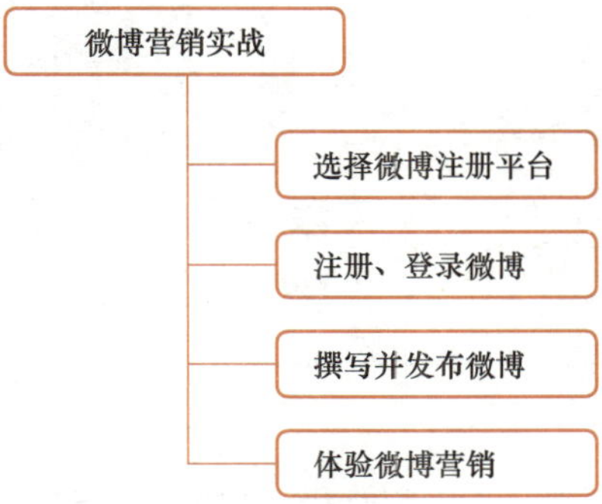

一、选择微博注册平台

提示：利用搜索引擎查看提供微博服务的网站有哪些。利用百度搜索引擎，在搜索文本框输入“微博网站”，单击“百度一下”按钮，出现如图 6-25 所示的搜索结果页面，可单击相关搜索结果链接，也可单击网页右侧“相关网站”下的链接查看。

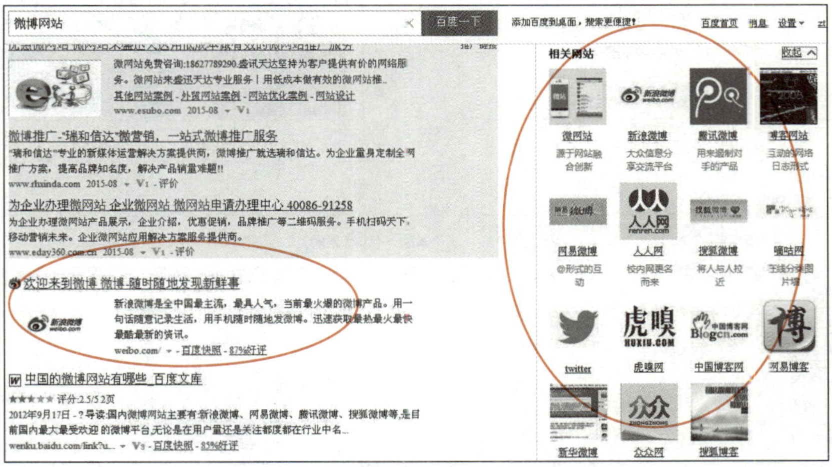

图 6-25　百度搜索“微博网站”结果页面

二、注册、登录微博

1. 注册微博

你可根据自己的喜好，选择进入适合的提供微博服务的网站进行注册。

提示：在上一任务中，我们注册了新浪通行证，开通了博客，本任务我们继续用新浪通行证开通微博。

1）进入新浪网，输入账号、密码、验证码信息，单击“登录”按钮，进入新浪通行证页面，如图 6-26 所示。

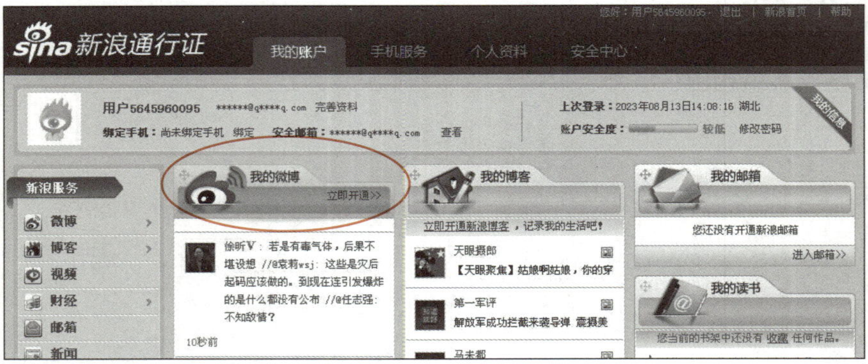

图 6-26 立即开通微博页面

2）根据提示完成“完善资料”“兴趣推荐”“进入微博”操作，如图 6-27 ～图 6-29 所示。

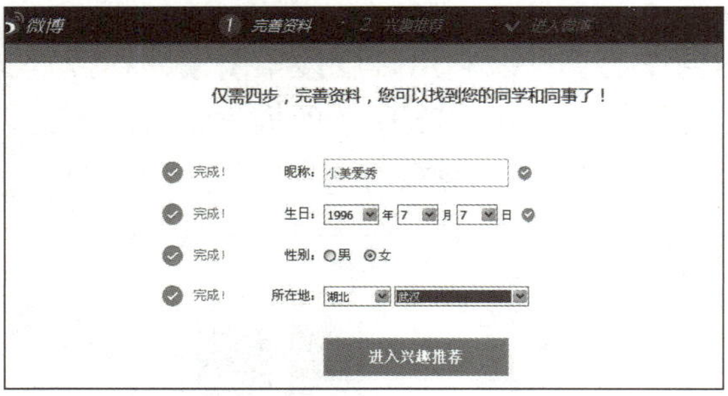

图 6-27 完善资料页面

图 6-28 选择兴趣页面

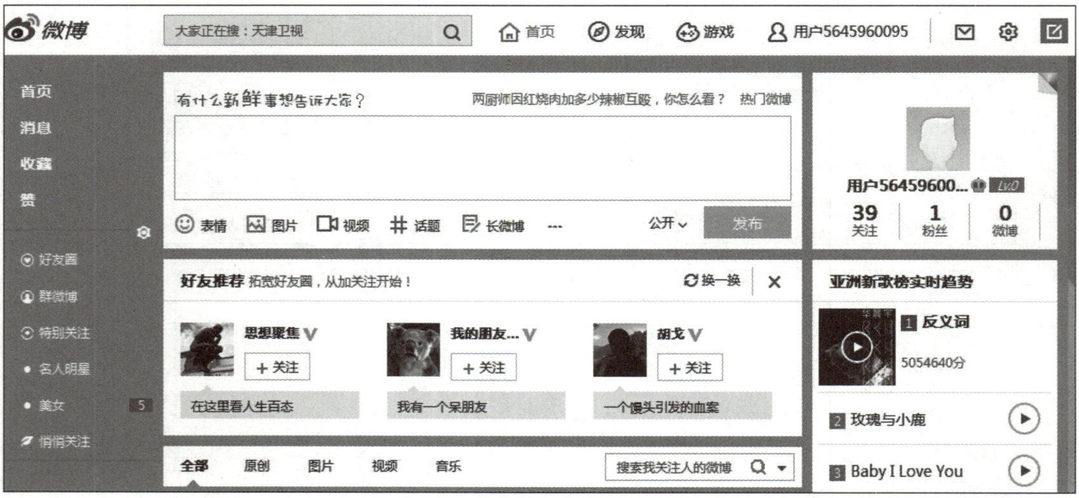

图 6-29 “我的微博”首页

2. 登录微博

方法一：进入新浪网，单击“微博”链接，输入新浪通行证账号、密码和验证码等信息，单击“登录”按钮，进入我的微博页面，如图 6-29 所示。

方法二： 进入新浪网，鼠标移至“登录”图标，在弹出窗口输入新浪通行证账号和密码等信息，单击“登录”按钮，进入我的微博页面。

三、撰写并发布微博

1）撰写微博。在文本框输入文字，插入图片、视频等信息，如图 6-30 所示。

2）发布微博。单击“发布”按钮，发布成功，如图 6-31 所示。

3）查看微博。单击图 6-30 中的“用户 5645960095”，进入微博首页，查看已发布博文，如图 6-32 所示。

图 6-30　撰写微博

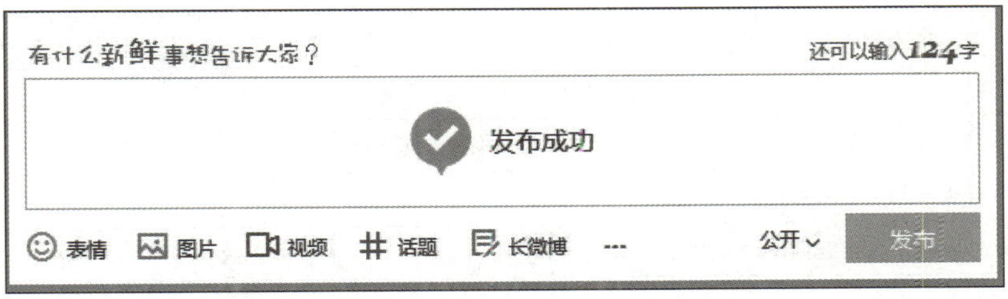

图 6-31　微博发布成功

图 6-32　查看已发微博

四、体验微博营销

小资料

随着近几年微博的发展，微博用户数量不断增长，微博推广已成为一种必备的推广方法之一。以微博作为推广平台，每一个听众都是潜在的营销对象，企业利用自己的微博向网友传播企业、产品的信息，树立良好的企业形象和产品形象。微博推广需要掌握一定的方法和技巧，并注重在实践中不断总结经验。

提示：进入微博，按要求完成表 6-5 列出内容的基本操作，并详细记录操作步骤。

表 6-5　微博营销体验记录表

编号	体验内容		详细操作步骤 / 主要内容
1	编辑个人资料		
2	上传头像		
3	申请认证		
4	修改昵称		
5	进入“管理中心”栏目	查看“数据中心”数据	
		进行“粉丝服务“设置	
		查看或进行“营销推广”活动	
		进行“设置管理”	
		查看并安装体验“我的应用”服务	
6	搜索并查看三个有关饰品的热门微博，记录最吸引你的一篇博文内容		
7	搜索并查看两个名人微博进行关注		
8	搜索并查看两个企业微博，并进行关注、发私信		
9	邀请好友开通微博		
10	撰写微博	针对公司周年庆，设计一篇“有奖转发”的微博	
		针对某款情侣对戒，设计一篇“有奖征集”的微博	

知识链接

一、微博

1. 微博的含义

微博，即微型博客（MicroBlog）的简称，是一个基于用户关系的信息分享、传播以及获取平台，用户可以通过 Web、WAP 以及各种客户端组建个人社区，以 140 字内的文字更新信息，并实现即时分享。

微博适应了用户互动交流的需求，顺应了信息传播方式大变革的趋势。作为互联网的一种新型应用模式，它具有高度开放性，介于互联网与移动网络之间，无论在何时何地，用户都能及时了解、发布消息。每个人既可以作为观众，在微博上浏览感兴趣的信息；也可以作为发布者，在微博上发布文字、图片、视频等供他人浏览。

小资料

根据微博2023年第二季度财报显示，微博2023年第二季度总营收4.402亿美元，总营收同比增长5%。其中，广告营收达到3.857亿美元，广告收入同比增长7%。用户方面，截至第二季度末，微博月活跃用户达到5.99亿，同比净增长1700万；日活跃用户达到2.58亿，同比净增500万。第二季度月活跃用户中来自移动端的比例达到了95%。

2. 微博的特点

相对博客而言，微博的草根性更强，且广泛分布在桌面、浏览器、移动终端等多个平台上，有多种商业模式并存。但无论哪种商业模式，都离不开用户体验的特性和基本功能，微博的特点除发布、传播信息快外，还主要表现在四个方面，见表6-6。

表6-6　微博的特点及介绍

编　号	特　点	介　绍
1	便捷性	微博的内容限定为140字内，内容简短，不需长篇大论，门槛较低。这一特点使大量原创内容爆发性地被生产出来。网民可以通过各种连接网络的平台，在任何时间、任何地点即时发布信息，其信息发布速度超过传统纸媒及网络媒体
2	背对脸性	微博信息获取具有很强的自主性、选择性，用户可以根据自己的兴趣偏好、依据对方发布内容的类别与质量来选择是否“关注”某用户，并可以对所有“关注”的用户群进行分类。与博客上面对面的交流方式不同，微博上是背对脸的跟随。就好比你在计算机前打游戏，路过的人从你背后看着你怎么玩，而你并不需要主动和背后的人交流。可以一点对多点，也可以点对点。移动终端提供的便利性和多媒体化，使得微博用户体验的黏性越来越强
3	原创性	微博宣传的影响力具有很大弹性，与内容质量高度相关。其影响力基于用户现有的被“关注”的数量。用户发布信息的吸引力、新闻性越强，对该用户感兴趣、关注该用户的人数也越多，影响力越大。微博网站现在的即时通信功能非常强大，只要有手机就可即时更新自己的内容
4	时效性	微博多是当事人或目击者第一时间发布，传播速度极快，如同现场直播一样，关注者可以获得最新的信息。例如你有100万听众，你发布的信息会在瞬间传播给100万人。与博客相比，微博更能表达出每时每刻的思想和最新动态，微博上永远是“现场直播”，是“永不落幕的新闻发布会”。例如有一些大的突发事件或引起全球关注的大事发生，如果有微博客在场，利用各种手段在微博上发表出来，其时效性远超传统媒体

3. 企业开通微博的作用

企业开通微博的作用主要体现在四个方面，如图6-33所示。

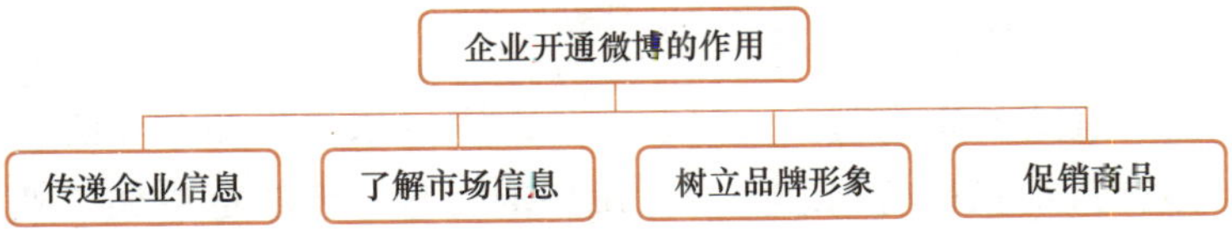

图6-33　企业开通微博的作用

（1）传递企业信息　传递企业信息是企业微博最基本的功能，大多数企业通过微博传递企业及产品信息。

（2）了解市场信息　微博的互动性强，有助于企业与关注者互动，可以让企业很容易获知及时准确的消费者信息。消费者在使用微博进行互动交流时，思考与表达更加真实、顺畅与自然。通过微博有助于企业了解消费者的个性、喜好、行为方式及收入水平等信息，从而可以更加准确地把握消费者的需求。

（3）树立品牌形象　企业通过微博可以提高自身品牌知名度和产品的名气。对于微博这个信任度较高的媒体，企业用来塑造企业与产品品牌形象再合适不过。

（4）促销商品　微博就像消费者的朋友，甚至家人，虽然不会直接卖商品给消费者，但是对消费者的购买决策却起着巨大的影响作用。在微博的世界里，不需要推销员，需要的是一个会诉说和倾听的博主。当你的企业微博成为别人信任的对象时，促销商品就成了水到渠成的事情。

二、微博营销

1. 微博营销的含义

微博的火热催生了有关的新型营销方式——微博营销。微博营销是指借助微博平台进行的包括品牌推广、活动策划、产品宣传等，为商家、个人等创造价值而执行的一种营销方式。该营销方式注重价值的传递、内容的互动、系统的布局、准确的定位。微博营销的目的是提升知名度、树立品牌和产品形象、增加销量等。

2. 微博营销的特点

微博营销具有立体化、高速度、便捷性和广泛性等特点，见表 6-7。

表 6-7　微博营销的特点及介绍

编　号	特　点	介　绍
1	立体化	微博营销可以借助先进多媒体技术手段，用文字、图片、视频等方式对产品进行描述，使消费者能够更加直接地了解有关产品的信息
2	高速度	微博最显著特征就是其传播迅速。一条关注度较高的微博在互联网及与之关联的手机 WAP 平台上发出后，短时间内互动性转发就可以抵达微博世界的每一个角落，达到短时间内最多的目击人数
3	便捷性	微博营销优于传统的广告行业，发布信息的主体无须经过繁复的审批，从而节约了大量的时间和成本
4	广泛性	通过粉丝关注的形式进行病毒式的传播，影响非常广泛，同时，名人效应能够使事件的传播呈几何级的放大

3. 微博营销的 4I 原则

企业开通微博写什么？怎么写？可进行换位思考，用户想在企业的微博上看到什么，企业就写什么。微博营销发布的信息要吸引用户的注意，要注意遵循“4I 原则”，即有趣（Interesting）、利益（Interest）、个性（Individuality）、互动（Interaction），具体介绍见表 6-8。

表 6-8 微博营销的 4 原则

编 号	4I 原则	具 体 介 绍
1	有趣（Interesting）	内容有足够的新意，有足够吸引人的地方
2	利益（Interest）	发布信息具有实用性，能够向用户提供一定的帮助。微博营销需要披上利益的外衣，如有奖活动、送礼等
3	个性（Individuality）	微博在表达方式、内容倾向等方面有自己的特点并能长期保持一致。企业微博应该拒绝官腔，富有一定的个性化
4	互动（Interaction）	无互动，不微博。传统广告传播方式是推动式的，而微博是要用你的智慧、美来吸引别人关注你，是主动吸引的力量。微博营销需要对话，而不是单向信息发布。企业微博作为品牌塑造整体战略的有效组成部分，是一个真正与消费者直接沟通的互动社区

4. 微博营销常用的方法及手段

微博营销常用的方法及手段主要有四种，如图 6-34 所示。

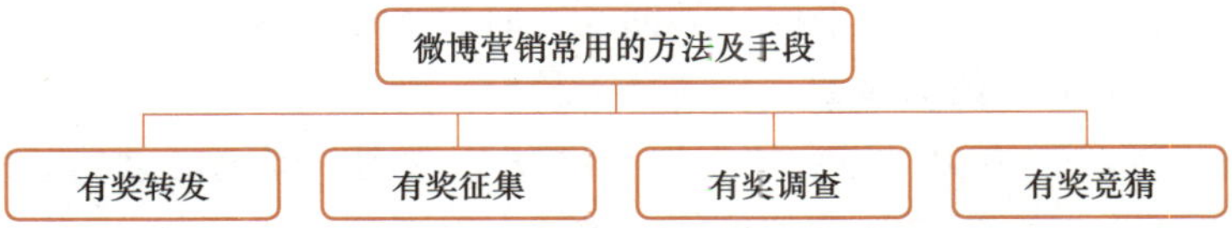

图 6-34 微博营销常用方法及手段

（1）有奖转发 有奖转发是目前采用最多的活动形式，只要关注者转发 + 评论或 @ 好友就有机会中奖。这种转发门槛较低，关注者几乎不用动脑筋，也有些转发提高了门槛的设计，比如转发 + 评论或 @ 好友，而且对 @ 的数量有要求。

（2）有奖征集 有奖征集是指通过某一问题解决方法来吸引用户，调动用户参与。常见的有奖征集主题有广告语、祝福语、创意点子等。

（3）有奖调查 有奖调查一般不直接以宣传或销售为目的，主要用于搜集用户的反馈意见，要求关注者回答问题，并转发和回复微博后可参与抽奖。

（4）有奖竞猜 有奖竞猜是揭晓谜底或答案，最后抽奖。常见的有猜图、猜文字、猜结果、猜价格等方式。环节设计的越有趣味性越能促进自动转发。

5. 微博营销的技巧

微博营销推广像其他网络媒介一样，需要花大量的时间和精力用心经营。掌握一定的推广技巧，能够使你在进行微博营销时游刃有余，下面简单介绍几种常用的技巧。

（1）微博资料尽可能翔实 真实详尽的资料让人产生信任，而且也是对网友负责，能吸引更多关注者的关注。

（2）准确定位 微博建立初期，一定要给微博一个很好的定位，定位是为了找到推广方向。企业选定平台开微博，一般都有好几个账号，但主要账号一般有两个——企业名称或者品牌的微博和企业负责人的账号，有些企业还鼓励员工开微博。对于微博营销来说，关注者的“质量”比“数量”更重要，因为成功的微博营销是要从粉丝身上转化出商业价值。比如做饰品行业，就应该围绕产品目标顾客发布相关信息，吸引目标顾客的关注，而非只考虑吸引眼球，发布一些吸引人，但吸引来的都不是潜在消费者群体的信息。

（3）个性化的名称　一个好的微博名称不仅便于用户记忆，还能够吸引可观的搜索流量。企业建立微博可以选择企业名称、产品名称或个性化的名称来作为用户名。

（4）巧妙利用模板　一般微博平台都会提供一些模板给用户，可以选择与行业特色相符合的风格，使模板与微博的内容更为贴切。当然，如果有能力为自己设计一套有特色、个性化的模板会更好。

（5）使用搜索检索，主动搜索相关话题　每个微博平台都会有自己的搜索功能，可利用搜索引擎将企业所在行业中用户常问的问题总结出来，提取重要关键词，随时关注微博用户讨论内容，主动搜索并与之互动；还可以利用该功能对自己已经发布的话题进行搜索，查看自己内容的排行，与别人微博的内容进行对比；此外，还可以查看微博的评论数量、转发次数以及关键词提到次数，以便更好地了解微博营销的效果。

（6）精心设计微博内容，传递有价值的信息　在微博中尽可能设计网友感兴趣的内容，当然品牌微博切不可为迎合大众整天发布娱乐信息而失去方向，可以发布新品，传播企业动态信息，开展促销活动，与顾客及时沟通回复，解决投诉，收集实时市场情报与反馈等。只有那些能对浏览者创造价值的微博，自身才有价值。

（7）确保信息真实与透明　当企业发布一些优惠活动、促销活动信息的时候，要即时兑现，并公开得奖情况，获得关注者的信任。微博上发布的信息要与公司网站上面的一致，并且在微博上及时对活动进行跟踪报道。

（8）制订有规律的更新频率，定期更新微博信息　对于微博营销来说，微博的热度和关注度来自于微博的可持续话题，要善于不断制造新的话题，发布与企业相关的信息，才可以吸引目标客户的关注。不断更新微博才能使发布的信息不被后面的信息覆盖，保证微博的可持续发展。

（9）灵活运用“#”与“@”符号　微博发布内容时，两个“#”间的文字是话题的内容，可以在后面加入自己的见解。要把某个活跃用户引入，可以使用“@”符号，意思是“向某人说”，可以 @ 名人或者关注者量高的相关微博，增加互动和转发。比如在微博菜单中点击“@ 我的”，能查看提到自己的话题。

（10）善用关注，善于回复关注者的评论和与知名人士互动　积极查看并回复微博关注者的评论，回复评论是对粉丝的一种尊重。被关注的同时也去关注关注者的动态，做好互动，在微博推广前期，关注能够迅速聚集关注者。

（11）善用私信　微博有文字限制，私信可以容纳更多的文字。只要对方是你的关注者，就可以通过发私信的方式将更多内容通知对方。因为私信可以保护收信人和发信人隐私，所以当活动展开的时候，发私信的方法会显得更尊重关注者。

（12）定期举办活动　企业微博一定要定期举办活动，活动能带来关注者的快速增长并增加忠诚度。

（13）规划好发帖时间　微博有几个活跃高峰时段，如午休、下午 4 点 30 分后和晚上 8 点以后，企业要抓住这些高峰人群时间进行发帖，提高博文的阅读量和转发率。

企业微博营销涉及产品前期设计、调研、生产分销以及后期的技术支持、售后服务等，牵涉这些部门的各类信息，需要企业整体的共同支持。开展微博营销前，企业应该组建专门的微博营销团队，制订微博营销方案，然后认真执行，并在执行后对营销效果进行评估反馈。

三、博客营销与微博营销的区别

博客营销与微博营销的区别，可以从三个方面进行简单的比较，见表 6-9。

表 6-9 博客营销与微博营销的区别

区别点	博客营销	微博营销
信息源表现形式	以博客文章（信息源）的价值为基础，并且以个人观点表述为主要模式，每篇博文表现为独立的一个网页，因此对内容的数量和质量有一定要求	内容短小精练，重点在于表达发布微博当时发生了什么有趣（有价值）的事情，而不是系统的、严谨的企业新闻或产品介绍
信息传播模式	用户可直接进入网站或通过订阅浏览，或通过搜索引擎搜索获得持续的浏览，博客对时效性要求不高的特点决定了博客可以获得多个渠道用户的长期关注，因此建立多渠道的传播对博客营销是非常有价值的	注重时效性，3 天前发布的信息可能很少会有人再去问津，同时，微博的传播渠道除了相互关注的好友直接浏览之外，还可以通过好友的转发向更多的人群传播，因此是一个快速传播简短信息的方式
核心价值体现	以信息源的内容为核心，主要体现信息本身的价值	以信息源的发布者为核心，体现了人的核心地位，但某个具体的人在社会网络中的地位又取决于他的朋友圈子对他的言论的关注程度，以及朋友圈子的影响力（即群体网络资源）

学习评价

请利用所学知识完成评价表 6-10 中的简要介绍，并在对应的评价栏中给予相应的评价。

要求：表 6-10 列出了 5 个知识点，对前 3 个知识点能有一定的了解就可以，后 2 个知识点是要完成本任务必须掌握的；3 个技能中的前 2 个是必须要掌握的，第 3 个技能需要不断实践及在今后的学习和实践中不断提升。

表 6-10 微博营销知识和技能评价

项目	内容	简要介绍	评价		
			很好	好	继续加油
知识	什么是微博				
	微博的特点				
	什么是微博营销				
	微博营销的常用方法及手段				
	微博营销的技巧				
技能	会注册、登录微博				
	会撰写、发布微博				
	微博营销能力				

项目七

微信营销

项目导学

微信营销是信息化社会的产物，是随着微信的广泛应用而产生的一种全新的网络营销模式。本项目以任务驱动的方式引出微信营销的概念、微信营销的优势、微信营销的运作模式和微信公众号的类型等知识的讲授，通过“任务实施”和“学习评价”来达到提高学生专业知识应用能力的目的。

通过对本项目的学习，会对微信营销有一个大致的了解，并具备一定的运用微信进行营销的能力。

项目目标

◆ 了解微信营销的概念、优势和运作模式

◆ 了解并初步掌握基于个人微信号的朋友圈营销方法

◆ 了解微信公众号的三种类型

◆ 了解并初步掌握基于公众平台的微信营销方法

◆ 了解信息网络安全相关法律法规，在微信营销中，做到诚实守信、遵规守法

任务一　认识微信营销

案例导读

华为 Mate20 一站式模式助力新机上市

2018 年 10 月 26 日下午 6 点，华为最新机型 Mate20 在朋友圈正式发布。

广告外层采用基础式卡片视频样式，并搭配“×× 个朋友可能看到”功能以及最新上线的 @ 好友评论互动功能，多重激发用户评论互动和社交分享兴趣（见图 7-1）。而内层原生推广页将新机四大核心卖点一一展现给用户，并可通过原生推广页按钮直接跳转至华为

官方商城进行购买，建立起从新品认知到购买转化的营销闭环。

该广告互动点击率超出行业均值 120%，近 3 万用户主动转发分享，为新机带来了巨大的社交声量和曝光。

此外，华为充分运用品牌搜索的聚合能力打造了品牌官方区，用户只要搜索“华为”“华为终端”“HUAWEI Mate20”“Mate20” 等关键词，就能开启华为品牌官方区，既可选择观看发布会直播了解新机信息，或是阅读公众号深入了解品牌，也可直接进入小程序商城下单购买，一站式打造无断点体验。

同时，华为在全国各地投放了户外 LED 广告，大幅广告画面上“微信搜一搜”的绿色条块格外醒目，引导线下的潜在兴趣用户在微信搜索品牌及新机，使品牌官方区成为连接品牌线下与线上营销资源的导流通道（见图 7-2）。

图 7-1　华为朋友圈广告示意

图 7-2　华为户外 LED 广告创意示意

微信朋友圈广告与品牌官方区的组合使用，不仅可以为品牌新品发布提供从曝光、转化到品牌资产沉淀的一站式解决方案，也适用于品牌在不同的营销需求和节点，放大营销资源价值。

任务布置

某调查显示 86.2% 的微信用户的年龄为 18 ～ 36 岁，张翔发现这与公司饰品的用户年龄段高度重合，就产生了使用微信好友进行饰品营销的念头，可他对微信营销知之甚少，你能帮帮他吗?

分析：要帮助张翔，应先了解什么是微信和微信营销，并掌握基于个人微信号的朋友圈营销方法。

任务实施

任务实施导航结构图：

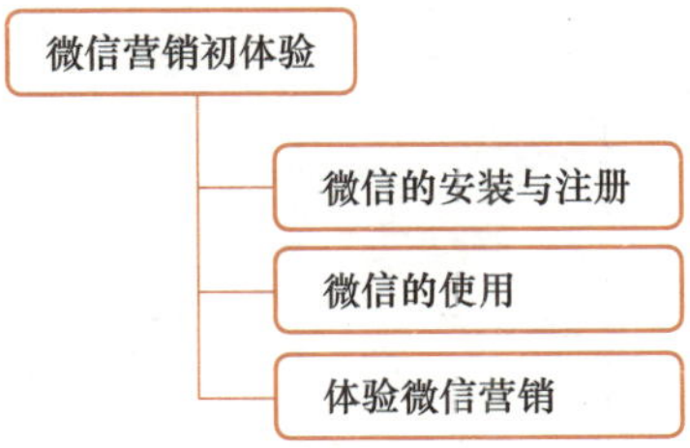

一、微信的安装与注册

要想使用微信进行营销，首先要知道怎样安装微信和注册微信号。

1. 微信的安装

1）打开手机浏览器，进入微信的官方网站：http://weixin.qq.com/，点击“下载”选项，如图 7-3 所示。

2）选择所需的微信版本，在此以 Android 版为例，点击“Android 版”后的“免费下载”链接，如图 7-4 所示。

3）在下载页面点击“确定”按钮开始下载，如图 7-5 所示。

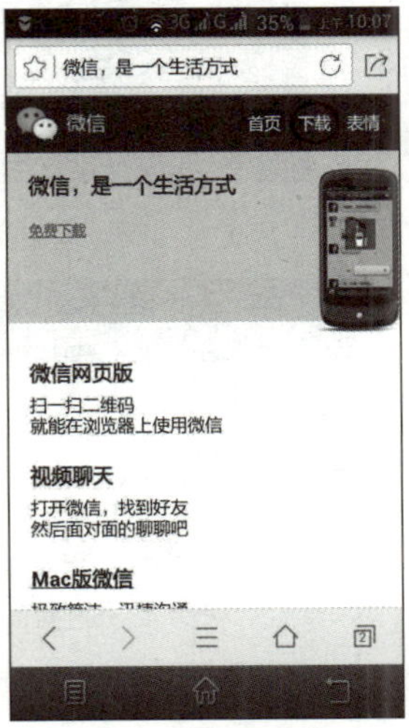

图 7-3 微信官网

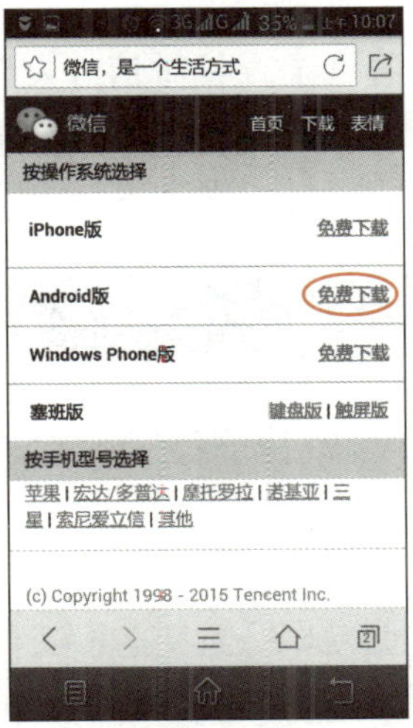

图 7-4 微信版本选择页面

图 7-5 确定安装页面

4）下载完毕在“文件管理”中找到安装包进行安装，如图 7-6 所示。进入权限设置页面对手机各种权限进行设置，设置好后点击“安装”按钮，如图 7-7 所示。

5）安装完毕设置是否开机启动和删除安装包，最后点击“完成”按钮，如图 7-8 所示。

图 7-6　安装包页面

图 7-7　权限设置页面

图 7-8　设置开机启动页面

2. 微信的注册

1）点击手机上的微信图标，进入微信登录界面，点击其中的“注册”按钮，如图 7-9 所示。

2）在微信注册界面输入昵称，设置头像，选择所在的国家或地区，输入手机号码，设置密码，最后点击“注册”按钮，如图 7-10 所示。

3）在填写验证码界面，输入收到的手机验证码，点击“下一步”按钮，如图 7-11 所示。

4）在弹出的“是否通过手机通讯录查找微信好友”的界面中点击“好”按钮，进入微信界面。微信账号注册成功，如图 7-12 所示。

图 7-9　微信登录界面

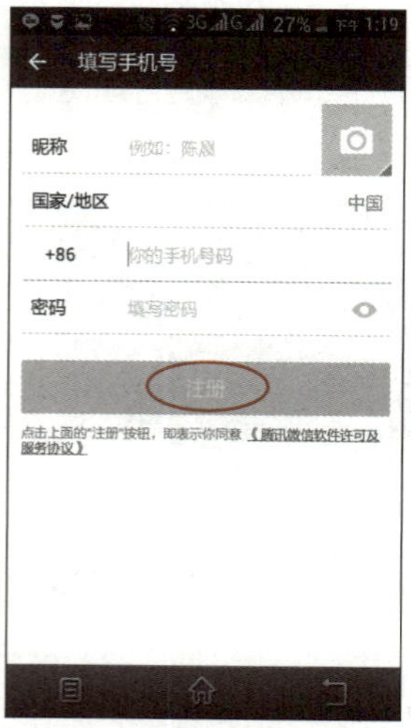

图 7-10　微信注册界面

图 7-11　填写验证码界面

图 7-12　微信账号注册成功

小知识

注册微信账号注意事项

（1）注册微信账号不能在计算机上完成，必须在手机上完成。

（2）将 QQ 号码与微信号绑定后，就可以使用 QQ 号码登录微信了。

二、微信的使用

1. 添加好友

微信添加好友的方法有：搜索微信号 / 手机号 /QQ 号、“扫一扫”“摇一摇”“附近的人”等，请同学们分别用这些方法添加好友，然后 5 人一组，讨论每种方法都有什么特点，填写在表 7-1 中。

表 7-1 微信添加好友方法列表

微信添加好友的方法	特 点
“扫一扫”	
“摇一摇”	
“附近的人”	
“雷达加朋友”	
搜索微信号 / 手机号 / QQ 号	
手机联系人	

提示：登录微信后点击右上角的加号，在下拉列表中选择“添加朋友”选项，在“添加朋友”页面可以添加好友，如图 7-13 所示。另外，在微信登录后点击发现图标，在“发现”页面也可以找到添加好友的方式，如图 7-14 所示。

图 7-13 “添加朋友”页面

图 7-14 “发现”页面

2. 与好友联系沟通

添加好友后该如何与好友进行联系沟通呢?

提示： 可以通过发送文字信息、语音、视频、图片等与好友进行联系沟通。具体方法有下面三种。

（1）一对一的交流沟通　即和好友发消息聊天或音视频通话，具体操作是点击微信通讯录中的某一个好友，之后点击“发消息”或“音视频通话”，如图 7-15 所示。

图 7-15　好友详细资料

（2）一对多的交流沟通　即在朋友圈中发表自己的动态或进行分享。

小知识

微信朋友圈

微信朋友圈是微信上的一个社交功能，用户可以通过朋友圈发表文字、图片和视频，同时可通过其他软件将文章或者音乐分享到朋友圈。用户可以对好友新发的照片或留言进行“评论”或“赞”。

在朋友圈发表动态的操作是点击微信“发现”页面的“朋友圈”选项，利用“朋友圈”页面右上角的相机图标可以把自己的动态以图片、小视频或文字的形式发送出去（点击相机图标发照片和视频，长按相机图标发文字），供所有的好友浏览观看和回复评论，如图 7-16 所示。

微信朋友圈支持其他应用的分享。其他应用可以通过接入微信的分享端口，在应用内部直接分享内容到朋友圈中。分享到朋友圈中的内容以链接形式存在。

（3）多对多交流　即建立微信群，邀请好友加入微信群，在微信群中聊天交流。

图 7-16　“朋友圈”页面

小知识

微　信　群

微信群是腾讯公司推出的微信多人聊天交流服务功能，群主在创建群以后，可以邀请朋友或者有共同兴趣爱好的人到一个群里面聊天。在群内除了聊天，还可以共享位置、文件、图片、视频、网址等。

利用微信群与好友交流沟通的具体操作步骤为：

1）建立微信群。在微信界面右上角点击加号图标，在出现的列表中选择“发起群聊”，如图 7-17 所示。然后在“发起群聊”页面，选中想要一起聊天的好友，选好后点右上角的“确定”按钮，如图 7-18 所示，这样微信群就建好了。

2）微信群聊天及微信群的设置。点击“发起群聊”界面的“选择一个群”选项可进入

“群聊”界面进行聊天，如图 7-19 所示。点击群聊界面右上角的双小人图标，可进入“聊天信息”界面，对微信群的名称、公告等进行设置，如图 7-20 所示。

图 7-17　消息聊天页面

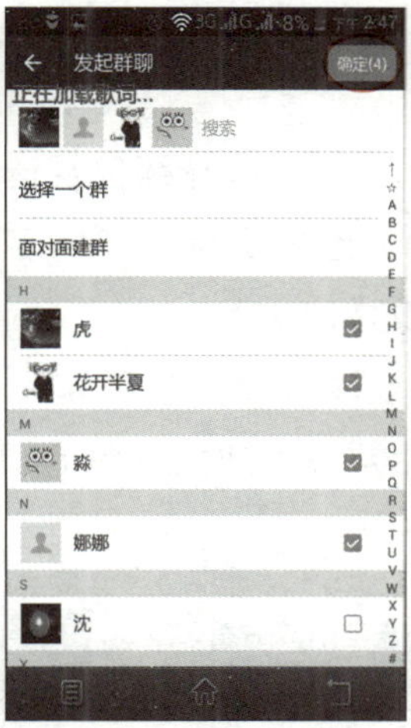

图 7-18　发起群聊

图 7-19　“群聊”界面

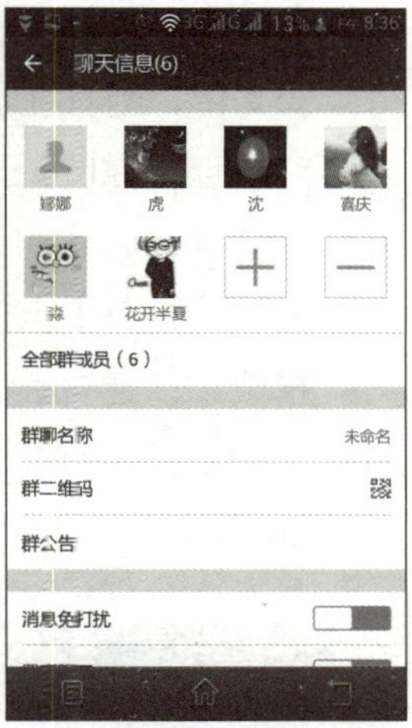

图 7-20　微信群设置

3. 微信红包的使用

利用微信红包可与好友进行交流沟通。微信红包的操作包括发红包、抢红包、收红包、查看红包等。

（1）发红包

方法一：通过点击微信个人页面“钱包”选项进行发送。主要操作步骤为：

1）在微信个人页面点击“钱包”选项，进入“我的钱包”界面，点击其中的“微信红包”选项，如图 7-21 所示。

2）在“微信红包”界面，选择要发红包的类型：“拼手气群红包”“普通红包”，如图 7-22 所示，本例选“普通红包”。

3）对普通红包进行设置，包括红包个数、单个金额和留言，设置好后点击“塞钱进红包”按钮，如图 7-23 所示。

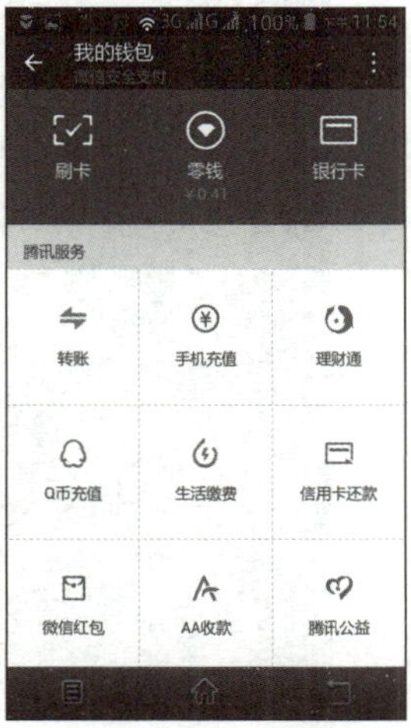

图 7-21　我的钱包

图 7-22　“微信红包”界面

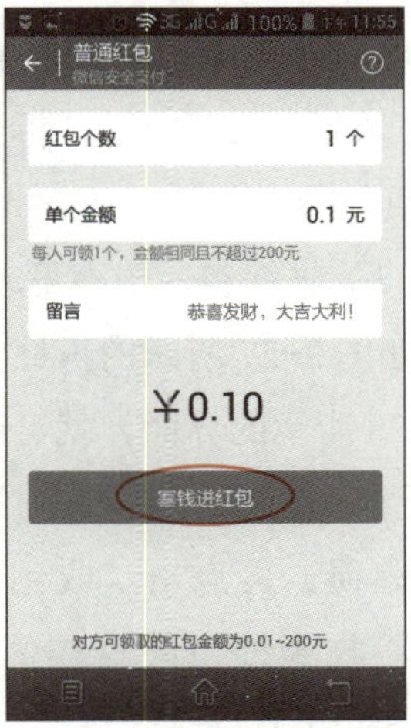

图 7-23　红包设置

4）在“确认交易”界面有两种支付方式，即“使用零钱支付”和“选择银行卡支付”，选好支付方式后点击“立即支付”按钮，如图 7-24 所示。如果使用银行卡支付，则需要事先绑定银行卡，并且在支付时输入交易密码，支付成功后进入“红包已包好”界面；如果使用零钱支付，则直接进入“红包已包好”界面。

5）点击“红包已包好”界面中的“发送”按钮，选择红包发送的对象。红包发送的对象可以是好友，也可以是微信群（见图 7-25），选好后点击“确定”按钮。最后在“确认发送对象”界面中点击“发送”按钮，红包就发送出去了。

方法二：通过聊天窗口进行发送。在与好友聊天窗口或群聊天窗口中，点击右下角的加号，在出现的列表中选择“红包”选项，然后重复上述发红包的步骤就可以发红包了，如图 7-26 所示。

图 7-24　确认交易

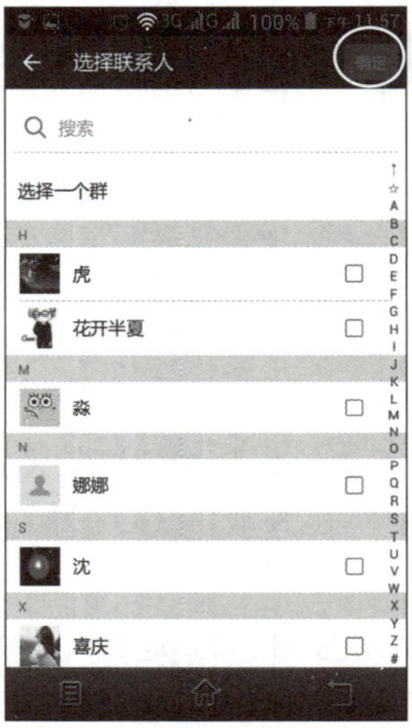

图 7-25　选择红包发送对象

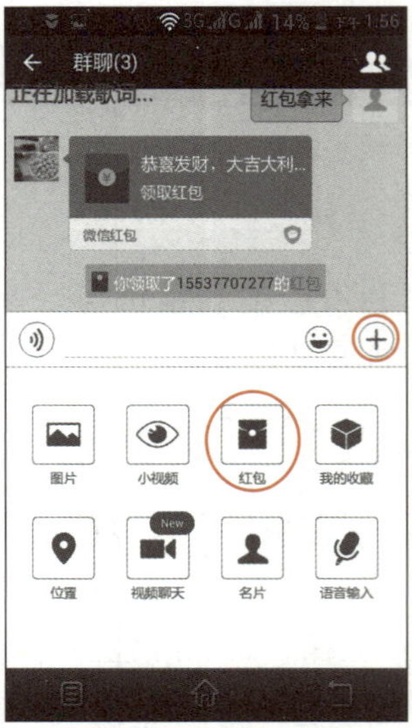

图 7-26　通过聊天窗口发红包

（2）抢红包　当微信群中有人发红包时，可以点击聊天窗口中发出的红包来抢红包，抢到红包后在红包界面点击“拆红包”图标，如图 7-27 所示。拆开红包后，进入“红包详情”界面，可以看到红包中的钱已经存入钱包了，如图 7-28 所示。

（3）收红包　当有好友发红包给你时，点击“红包”图标就出现如图 7-27 所示的拆红包界面，点击“拆红包”图标，出现如图 7-28 所示的界面，就可以知道红包的具体金额了。

（4）查看红包　在“微信红包”界面点击右上角“我的红包”选项，再点击“收到的红包”或“发出的红包”选项，可以查看收到红包的具体情况和发出红包的状态，如图 7-29 和图 7-30 所示。

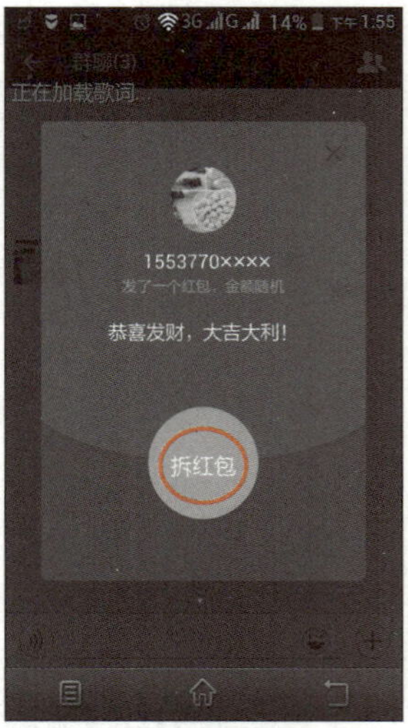

图 7-27　拆红包

图 7-28　红包详情

图 7-29　收到的红包

图 7-30　发出的红包

小知识

微 信 红 包

微信红包是腾讯旗下产品微信于 2014 年 1 月 27 日推出的一款应用。微信红包可以实现发红包、查看收到红包和发出红包的记录等功能。

微信红包的玩法很简单，微信用户可以发两种红包，一种是拼手气群红包，用户设定好总金额以及红包个数之后会随机生成不同金额的红包，当把拼手气红包发送到微信群后，群成员可以在群聊天窗口抢红包；还有一种是普通的等额红包，这种红包可以发给好友，也可以发送到微信群。当收到好友的红包或抢到微信群中的红包拆开时，红包中的钱会自动进入“我的钱包”，而“我的钱包”中的钱是可以进行支付和提现的。

三、体验微信营销

前面通过运用各种方式添加了大批潜在客户为好友并且及时进行了交流，张翔已经拥有了一个比较稳定的朋友圈，下面就来在朋友圈中推广美秀坊新推出的饰品。

1. 撰写微信营销文案

（1）张翔与队友商量后向领导请示，领导同意让张翔和他的团队对本公司推出的新款情侣对戒“依恋”进行微信推广，定价为 299 元/对。请你帮助张翔和他的团队撰写微信营销文案，并将你的设计方案填写在表 7-2 中。

表 7-2　情侣对戒“依恋”微信营销文案设计方案

文案素材类别	具 体 内 容	设 计 意 图
文字方案		
图片方案		
视频方案		

（2）五人一组，分别宣读或展示本组的微信营销文案设计方案，投票选出最佳设计方案。

2. 发布信息

利用微信发布信息主要有以下三种方式：

（1）朋友圈发布消息　五人一组，讨论每日在朋友圈发布与分享什么内容、在什么时间发布和分享、以什么样的频率来发布和分享的推广效果会更好，并进行分析，把最终结果填写在表 7-3 中。

表 7-3　朋友圈发布信息讨论结果统计表

讨论项目	讨论结果	原因
发布和分享的内容		
发布和分享的时间		
发布和分享的频率		

（2）单独发布消息　进入微信界面，点击“通讯录”选项，选择好友，可单独有针对性地把消息发给目标顾客。

（3）利用群发助手发布营销信息　点击微信中的“设置”→“通用”→“辅助功能”→“群发助手”→“开始群发”→“新建群发”，选择收信人并输入营销信息，点击“发送”按钮，即可将编辑好的信息发给选择的收信人；如果在选择收信人时点击了“全选”选项，即可将消息发给通讯录里的所有人。

3. 朋友圈维护

微信朋友圈维护是微信营销的一个重点。朋友圈维护好了，客源自然源源不断；朋友圈没维护好，你再怎么发内容也不会有作用。那么该如何维护朋友圈呢？维护朋友圈时该注意哪些问题呢？请同学们调查分析并分小组讨论，制订出维护朋友圈的方案。

---

4. 客户拓展

查阅资料，了解拓展客户的方法，结合微信营销和美秀坊饰品的特点，设计出利用微信营销来拓展美秀坊饰品客户的方案。

提示：在微信营销中，拓展客户即添加新的微信好友。在添加微信好友时，不但要追求好友的数量，更要看重好友的精准度。

知识链接

一、微信

1. 微信软件概述

微信是腾讯公司于 2011 年 1 月 21 日推出的一个为智能终端提供即时通信服务的免费应用程序，支持跨通信运营商、跨操作系统平台通过网络快速发送免费（需消耗少量网络流量）语音短信、视频、图片和文字，同时，也可以使用通过共享流媒体内容的资料和基于位置的社交插件“摇一摇”“朋友圈”“公众平台”“语音记事本”等服务插件。截止到 2022 年第一季度，月活跃用户达到 12.9 亿，微信支付用户超过 10 亿。

2. 微信的功能

（1）聊天　聊天是微信最基本的功能，支持发送语音短信、视频、图片（包括表情）和文字，支持多人群聊。

（2）微信支付　微信支付是集成在微信客户端的支付功能，用户可以通过手机完成快速的支付流程。微信支付向用户提供安全、快捷、高效的支付服务，以绑定银行卡的快捷支付为基础。

用户只需在微信中关联一张银行卡，并完成身份认证，即可将装有微信 App 的智能手机变成一个全能钱包，之后便可购买合作商户的商品及服务。用户在支付时只需在自己的智能手机上输入密码，无须任何刷卡步骤即可完成支付，整个过程简便流畅。

（3）微信红包　微信红包可以实现发红包、查看收到的红包和发出红包的记录。微信推出 6.1 版本后，实现了在对话框里边聊天边发红包的功能。

（4）其他功能

1）朋友圈。用户可以通过朋友圈发表文字和图片，同时可通过其他软件将文章或者音乐分享到朋友圈。用户可以对好友新发的照片进行“评论”或“赞”，用户只能看相同好友的评论或赞。

2）语音提醒。用户可以通过“语音提醒”设置提醒打电话或是查看邮件。

3）通讯录安全助手。开启后可上传手机通讯录至服务器，也可将之前上传的通讯录下载至手机。

4）QQ 邮箱提醒。开启后可接收来自 QQ 邮件的邮件，收到邮件后可直接回复或转发。

5）私信助手。开启后可接收来自 QQ 微博的私信，收到私信后可直接回复。

6）查看附近的人。微信将会根据用户的地理位置找到在用户附近同样开启本功能的人。

7）语音记事本。可以进行语音速记，还支持视频、图片、文字记事。

8）摇一摇。通过摇手机或点击按钮模拟摇手机，可以匹配到同一时段触发该功能的微信用户，从而增加用户间的互动和微信黏度。

9）群发助手。通过群发助手把消息发给多人。

10）流量查询。微信自身带有流量统计的功能，可以在设置里随时查看微信的流量动态。

11）游戏中心。可以进入微信玩游戏（还可以和好友比高分），例如“飞机大战”。

12）微信公众平台。通过这一平台，个人和企业都可以打造一个微信公众号，可以群发文字、图片、语音三个类别的内容。

13）多账户管理。安卓微信 8.0.10 中，可看到微信账号的切换可以多于 2 个，最多 4 个账号。

14）置顶聊天折叠。当你置顶的信息比较多的时候，就会自动折叠，以免占用日常聊天窗口，当置顶好友有新消息的时候，会重新出现在第一屏，不过只有在置顶聊天框超过 10 个时，用户才能折叠聊天框。此外，如果微信群被设置为免打扰，就不会再被折叠。

15）视频号可开启手机多任务。安卓微信新版还上线了一个可通过手机多任务回到视频号的功能，用户在观看视频号的时候，不用退出视频号，就可通过多任务回到微信界面，也可重新返回视频号。

二、微信营销

1. 微信营销概述

微信营销是网络经济时代企业营销模式的一种创新，是伴随着微信的火热而兴起的一种网络营销方式。微信不存在距离的限制，用户注册微信后可与周围同样注册的“朋友”形成一种联系，用户订阅自己所需的信息，商家通过提供用户需要的信息，推广自己的产品，从而实现点对点的营销。

2. 微信营销优势

微信一对一的交流方式具有良好的互动性，精准推送信息的同时更能形成一种朋友关系。基于微信的种种优势，借助微信平台开展客户服务营销也成为继微博之后的又一新兴营销渠道。

3. 微信营销的运作模式

微信营销的运作模式主要有以下四种：

（1）草根广告式—“查看附近的人”　微信中基于 LBS（Location Based Service，基于位置的服务）的功能插件“查看附近的人”，可以使更多陌生人看到这种强制性广告。当用户点击“查看附近的人”选项后，可以根据自己的地理位置查找到周围的微信用户。在这些附近的微信用户中，除了显示用户姓名等基本信息外，还会显示用户签名档的内容，用户可以利用这个免费的广告位为自己的产品打广告。

（2）O2O 折扣式—“扫一扫”　二维码发展至今，其商业用途越来越多。微信结合 O2O 展开商业活动，将二维码图案置于取景框内，可以获得成员折扣、商家优惠或一些新闻资信等。

（3）互动营销式—微信公众平台产品描述　对于大众化媒体、明星以及企业而言，“微信开放平台 + 朋友圈”的社交分享功能的开放，使得微信成为移动互联网上不可忽视的营销渠道。

（4）微信开店　这里的微信开店（微信商城）并非微信“精选商品”频道升级后的腾讯自营平台，而是由商户申请获得微信支付权限并开设微信店铺的平台。公众号要申请微信支付权限需要具备两个条件：第一必须是服务号；第二还需要申请微信认证，以获得微信高级接口权限。商户申请了微信支付后，才能进一步利用微信的开放资源搭建微信店铺。

学习评价

请利用所学知识完成评价表 7-4 中的简要介绍，并在对应的评价栏中给予相应的评价。

要求：表 7-4 列出了 3 个知识点，第 1 个知识点是要完成本任务必须掌握的，其他 2 个知识点分别能说出 2 ～ 4 点就达到了本任务的目标；技能完成情况根据实际情况进行评价。

表 7-4 微信营销知识和技能评价

项 目	内 容	简 要 介 绍	评 价		
			很好	好	继续加油
知识	微信的功能服务				
	微信营销的优势				
	常用的微信营销运作模式				
技能	熟悉微信的基本操作				
	利用微信交流沟通				
	信息获取与组织能力				
	朋友圈营销的能力				

任务二 体验微信公众平台营销

案例导读

南航——服务式营销

自微信公众平台发布后，各行各业都主动试水微信营销，航空公司也不例外。早在2013年1月30日，南航就推出了自主研发的微信值机服务，成为国内首家提供微信值机服务的航空公司。同年11月11日，南航微信公众号关注用户数量突破了百万大关，成为国内名列前茅的企业账号。如今南航微信已经和网站、短信、手机App、呼叫中心一并成为南航五大服务平台，用户只需要跟随南航公众账号的回复提示，就可以实现机票预订、登机牌办理、航班动态查询、里程查询与兑换、出行指南、城市天气查询、机票验真等全方位的服务。

在南航看来，微信承载着沟通的使命，而非仅仅是营销。这样的理念使南航将微信公众账号做得十分纯粹，把微信公众平台客户关系管理的功能提升到了极致，把业务服务也做到了极致，从而获得了消费者的口碑，达到了直接营销无法比拟的更高层次的营销效果。

南航始终坚持“以人为本”的管理理念，以“让南航成为客户的首选，成为沟通中国与世界的捷径”为公司使命，以“南航人、客户至上、安全、诚信、行动、和谐”为核心价值观，倡导“对员工关心，对客户热心，对同事诚心，对公司忠心，对业务专心”的企业文化。

任务布置

利用个人微信号和基于个人微信号的朋友圈营销，使得张翔开发了一部分新的客户，销售量也有了一定的提高。但随着客户量的增加，管理和维护朋友圈的工作量加大，个人微信号已经不能满足企业营销推广的需要。微信公众平台以其精准的营销定位、便利的互动性、更高效的信息传播等优点弥补了个人微信营销的不足，张翔打算在下一阶段把微信公众平台纳入营销方案中，你能帮帮他吗?

分析：要帮助张翔，应会对微信公众平台营销内容进行策划，并掌握注册微信公众账号、进行微信公众平台推广以及微信公众平台管理等操作。

任务实施

任务实施导航结构图：

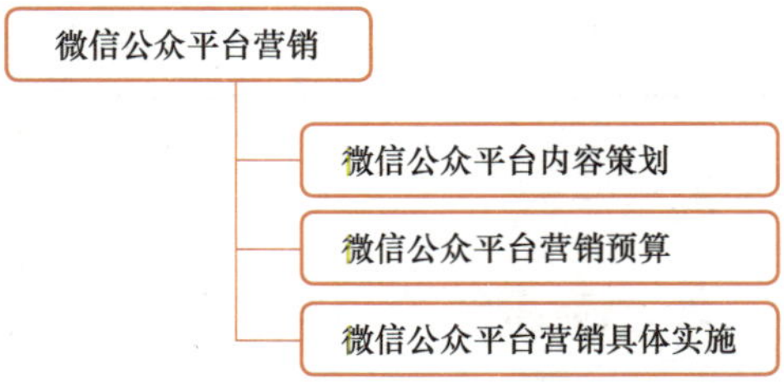

一、微信公众平台内容策划

“内容为王”对任何媒体来说都非常重要。作为新媒体的微信公众号，美秀坊公众平台该如何进行内容上的规划，才既能满足用用户的需要，又能达到企业的营销目的呢?请根据美秀坊特点策划微信公众平台内容，写一份美秀坊微信公众平台内容策划书。

二、微信公众平台营销预算

提示：微信公众平台营销预算可以分为两个部分。第一部分为固定预算，主要为公众账号日常运营所支付的人力成本，包括平台的日常维护、内容的发布、客户消息的处理和管理等。第二部分是微信公众账号的推广费用，主要根据投入周期的时间长短来计算推广成本。

请以表格的形式列出美秀坊微信公众平台的营销预算。

三、微信公众平台营销具体实施

（一）微信公众账号注册

提示：微信公众平台的账号分订阅号、服务号、企业号和小程序，四种账号的功能和用途完全不一样，下面我们以订阅号为例来介绍微信公众账号的注册。

（1）打开微信公众平台官方网站 https://weixin.qq.com，右上角点击“立即注册”，如图 7-31 所示。

（2）选择注册的账号类型，如图 7-32 所示。

（3）按提示输入邮箱地址、激活邮箱，登录您的邮箱，查看激活邮件，填写邮箱验证码激活，单击“注册”按钮，如图 7-33 所示。

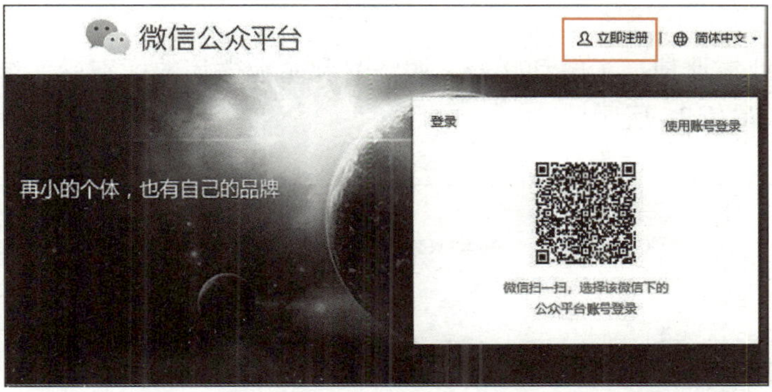

图 7-31 微信公众平台官网

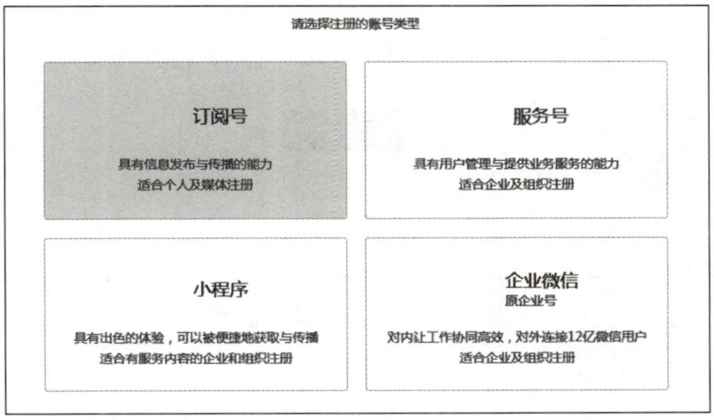

图 7-32 公众平台账号类型

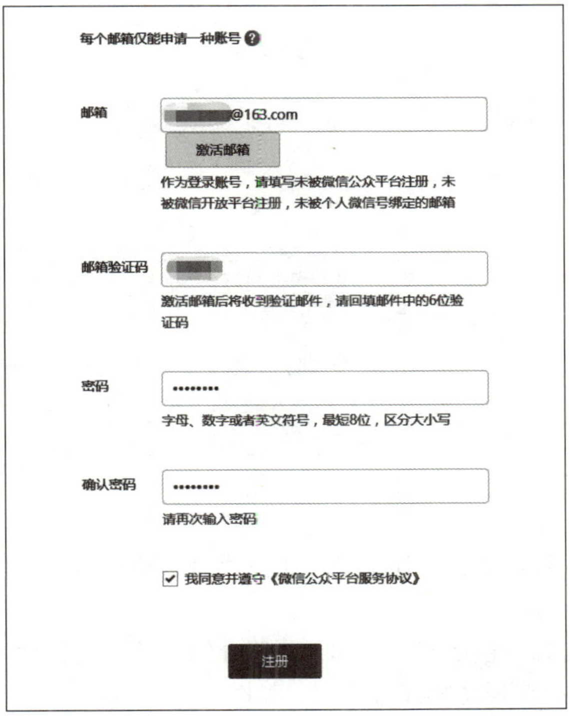

图 7-33 填写账号基本信息

（4）选择企业注册地，了解订阅号、服务号和企业微信的区别后，选择想要的账号类型，如图 7-34 和图 7-35 所示。

图 7-34 选择企业注册地

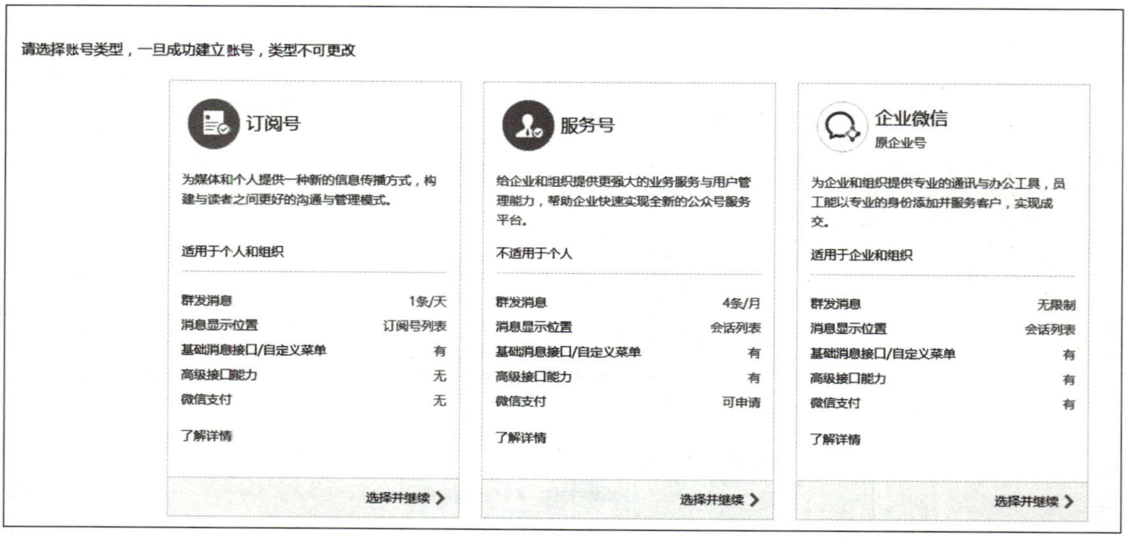

图 7-35 选择账号类型

（5）登记企业公众号信息，主体类型、企业类型、企业名称、营业执照注册号、管理员信息等，如图 7-36 所示。

（6）填写公众号信息，包括账号名称、功能介绍，选择运营地区，根据所选择的验证方式，完成验证 / 认证后账号功能即可使用，如图 7-37 所示。

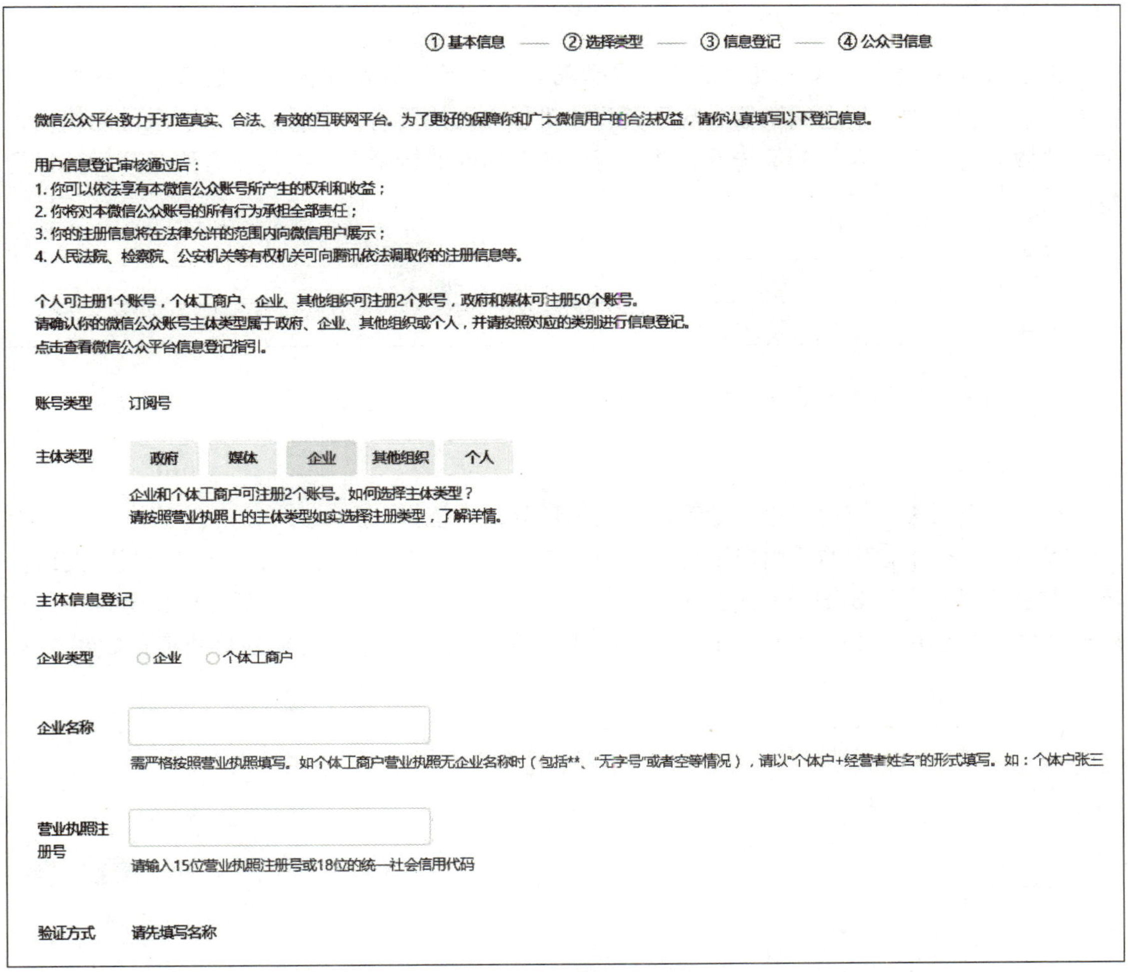

图 7-36 信息登记页面

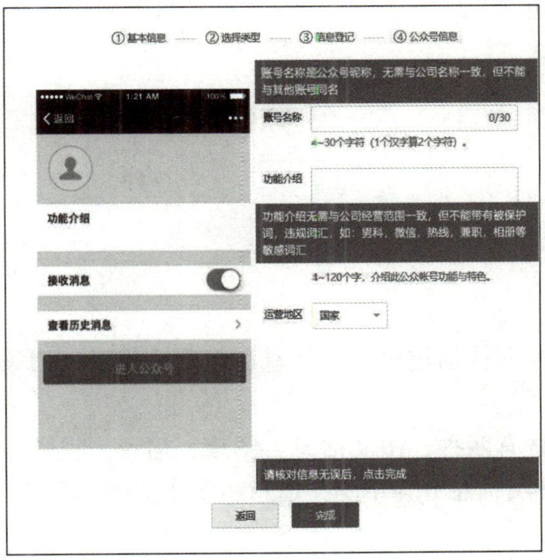

图 7-37 公众号信息页面

（二）微信公众平台推广

微信公众平台推广即获取微信公众平台粉丝，粉丝的数量和精准度是微信公众平台营销能否成功的关键。请查阅微信公众平台获取粉丝方法的资料，然后五人为一组讨论如何为美秀坊微信公众平台账号获取粉丝，并分析所获取粉丝的精准度。把具体方法及分析结果列举出来。

方法一：________________________________

方法二：________________________________

方法三：________________________________

（三）微信公众平台管理

1. 用户管理

在平台上对美秀坊用户进行分组，并说出你分组的依据。

提示：单击平台中的“用户管理”按钮，在“用户管理”页面单击“新建分组”按钮，建立需要的组别，比如把所有客户分为星标组、客户组 1、客户组 2、新客户和老客户，然后单击客户右侧的三角形图标，在出现的下拉列表中选择此用户要被划分的组，如图 7-38 所示。

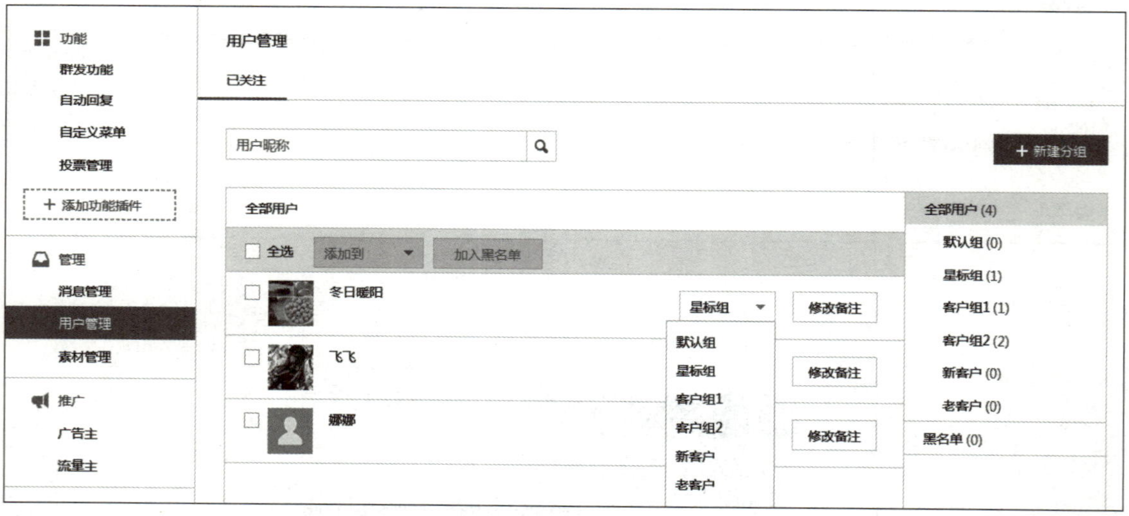

图 7-38 用户管理

2. 素材管理

分别为美秀坊饰品策划并创建单图文信息和多图文信息，把策划思路和操作步骤写在下面的横线上。

提示：平台中的素材有四种：图文信息、图片、语音、视频。图片、语音和视频可以从计算机上直接上传，图文信息分为单图文信息和多图文信息两种，需要分别创建，编辑好内容后保存。

新建图文信息的操作是：进入微信公众平台→创作管理→图文素材→新的创作→图文

消息，或进入“首页”→新的创作→图文消息，按照提示设置标题、作者、封面、摘要和正文后单击“保存”按钮，一条单图文信息就创好了，如图 7-39 所示。如果要创建多图文信息，需要单击加号图标，然后设置标题、作者、封面和正文，每单击一次加号就会增加一次消息编辑，一个多图文信息最多可以有八次消息编辑，所有信息编辑完成后单击“保存”按钮，一条多图文信息就创建好了。编辑完成的图文消息，在群发之前，可以选择“预览”，输入个人微信号，发送成功后则可以在手机上查看效果。如图 7-40 所示。

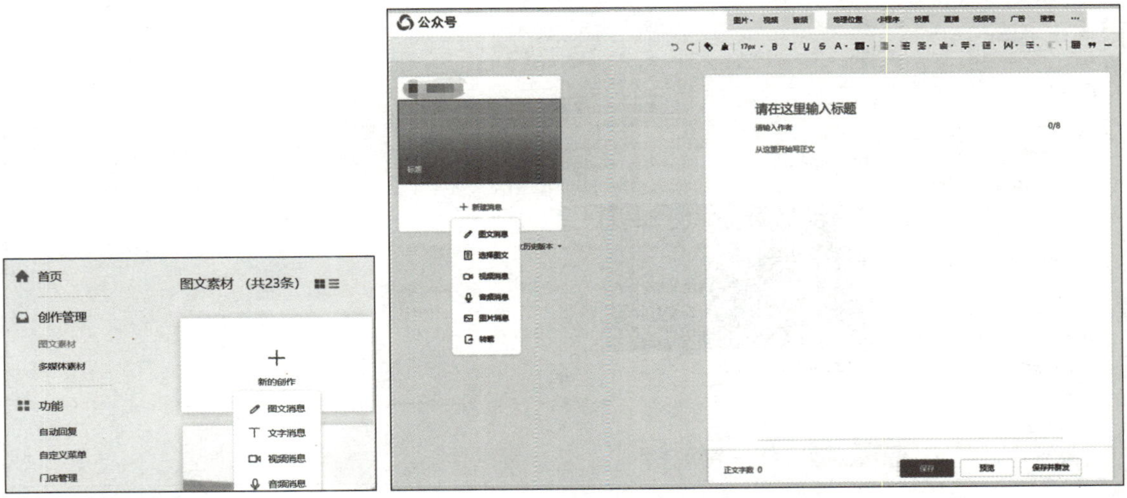

图 7-39　新建图文信息

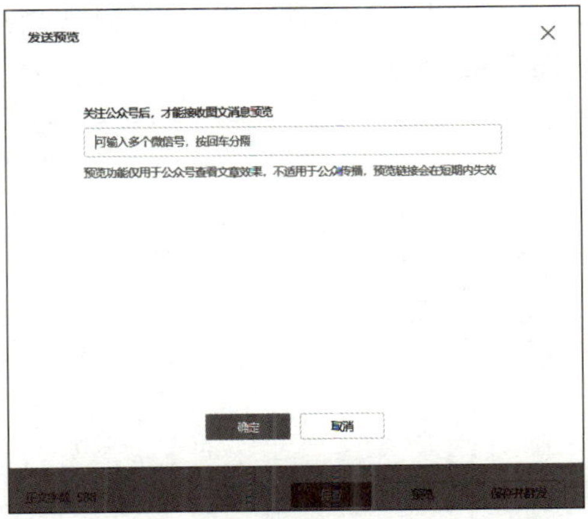

图 7-40　预览图文信息

单图文信息：________________________________

多图文信息：________________________________

3. 消息管理

为客户组群发图文信息，并对客户提问和反馈的信息进行回复处理。

提示：发送信息时可按客户分组进行推送，比如针对新客户的新品特惠活动和针对老客户的感恩回馈活动，进而选择推送不同内容。对于客户反馈的信息，要及时回复。

群发消息的方法是：群发功能页面中可发的信息有图文信息、文字、图片和视频，选中或新建好要群发的信息后，设置要群发的对象，最后单击“群发”按钮，如图 7-41 所示。

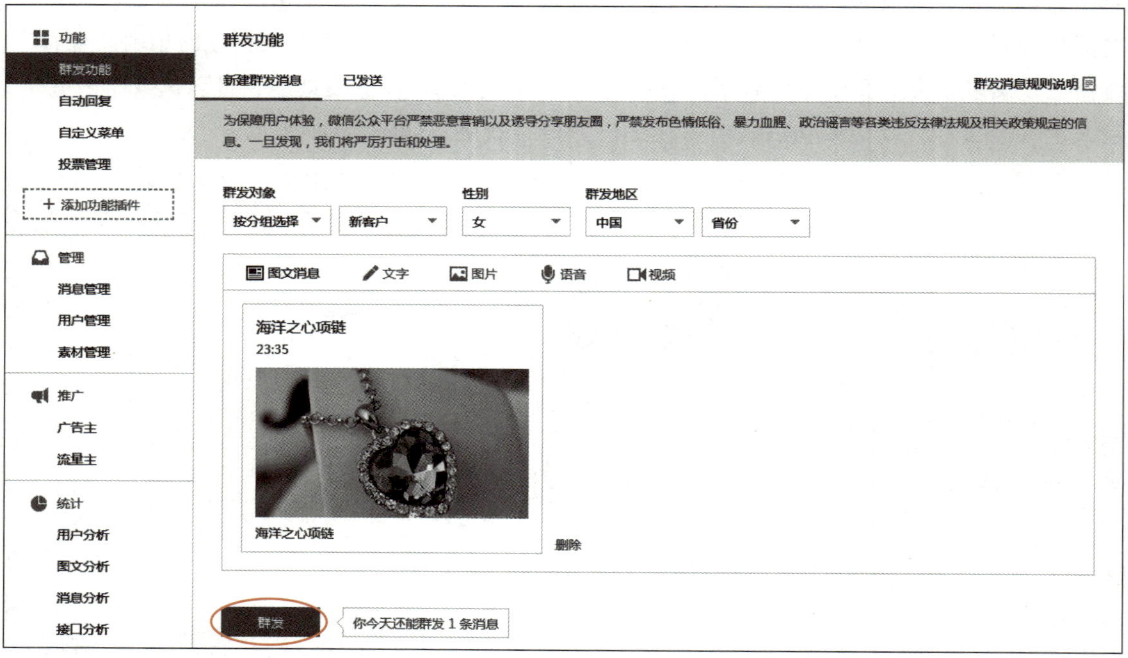

图 7-41　群发功能

回复客户信息的方法是：单击“消息管理”界面中客户的消息就可以进入与客户的聊天界面与客户进行沟通，如图 7-42 所示。

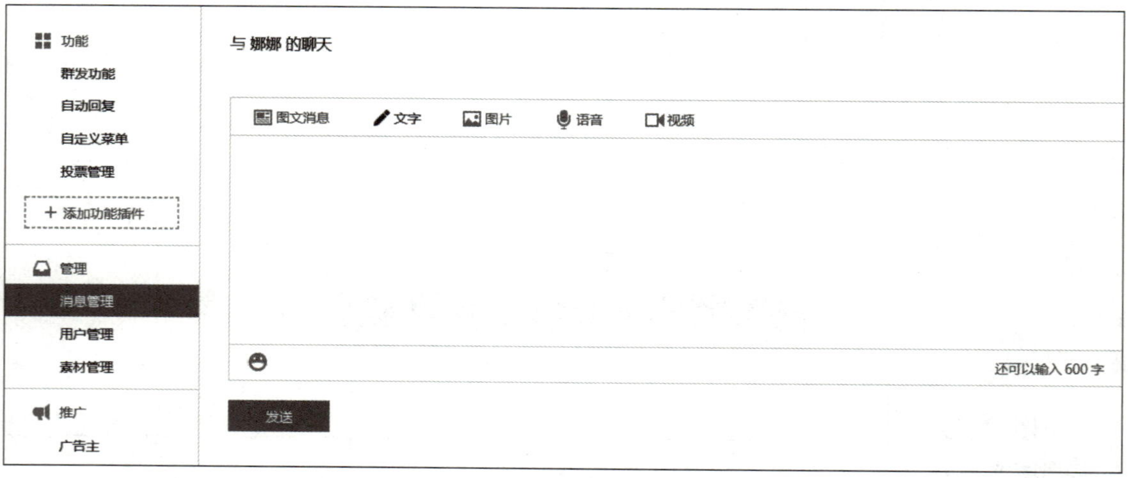

图 7-42　消息管理

4. 自动回复

为美秀坊微信公众平台设计一个欢迎新客户的自动回复，填写在下面的横线上，要求能通过这个自动回复引导新客户继续了解平台内容或关注正在营销的产品。

提示：单击群发功能中的“自动回复”栏目，自动回复有三种：被添加自动回复、消息自动回复、关键词自动回复，分别单击相应的选项卡进行设置后单击“保存”按钮就可以了，如图 7-43 所示。

图 7-43　设置自动回复

美秀坊微信公众平台添加自动回复：________________________________

5. 自定义菜单

为美秀坊公众平台设计并制作类似图 7-44 所示的自定义菜单。

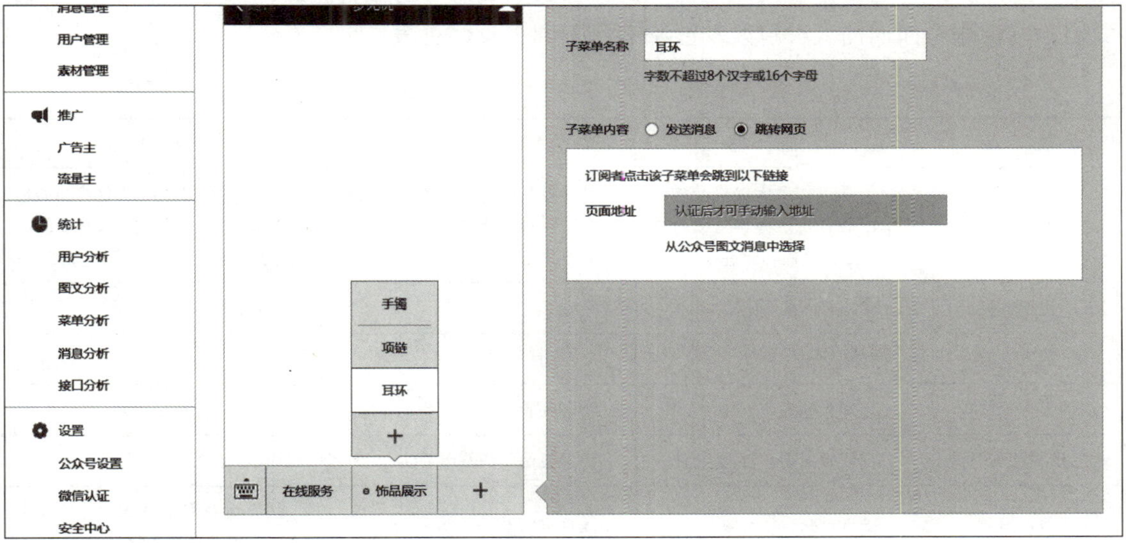

图 7-44　自定义菜单

提示：自定义菜单分一级菜单和二级菜单，一级菜单最多可添加三个，每个一级菜单下最多可以有五个二级菜单。

自定义菜单操作步骤如下。

（1）单击公众平台中功能“项目”下的“自定义菜单”选项，进入“自定义菜单”编辑界面。

（2）单击“自定义菜单”编辑界面的“添加菜单”按钮，根据设计添加主菜单，并为每个主菜单添加子菜单。

（3）为菜单添加内容，如图 7-44 所示。子菜单的内容分为两类：“发送消息”“跳转网页”。当选择“发送信息”时，可以添加图文信息、图片、语音、视频；当选择“跳转网页”时，可以从公众号图文消息中选择，也可以手动输入地址（认证后）。

（4）设置完成后可进行预览，预览效果合适的话可以保存发布。

知识链接

一、微信公众平台

微信公众平台是腾讯公司在微信的基础上新增的功能模块，曾命名为“官号平台”和“媒体平台”，最终定位为“公众平台”。与新浪微博早期从明星战略着手不同，微信公众平台诞生之时微信已经有了亿级的用户，挖掘自己用户的价值、增加更优质的内容、创造更好的黏性、形成一个不一样的生态循环是平台发展初期的方向。

二、微信公众号类型

个人、企业和组织都可以通过微信公众平台打造一个微信公众号，实现和特定群体的文字、图片、语音的全方位沟通与互动。目前微信公众号有三种，即订阅号、服务号和企业微信，三种账号面向的人群以及功能都有所不同，具体见表 7-5。

表 7-5　订阅号、服务号和企业微信的区别

项　目	订 阅 号	服 务 号	企 业 微 信
业务功能	为媒体和个人提供一种媒体传播方式，构建与读者之间更好的沟通与管理模式	给企业和组织提供更强大的服务与用户管理能力，帮助企业实现全新的公众号服务的平台	为企业和组织提供专业的通信与办公工具，员工能以专业的身份添加并服务客户，实现成交
适用人群	个人 / 企业 / 组织	企业 / 组织	企业 / 组织
群发次数	1 条 / 天	4 条 / 月	无限制
消息显示位置	订阅号列表	会话列表	会话列表
验证关注者身份	任何微信用户都可关注	任何微信用户都可关注	通讯录成员可关注
消息保密	消息可转发、分享	消息可转发、分享	消息可转发、分享；支持保密消息，防止成员转发
高级接口权限	无	有	有
微信支付	无	可申请	有

三、企业微信公众号的选择

对于微信公众平台，不管是订阅号、服务号还是企业微信，都是为实现“微信连接一切”目的的桥梁。作为企业，注册时三个账号都可以选，但是具体该选择哪一个，需要根据企业打造公众号的目的以及自身情况来决定。

订阅号最大的优势是每天可以群发一组消息，但是所推送的消息都折叠在“订阅号”文件夹里边，用户需要打开这个文件夹才能看到推送的内容，所以从某种意义上来讲，订阅号的作用就是为关注者提供优质有价值的内容，从而与关注者建立关系，进而得到用户对自身品牌的认可。鉴于订阅号的特点，企业有以下需求时可选择订阅号：产品是新品牌，需要提高知名度；产品不是新品牌，但品牌知名度不高，仍需要提升知名度，增加客户黏性，提升重复购买率；适合依靠口碑传播实现品牌推广，提高品牌的美誉度；线下有实体店，需要依靠微信实现 O2O 的引流落地。

服务号的最大优势是九大高级接口全面开发，几乎所有的功能应用都是针对服务号开发的。虽说服务号每月只能群发 4 条消息，但是所推送的内容都显示在微信聊天窗口，小红点标志提醒用户查看。因此，每次推送都有足够长的时间准备，给用户提供最优质的内容。另外，服务号有着很大的开发空间，目前的高级接口能够完全满足所有类型的企业需求。服务号功能强大，适用于以下情况：产品的品牌知名度相当高，属于强势品牌；企业具有完善的会员管理系统，并与微信打通，实现通过手机完成对会员的部分服务，如招商银行、南方航空；需要实现微信支付功能，完成移动互联网的销售闭环。

企业微信的最大优势是发送信息数量不受限制，但是只有限定范围内的用户才可以关注对应的企业微信。其主要功能在于企业建立与员工、上下游供应链及内部系统间的连接，实现简化管理流程、提升整体管理能力、使移动办公便捷化的目标。

四、微信公众号的认证

微信认证是微信公众平台为了确保公众账号信息的真实性、安全性而提供的一项服务，认证后的好处有很多，比如会显示一个专业的标注来提高公信度；用户在用关键词查找时排名靠前；订阅号和企业微信可获得部分高级接口，服务号可申请微信支付等。

微信公众号认证步骤如下：

1）登录：登录微信公众平台→设置→微信认证→开通。

2）同意协议：签署《微信公众平台认证服务协议》。

3）填写资料：选择认证类型并填写认证资料。

4）确认名称：公众号名称可以以两种方式命名，即基于商标命名和基于自选词汇命名。

5）填写发票信息：需要开具发票时填写相关信息，不需要发票请选择“不开具发票”，直接单击“保存订单”→“下一步”按钮。

6）支付费用：通过微信“扫一扫”二维码完成支付或使用企业对公账户打款到腾讯公司的对公账户。

7）认证审核：腾讯公司收到打款后，会及时将该账号认证申请派发给第三方审核公司进行审核。

学习评价

请利用所学知识完成评价表 7-6 中的简要介绍，并在对应的评价栏中给予相应的评价。

要求：表 7-6 列出了 3 个知识点，第 1 和第 2 个知识点是要完成本任务必须掌握的；技能完成情况根据实际情况进行评价。

表 7-6 微信公众平台营销知识和技能评价

项目	内容	简要介绍	评价		
			很好	好	继续加油
知识	微信公众平台功能				
	三种微信公众号的区别				
	微信公众平台营销方法				
技能	微信公众平台内容策划能力				
	微信公众平台营销预算能力				
	微信公众账号注册能力				
	微信公众平台推广能力				
	微信公众平台管理能力				

项目八

E-mail 营销

项目导学

随着市场营销理念和实践的不断探索发展和网络的迅速普及，越来越多的网络工具被运用，并产生了很好的营销效果。在互联网经济时代，E-mail 作为网络技术应用的重要表现形式，在人们生活中起着越来越重要的作用。当 E-mail 和营销实践相遇时，E-mail 营销就产生了，并作为网络营销的重要方法和内容，被不断地发展和完善。本项目围绕 E-mail 营销的基本概念和类型，着重介绍许可 E-mail 营销和邮件列表。

通过本章的学习，可以了解 E-mail 营销的基本概念和许可 E-mail 营销的基础条件；掌握邮件列表的订阅方法；具备开展 E-mail 营销的基本能力。

项目目标

- 了解 E-mail 营销的含义
- 列举许可 E-mail 营销的特点
- 了解许可 E-mail 营销的基础条件
- 掌握邮件列表订阅和创建的基本操作
- 了解 E-mail 营销在推动我国高质量对外开放中的积极作用，树立建设贸易强国的信心

任务一　初识许可 E-mail 营销

案例导读

展会邮件营销，助力高质量对外开放

党的二十大报告中明确写道：我们实行更加积极主动的开放战略……共建“一带一路”

成为深受欢迎的国际公共产品和国际合作平台。我国成为一百四十多个国家和地区的主要贸易伙伴，货物贸易总额居世界第一，吸引外资和对外投资居世界前列，形成更大范围、更宽领域、更深层次对外开放格局。

在我国对外开放的各种贸易形式中，博览会、展销会一直占有重要地位。2018 年，我国各级各类展览会总数为 10889 场，展览总面积为 14456.17 万平方米。2019 年，展会场次和面积继续增加，吸引海内外客商数十万家。后受全球疫情形势影响，大规模线下展会数量虽有缩减，但“云展会”大显身手，在促进对外贸易中继续发挥着巨大作用。

目前，大部分展会都是针对特定行业或领域组织的，如中国义乌进口商品博览会、中国—中东欧国家博览会、中国国际消费品博览会等，聚集的都是有需求的目标客户和提供专业产品服务的企业。相应地，对展会的宣传营销方式就提出了“精准”的要求，而邮件营销正好具有能高精度地将资讯内容送达给客户的优势：邮箱及其附件能够传输各种格式的音频、视频、图片、PPT 等文件，有利于主办方详尽细致地向参展企业和客户进行推广介绍；另外，邮件营销还具有速度快、成本低、转化率高的特点。在对外贸易中，应用电子邮件可以在大大提高沟通效率的同时，有效地控制沟通成本，这在经济增势放缓的时代，对中小企业尤为重要。

任务布置

E-mail 因其强大的实用性和便捷性，已经成为一种被越来越多人所依赖的信息接收方式，其营销方面的价值也愈加显现。张翔想尝试使用这种营销方式，以更好地维护美秀坊品牌忠诚度、开发新用户，可他对 E-mail 营销并不是很了解。你能帮助他吗？

分析：张翔要想顺利地开展 E-mail 营销，首先需要了解什么是 E-mail 营销，开展许可 E-mail 营销的基础条件，以及可能面临的问题。

任务实施

任务实施导航结构图：

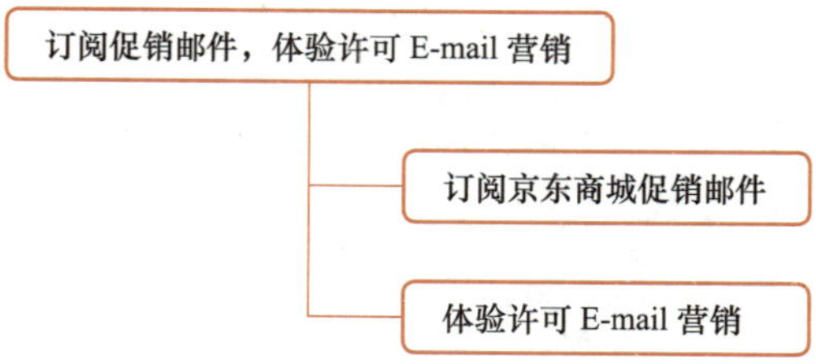

许可 E-mail 营销是现在许多企业十分青睐的一种网络营销方式。本任务以目前国内在许可 E-mail 营销领域比较成功的代表之一——京东商城为例，了解京东商城的许可 E-mail 营销策略，订阅京东商城的促销邮件，实际体验一下 E-mail 营销的强大功能和魅力。

小资料

京东商城是目前国内B2C市场中最大的3C网购专业平台，是我国电子商务领域最受消费者欢迎和最具影响力的电子商务网站之一。在京东商城的营销战略里，E-mail营销是其非常重要的组成部分。E-mail地址作为联系用户的主要通信方式，不仅可以及时通知交易进程，体现“顾客优先”的营销理念，更可进行深度传播，持续加深对用户的印象和影响。一直以来，通过优秀的E-mail营销策略，“京东”这一品牌获得了非常好的口碑。

一、订阅京东商城促销邮件

1. 浏览京东商城主页

（1）进入京东商城网站　可通过如下方法实现此操作：

方法一： 双击桌面上的IE图标，启动浏览器，在地址栏中直接输入京东商城网址https://www.jd.com，按“Enter”键或单击地址栏后的图标（“转到”按钮），进入京东商城主页。

方法二： 通过搜索引擎搜索京东商城的网址，然后单击进入。

方法三： 通过网址之家直接单击“京东商城”链接进入京东主页，如图8-1所示。

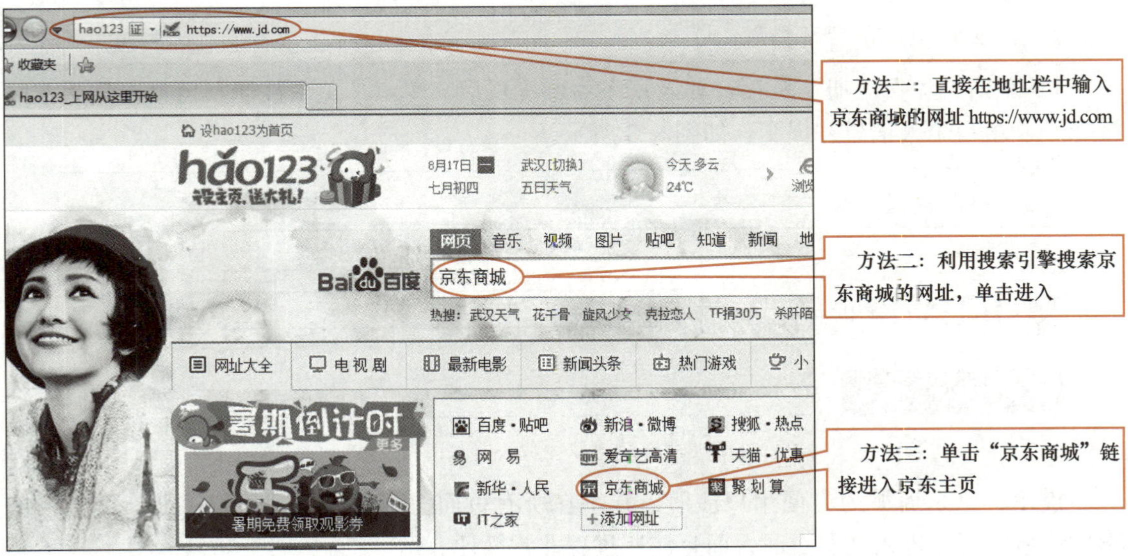

图8-1　进入京东商城网站

（2）浏览京东商城主页　从图8-2中可以看出，京东商城提供给用户的商品种类非常丰富，并且不同时期网站还会推出不同的优惠活动回馈用户。

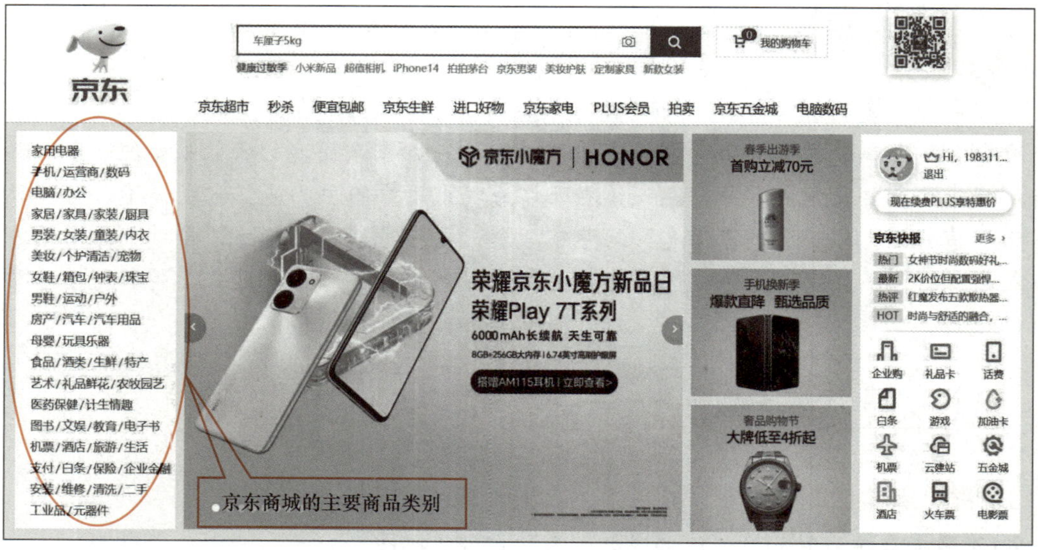

图 8-2　京东商城主页

小知识

所谓“3C产品”，是指计算机（Computer）、通信（Communication）和消费类电子产品（Consumer Electronics）三者的综合简称，主要包括计算机、手机、数码影音等产品。目前，一般的电器卖场都设有“3C”专区。

2. 注册成为京东商城会员

1）单击“免费注册”链接。登录京东商城主页后，单击“免费注册”链接，然后按照要求正确填写个人信息并提交，如图8-3所示。

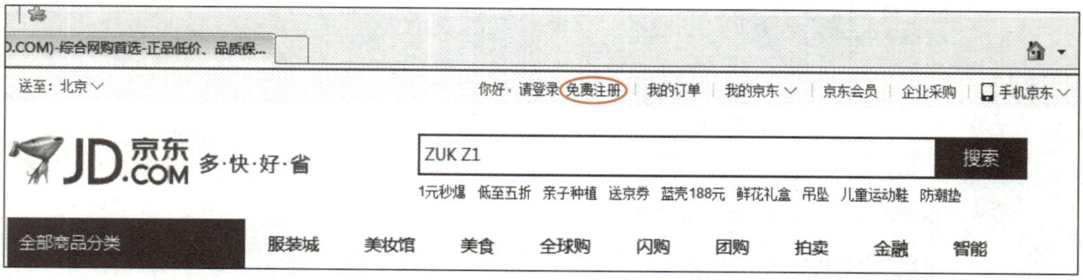

图 8-3　单击“免费注册”链接

提示： 京东商城为方便用户注册，几乎在所有页面上都提供了“免费注册”链接，单击此链接就可以进入注册页面，而且注册过程非常简便。

2）填写、提交个人信息。进入会员注册页面，按要求填写个人有关信息并提交，如图8-4所示。

为了更好地提供服务，京东商城为用户提供了两种注册身份：个人用户和企业用户，可根据实际情况选择。同时，为鼓励用户留下更多的联系方式，给京东商城更多的授权许可，也为了给用户提供更高效的服务，在注册京东账号时，需要在“账号信息”中填写电子邮箱，并按步骤提示完成电子邮箱的二次验证，方可最终完成账号的注册。

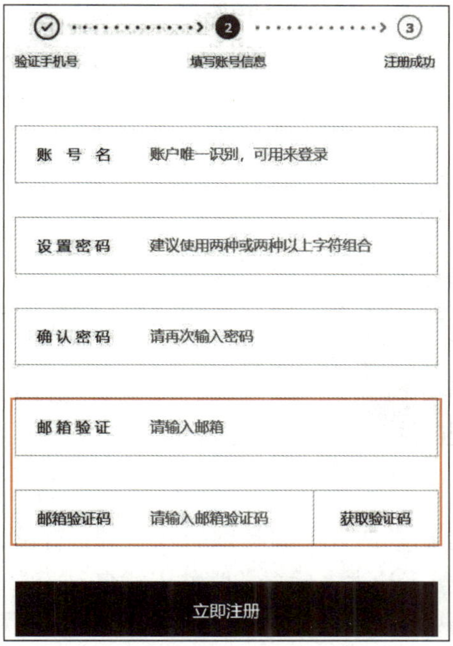

图 8-4 填写账号信息

小知识

因用户 E-mail 地址等信息的更改，导致邮件退回、无法及时送达营销信息，最终丢失客户一直是 E-mail 营销过程中比较突出的一个问题。采用多种渠道保持与用户的联系，维持品牌忠诚度，能较好地弥补这一缺陷。

3. 浏览“我的京东”栏目

“我的京东”是京东商城提供给用户进行账户管理的专门栏目。登录京东账户后，在页面的上端可以很方便地找到。“我的京东”为用户提供了“订单中心”“我的钱包”“我的关注”“我的活动”“客户业务”“特色业务”等子栏目，可以非常方便地对账户进行各种管理操作，如图 8-5 所示。

图 8-5 “我的京东”栏目

4. 订阅促销邮件

在“我的京东”栏目的基础上，单击“账户设置”→“邮件订阅”，如图 8-6 所示。

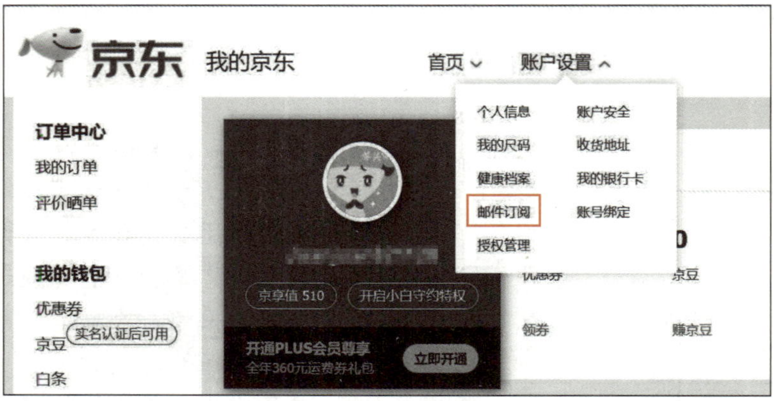

图 8-6 “邮件订阅”入口

在这一步骤中，用户可以根据自己的兴趣和需求选订不同类别的邮件进行订阅，方便自己及时了解商城的促销信息和订单状态，又不至于让太多的无关邮件干扰自己正常的工作和生活，降低邮件处理效率。京东商城给用户提供了“促销消息提醒”“账户相关提醒”“订单相关提醒”三个邮件订阅的类别，用户可根据个人需要自由选择，如图 8-7 所示。

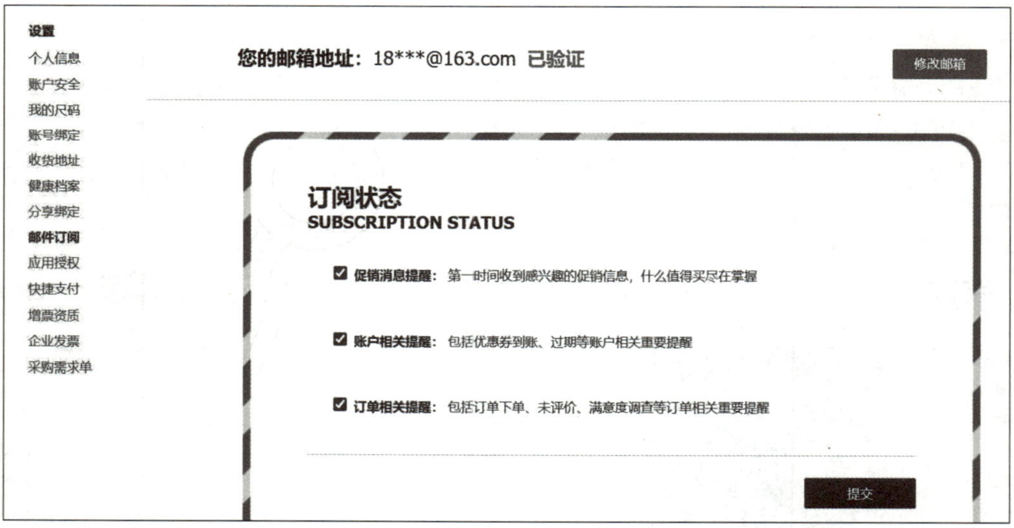

图 8-7 邮件订阅的类别

如果以前订阅的内容不再需要，可重新登录这一页面取消对相应内容的勾选，点击“提交”按钮即可完成退订，十分方便。

这些订阅内容不但是京东商城提供给用户的一种个性化和贴心化的定制服务，更是了解用户需求、发现更多商机的重要方法。如“订单相关提醒”，可根据用户所下订单的处理进程，适时发出订单状态更新的提醒邮件，帮助用户轻松追踪订单的同时不断强化品牌形象，并能根据订单内容选择相应的促销信息进行推送，提高宣传的针对性和有效性。

二、体验许可 E-mail 营销

许可 E-mail 营销的基本要素之一是拥有获得用户许可授权的 E-mail 地址。我们不妨假设全班同学都是美秀坊饰品有限公司的目标顾客，并且给予了其进行 E-mail 营销的许可。现在，我们就替张翔完成一次许可 E-mail 营销吧！

1. 收集 E-mail 地址

询问全班同学的 E-mail 地址，并把它们一一添加在自己邮箱的通讯录中，完成进行许可 E-mail 营销的基础。

2. 设计 E-mail 内容

以“年终大促”为主题进行一封 E-mail 营销邮件的内容设计，可包含文字、图片等信息。

3. 进行邮件发送

将通讯录中所有同学的地址添加为收件人进行发送，就完成了一次模拟“许可 E-mail 营销”。

知识链接

一、E-mail 营销

1. E-mail 营销的含义

E-mail 营销，也叫 EDM（Email Direct Marketing），简称为邮件营销，是指通过电子邮件向目标用户进行品牌形象、产品促销、交易提醒、市场调查等信息推送的一种网络营销手段。因人们使用 E-mail 的普遍性和 E-mail 本身使用费用的低廉性，使得 E-mail 营销成为目前众多企业网络营销战略中的重要组成部分。

2. E-mail 营销的产生和发展

最早的 E-mail 营销来源于垃圾邮件，起源可追溯到 1994 年 4 月 12 日，坎特和西格尔夫妇把一封“绿卡抽奖”的广告信发到他们可以发现的所有新闻组，很快，他们的“邮件炸弹”造成了多个网站的服务处于瘫痪状态，这次事件在当时引起了轩然大波。后来，有两位律师合作编写了一本书——《网络赚钱术》，书中还特别介绍了坎特和西格尔夫妇的这次辉煌经历：通过互联网发布广告信息，只花了不到 20 美元的上网通信费用就吸引来了 25000 个客户，赚了 10 万美元。他们认为，通过互联网进行 E-mail 营销是前所未有的几乎无须任何成本的营销方式。

然而现在看来，这种以未经用户许可而“滥发”邮件的行为并不能算是真正的 E-mail 营销。真正意义上的 E-mail 营销是基于用户许可的 E-mail 营销。

3. E-mail 营销的分类

按照不同的标准，可将 E-mail 营销分为不同的类别。做这一区分，有助于我们更好地掌握和使用 E-mail 营销。

（1）按照是否经过用户许可分类　可分为许可 E-mail 营销和未许可 E-mail 营销。

1）许可 E-mail 营销（Permission Email Marketing，PEM），是正规的 E-mail 营销，是在

征得收件人许可的基础上开展的 E-mail 营销。这也是目前最有价值和效果的一种 E-mail 营销。

2）未许可 E-mail 营销（Unsolicited Commercial Email，UCE），即通常所说的垃圾邮件。这类邮件不但会给正常的邮件处理带来麻烦，而且还有可能导致邮箱和服务器瘫痪。目前，所有电子邮箱的提供商都非常重视完善垃圾邮件的分拣和拦截功能。

小知识

什么是垃圾邮件

垃圾邮件（Spam）泛指网络上到处散布垃圾广告消息的现象，后指邮箱中未经许可出现的大量广告邮件。常见的垃圾邮件有以下类型：①收件人事先没有提出要求或者同意接收的广告、电子刊物、各种形式的宣传品等宣传性的电子邮件；②收件人无法拒收的电子邮件；③隐藏发件人身份、地址、标题等信息的电子邮件；④含有虚假的信息源、发件人、路由等信息的电子邮件。

（2）按照 E-mail 营销地址资源的所有权分类　可分为内部列表 E-mail 营销和外部列表 E-mail 营销。

1）内部列表 E-mail 营销即企业利用一定方式获得用户自愿注册的资料开展的 E-mail 营销。如利用会员注册、试用体验等方式获得的用户 E-mail 地址，简称内部列表。常见的形式如新闻邮件、会员通信、电子刊物等。内部列表 E-mail 营销的三项基本内容分别是：建立自己的邮件列表、获得尽可能多的用户加入列表、向用户发送有价值的信息。

2）外部列表 E-mail 营销是指由专业服务商或专业服务机构提供的 E-mail 营销，简称外部列表。可供选择的外部列表 E-mail 营销资源主要有：免费电子邮箱提供商、专业邮件列表服务商、专业 E-mail 营销服务商、电子刊物和新闻邮件服务商、专业网站的注册会员资料等。这些服务商及其 E-mail 营销形式各有特点，可根据具体需要选择。

内部列表 E-mail 营销和外部列表 E-mail 营销各有各的优势和特点，具体对比见表 8-1。

表 8-1　内部列表 E-mail 营销和外部列表 E-mail 营销的比较

项　目	内部列表 E-mail 营销	外部列表 E-mail 营销
主要功能	顾客关系、顾客服务、品牌形象、产品推广、在线调查、资源合作	品牌形象、产品推广、在线调查
投入费用	相对固定，取决于日常经营和维护费用，与邮件发送数量无关，用户数量越多，平均费用越低	没有日常维护费用，营销费用由邮件发送数量、定位程度等决定，发送数量越多，费用越高
用户信任程度	用户主动加入，对邮件内容信任程度高	邮件为第三方发送，用户对邮件的信任程度取决于服务商的信用、企业自身品牌形象、邮件内容等因素
用户定位程度	高	取决于服务商邮件列表的质量
获得新用户的能力	用户相对固定，对获得新用户效果不显著	可针对新领域的用户进行推广，吸引新用户能力强
用户资源规模	需逐步积累，一般内部用户数量较少，无法在短时间内向大量用户发送信息	在预算许可的情况下，可同时向大量用户发送邮件，信息传播覆盖面广
邮件列表维护和内容设计	需专业人员操作，无法获得专业人士的建议	由服务商专业人员负责，可对邮件发送、内容设计等提供相应的建议
E-mail 营销效果分析	由于是长期活动，较难准确评价每次邮件发送的效果，需长期跟踪分析	由服务商提供专业分析报告，可快速了解每次活动的效果

二、许可 E-mail 营销

1. 许可 E-mail 营销的含义

初识许可 E-mail 营销

许可 E-mail 营销是在用户事先许可的前提下，通过电子邮件的方式向目标用户传递有价值信息的一种网络营销手段。从概念上分析，许可 E-mail 营销有三个基本要素：基于用户许可、通过电子邮件传递信息、信息对用户有一定价值。这三个要素缺少一个，都不能称之为有效的许可 E-mail 营销。

2. 许可 E-mail 营销的特点

相比较于其他的营销方式，许可 E-mail 营销具有很明显的特点，这些特点也成为其优势，使之在网络营销发展的过程中具有越来越重要的地位，见表 8-2。

表 8-2 许可 E-mail 营销的特点

特 点	解 析
精准投放	许可 E-mail 营销在一定的技术基础上，对用户信息进行整理分析，筛选发送对象，进行邮件形式和内容设计，将特定的推广信息推送给特定的目标群体，进行精确地点对点传播，针对性强、效果好
内容丰富	电子邮件内容本身的呈现形式很丰富，可以是文字、图片、动画、视频、超链接等，这使得每一封电子邮件都可以根据用户的喜好设计其特色，以此形成强大的吸引力，给用户留下深刻印象
应用范围广	许可 E-mail 营销可应用在各行各业宣传、营销的各个环节，且具有内容和形式不受限制、信息量大、保存期长、传播不受地域限制的特点，应用范围非常广泛
简单高效	邮件发送操作简单高效，且有许多专业的 E-mail 营销软件和公司，专门帮助企业解决各种技术和专业问题，以便更好地开展 E-mail 营销
成本低廉	许可 E-mail 营销是一种成本很低的营销方式，与传统的营销方式比较，能为企业节约大量的营销费用

3. 许可 E-mail 营销的基础条件

开展许可 E-mail 营销需要解决三个基本问题，即向哪些用户发送电子邮件、发送什么内容的电子邮件、如何发送这些电子邮件。这三个基本问题可以进一步归纳为许可 E-mail 营销的三大基础，如图 8-8 所示。

图 8-8 许可 E-mail 营销的三大基础

（1）技术基础　从技术上保证用户加入、退出邮件列表，并实现对用户资料的管理，以及邮件发送和效果跟踪等功能。解决的是“如何发送电子邮件”的问题。现在，有许多专门向企业提供 E-mail 营销业务支持的公司，它们有专门的软件帮助企业解决相关的技术问题。

（2）资源基础　在用户自愿加入邮件列表的前提下，获得足够多的用户 E-mail 地址资源，是 E-mail 营销发挥作用的必要条件。解决的是“向谁发送电子邮件”的问题。

（3）内容基础　有效的内容设计是E-mail营销发挥作用的基本前提，企业可自行设计，也可借助于专业的E-mail营销服务提供商。在E-mail内容设计上，要简化内容、突出主题、引起用户兴趣，尽量能够引起用户一定的反应（如浏览网站、咨询、购买等行为）。解决的是“发送什么内容的电子邮件”的问题。

综合许可E-mail营销的基础条件，其基本效用原理可以表述为：企业利用拥有的E-mail地址资源，在基于用户许可的前提下，向用户发送含有一定商品和服务信息的电子邮件，并期望获得用户一定行为反应的营销过程。

例如：携程旅行网（企业）利用所掌握的用户E-mail地址，在基于用户许可的前提下，向其发送含有一定价值内容（账单信息、积分兑换、精彩推荐等）的电子邮件，并希望获得用户浏览和购买甚至推广的行为反应，如图8-9所示。

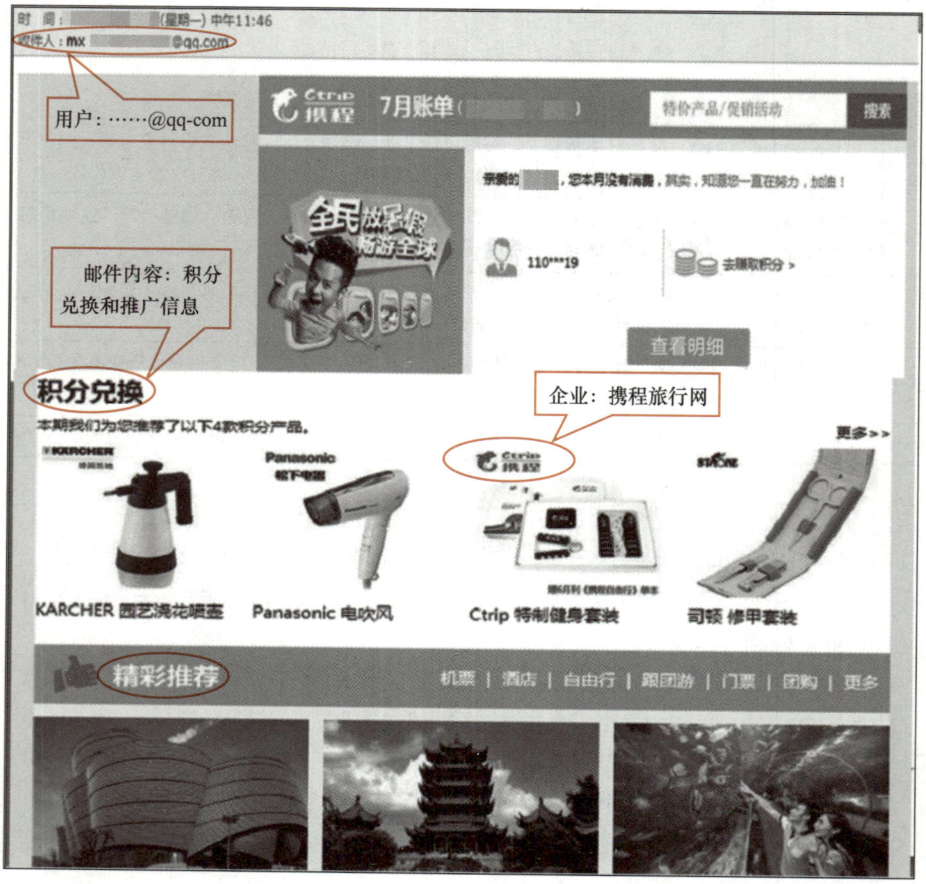

图8-9　许可E-mail营销的电子邮件

4. 许可E-mail营销的应用现状

尽管许可E-mail营销发展至现在，已被众多的企业所应用，其效果和优势不可否认，但目前许可E-mail营销在应用过程中还存在问题。

目前，许可E-mail营销应用过程中存在的主要问题和相应的对策建议见表8-3。

表 8-3 许可 E-mail 营销的主要问题和对策建议

主要问题	表现说明	对策建议
排斥心理暗示存在	“垃圾邮件”的心理暗示作用仍存在，加之众多商家的频繁发送，使用户产生排斥心理	获得用户许可，尊重用户意愿，用邮件的价值性吸引用户，合理地安排邮件的发送频率和时机
邮件质量参差不齐	邮件主题不明确，内容不够简洁精练，排版缺乏条理性和美观性	选择醒目且能击中用户需要的标题，对内容进行梳理简化，选择最能引起用户购买欲望的部分并进行版面优化，注重视觉效果的美观性和创新性
内容定位不够精准	对用户信息分析不够透彻深入且缺乏沟通互动，个性化内容定制不够，不能引起用户足够兴趣，不能体现邮件价值	深入分析用户信息，制订具有个性化的 E-mail 营销方案，包括独特的内容选择、对用户偏好的把握、对用户需求变化的追踪和预测等
邮件送达率不够高	因邮件地址失效而导致邮件被退回、服务商的垃圾邮件屏蔽和黑名单服务、用户的点击率和打开率较低，邮件营销转化率不高	借助于专业的 E-mail 营销服务提供商，优化营销方案，保持和用户的多渠道沟通，更新邮件地址，把握用户需要，提高邮件质量

小案例

保护个人信息，净化网络营销环境

个人信息保护是关乎民生的大事、要事，要坚持“在开发中保护、在保护中利用”的原则，才能在互联网时代更好地收获大数据带来的红利，真正有效、长效地开展好网络营销。

根据中国消费者协会发布的一项调查报告，电商、社交软件等平台过度收集消费者个人信息的现象已成投诉新热点，85.2% 的受访者表示遭遇过个人信息泄露情况，比如收到推销电话、短信骚扰、垃圾邮件等。“一个简单的 APP 就要开通 20 多项权限，几乎‘掌控’了用户的手机和隐私。”许多网络用户如是反映。与姓名、职业、通信记录这些传统信息相比，如今，随着人脸、指纹、声纹等生物特征数据的应用日益频繁，个人的生物特征信息和数据保护也成为新的关注热点。

“加强个人信息保护非常重要，这关乎个人和企业的合法权益，关系国家的安全，也是为全世界互联网治理探索新路。”全国政协委员陈晓红说。个人信息保护涉及主体广、关乎利益层面宽，需要政府行政、立法司法、企业、个人等相关主体从各自角度出发，在立法模式、职责定位、认知自律等方面协同发力，共同完善个人信息保护机制，实现个人信息全方位保护。其中，个人的自我信息保护意识和保护措施是基础。只有在合理、适度的范围内采集个人信息，并加强联动保护机制，给网络营销营造纯净的生态环境，才能使其发挥出最大的效益。

学习评价

请利用所学知识完成评价表 8-4 中的简要介绍，并在对应的评价栏中给予相应的评价。

要求：表 8-4 列出了 4 个知识点，其中第 3 个知识点是要完成本任务必须掌握的，其他 3 个着重理解；技能完成情况根据实际情况进行评价。

表 8-4 许可 E-mail 营销知识及技能评价

项　目	内　容	简要介绍	评　价		
			很好	好	继续加油
知识	什么是许可 E-mail 营销				
	许可 E-mail 营销的特点				
	许可 E-mail 营销的基础条件				
	许可 E-mail 营销的应用现状				
技能	订阅 E-mail 营销邮件				
	优化 E-mail 营销邮件内容				

任务二　认识邮件列表

案例导读

邮件列表，为中小企业走出国门插上翅膀

2023 年 2 月，第二届全国中小企业发展环境论坛在广东省深圳市召开。本届论坛以“营造良好发展环境　促进中小企业高质量发展”为主题，由中国中小企业发展促进中心和深圳市人民政府共同主办。

工业和信息化部副部长徐晓兰在论坛上介绍，“2022 年全年，规上工业中小企业的数量、营业收入、利润总额同比分别增长了 10.5%、5.2% 和 1.1%，中小企业发展呈现出强大的韧性和活力。”此外，中小企业发展的质量也不断提升，截至 2022 年底，专精特新中小企业已占 A 股上市企业总数的 27%，占 2022 年新上市企业数量的 69%，其中在科创板新上市的企业中，72% 的企业是专精特新中小企业。

中小企业高质量发展是我国经济高质量发展的重要组成部分。在谈到数字时代中小微企业面临的机遇和挑战时，全国人大社会建设委员会副主任委员江小涓表示，得益于连接能力、匹配能力、服务能力和汇聚能力，数字技术正在赋能中小企业。数字消费平台为千百万中小企业提供抵达消费者的渠道，数字产业平台为产业链条上的中小企业提供数字服务，数字金融为中小企业提供更多融资服务，数字设计平台为中小企业提供研发设计服务。借助于互联网，许多中小企业积极为自己开拓发展空间，利用邮件列表高效开展网络宣传，使用电子邮件和外商保持密切联系，这种精准、高效、低成本的网络营销方式帮助众多资金流本就紧张的中小企业有效地控制了营销成本，成为它们走出国门、参与贸易强国建设的有力翅膀！

任务布置

通过上一个任务中大家的帮助，张翔已经基本了解了许可 E-mail 营销，认识到这是网络营销中很重要的一种方式。可是他有些担心，目前销售部掌握到的用户邮箱地址数量有限且缺乏维护更新，“赤裸裸”的广告推送内容会不会引起用户反感甚至退订？如何获得更多用户主动的许可和关注？你能和同学一起来帮张翔解开新的疑问、寻找到更有效地开展E-mail 营销的方法吗？

分析：要帮助张翔解开这些疑问，应了解邮件列表内容的基本要素和组织的基本原则，掌握邮件列表的订阅和退订方法，掌握邮件列表的创建等。

任务实施

实施导航结构图：

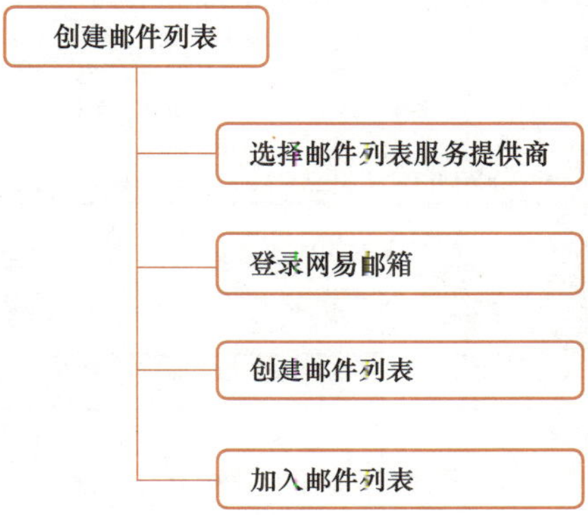

一、选择邮件列表服务提供商

随着邮件营销的发展，越来越多的第三方邮件列表服务提供商开始向企业提供专业的邮件列表营销解决方案和服务，如亿业科技、红帽云邮、网易外卖通等。一些邮箱服务提供商也开始向用户提供免费的邮件列表创建服务，如网易、Tot mail 等。具体选择哪家网站进行注册，可根据自己的了解与兴趣进行选择。这里以网易邮箱的邮件列表功能为例进行介绍。

小资料

网易是中国领先的互联网技术公司，自 1997 年 6 月创立以来，凭借先进的技术和优质的服务，赢得了广大网民喜爱，曾两次被中国互联网络信息中心（CNNIC）评选为中国十佳网站之首。

电子邮件业务是网易公司最早开展的业务之一，1997 年 11 月向用户开放。目前，网易邮箱注册用户数近 11 亿，活跃用户数超 6 亿。网易邮箱多年来坚持在电子邮件领域持续投入和创新，为推动我国电子邮件产业发展做出了重大贡献。作为中文邮箱第一品牌，网易秉持专业、稳定、安全的理念，一直以为我国网民提供最优质的电子邮件服务为己任，始终把用户使用体验放在首位。

二、登录网易邮箱

1. 进入网易首页

双击桌面上的图标，输入网易网址 https://www.163.com，按 Enter 键，进入网易主页，然后单击邮箱登录图标，如图 8-10 所示。

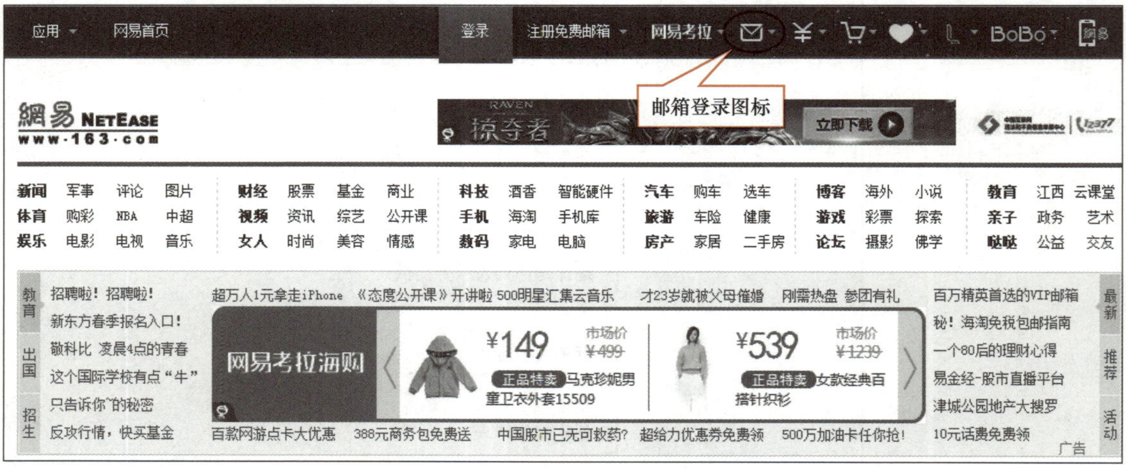

图 8-10 进入网易首页

2. 登录邮箱

在跳转的网易邮箱登录页面，正确填写邮箱账号和密码，单击“登录”按钮即可进入邮箱，如图 8-11 和图 8-12 所示。

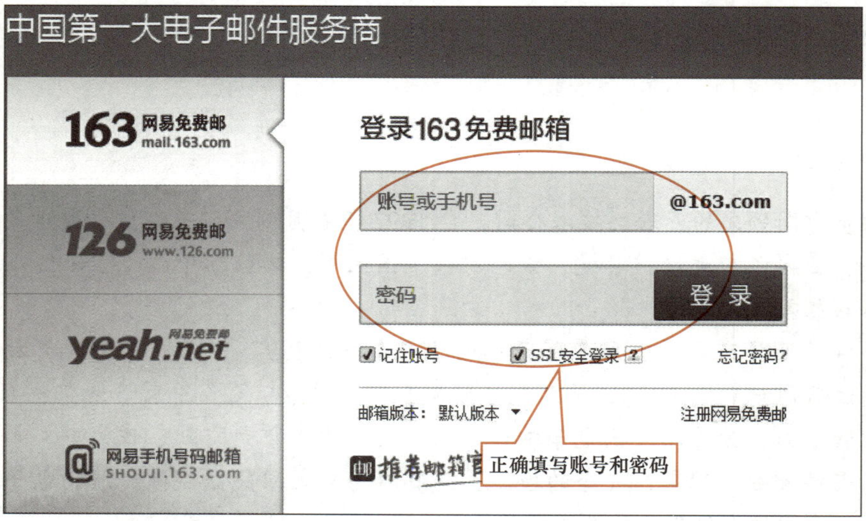

图 8-11 登录网易邮箱

图 8-12　网易邮箱首页

三、创建邮件列表

1. 打开“通讯录”

网易邮箱提供的邮件列表服务在“通讯录”功能下，如图 8-13 所示。

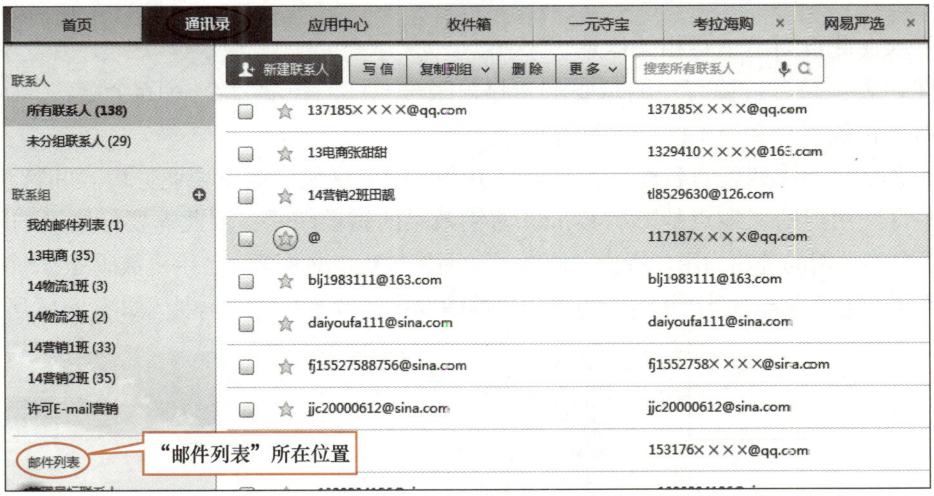

图 8-13　网易邮箱的“通讯录”功能

2. 创建邮件列表

邮件列表是供用户自由订阅的电子邮件，可根据需要进行内容选择和编排，是进行许可 E-mail 营销的载体。在如图 8-13 所示的页面上单击“邮件列表”按钮，页面将跳转至如图 8-14 所示的新页面。

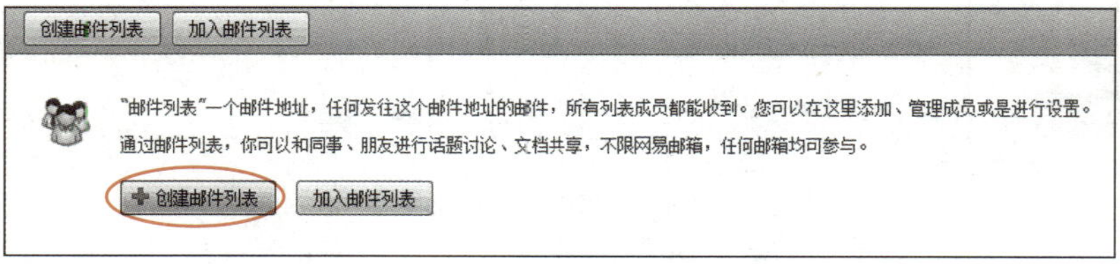

图 8-14　邮件列表页面

在如图 8-14 所示的页面上单击"创建邮件列表"按钮，就可轻松进入邮件列表的创建页面了，如图 8-15 所示。

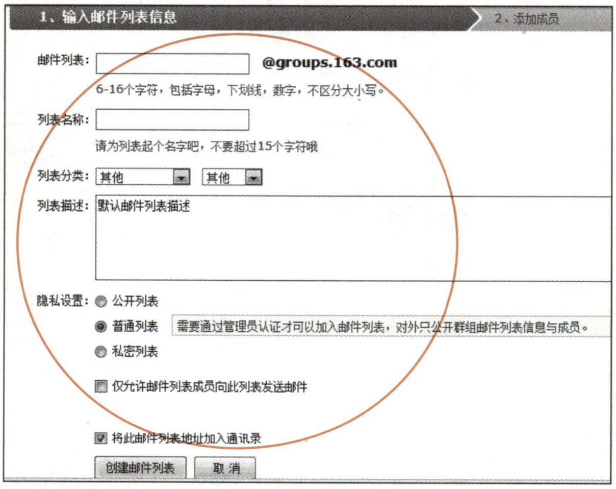

图 8-15　邮件列表创建页面

按要求在此页面上填写相关信息。

邮件列表：需自行编写，编写要求和邮箱账号一样，长度为 6 ～ 16 个字符，可包括字母、下划线和数字，字母不区分大小写。

列表名称：邮件列表的名称是否具有吸引力、能否反映企业主要业务内容和特色、能否直接击中订阅用户的兴趣点是影响 E-mail 营销效果的重要因素，因此需要仔细斟酌确定。

列表分类：网易邮箱为用户提供了同学录、网易游戏、网易博客、手机数码等 26 个大类目，每个大类目下还设有若干个小类目，可供用户准确地定位自己的列表类别，如图 8-16 所示。

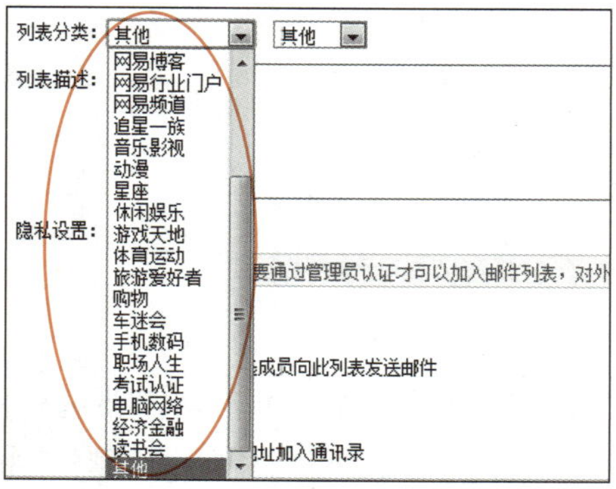

图 8-16　选择邮件列表类别

列表描述：列表描述是对邮件列表总的概括介绍，也是订阅用户了解邮件列表的第一张名片，其内容应简洁凝练、语言生动富有新意，以较快的速度帮助用户了解邮件列表并将其打动。

隐私设置：网易邮箱为用户提供了公开列表、普通列表和私密列表三种隐私模式，每种模式的用户权限都有所不同，可根据需要进行选择，如图 8-17 ～图 8-19 所示。

图 8-17　公开列表模式

图 8-18　普通列表模式

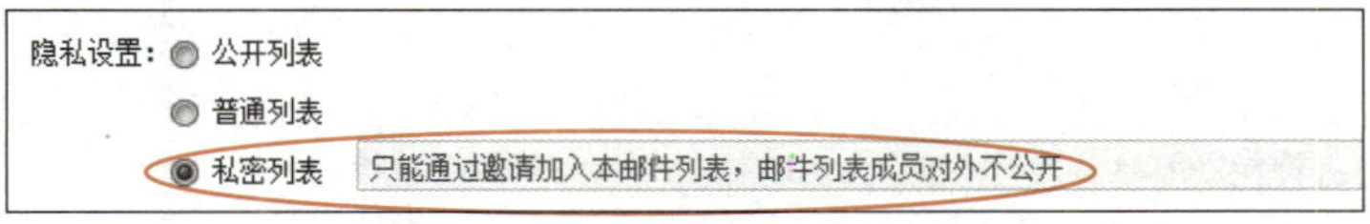

图 8-19　私密列表模式

用户还可根据需要勾选页面上“仅允许邮件列表成员向此列表发送邮件”和“将此邮件列表地址加入通讯录”两个项目，如图 8-20 所示。

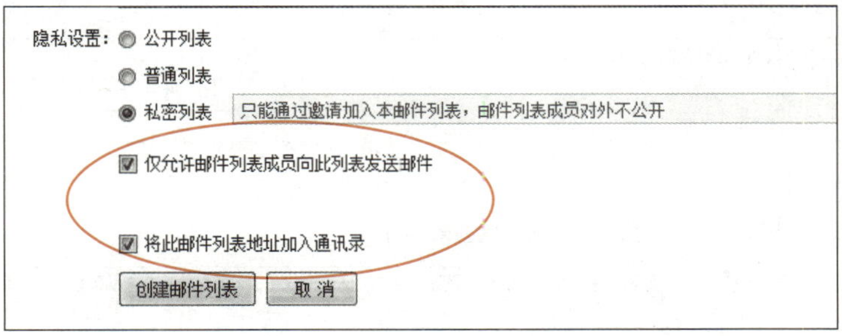

图 8-20　勾选其他项目

填写完上述列表信息后，单击“创建邮件列表”按钮，即可完成邮件列表的创建。页面会显示创建成功提示，如图 8-21 所示。

图 8-21　创建成功提示

3. 管理邮件列表

邮件列表创建成功后，可进行查看、设置和邀请操作，使邮件列表能不断根据用户和企业的需求进行更新调整，实现其营销功能，如图 8-22 所示。

图 8-22 管理邮件列表

在“查看”页面，可看到已经加入到邮件列表中的用户资料，并可对用户进行管理，如图 8-23 所示。

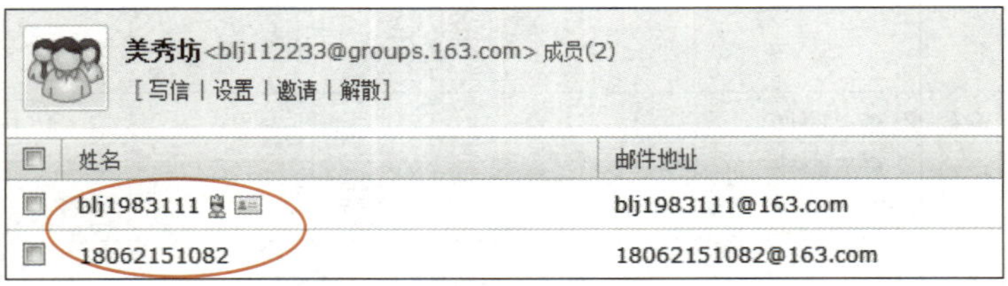

图 8-23 查看已创建的邮件列表

在“设置”页面，可管理和修改邮件列表的基本信息，如图 8-24 所示。

图 8-24 设置邮件列表基本信息

在“邀请”页面，可通过邀请链接和邀请邮件两种方式向好友发起邀请，使他们成为邮件列表的用户，如图 8-25 所示。

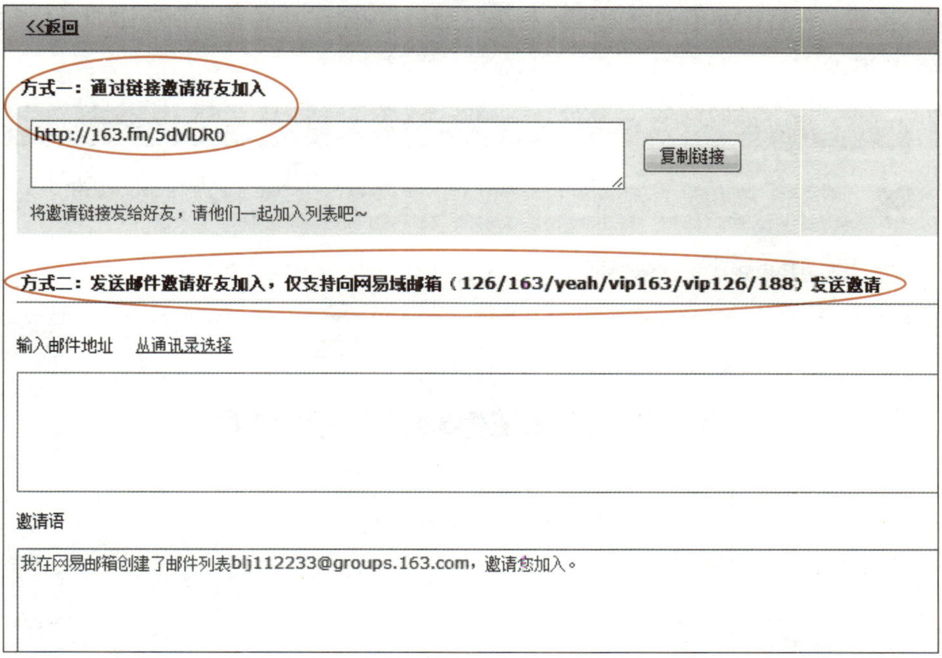

图 8-25 “邀请”页面

4. 在线发送邮件

通过邮件列表发送含有一定营销信息的邮件，并引起用户一系列的行为反应，实现从推送宣传到购买行为的转化是 E-mail 营销的终极追求。网易邮箱为用户提供了免费的在线发信服务，可以批量地把邮件发送给列表用户，如图 8-26 所示。

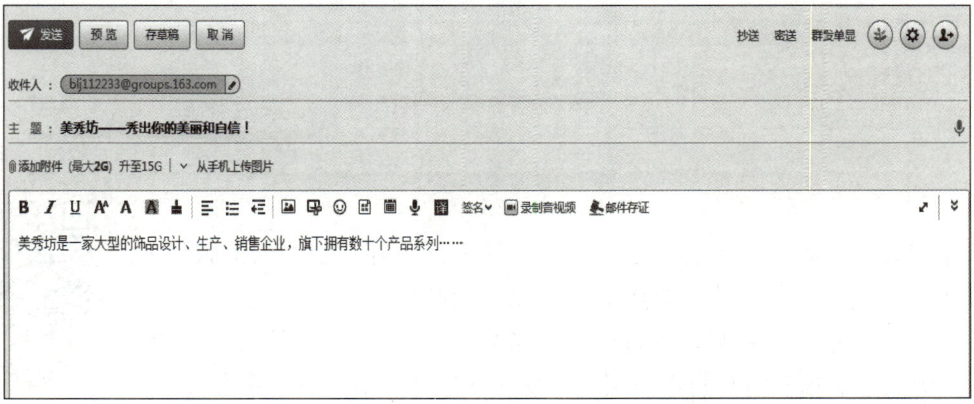

图 8-26 邮件列表在线发信

在邮件正文，可对文字字体、大小、颜色等属性进行编辑，还可插入图片，丰富邮件内容，使其具有更强的阅读性，吸引用户。

四、加入邮件列表

在网易邮箱加入一个自己感兴趣的邮件列表其实很简单。在邮件列表页面单击“加入邮件列表”按钮，然后在弹出的页面填入相关信息，并单击“申请加入”按钮即可，如图 8-27 和图 8-28 所示。

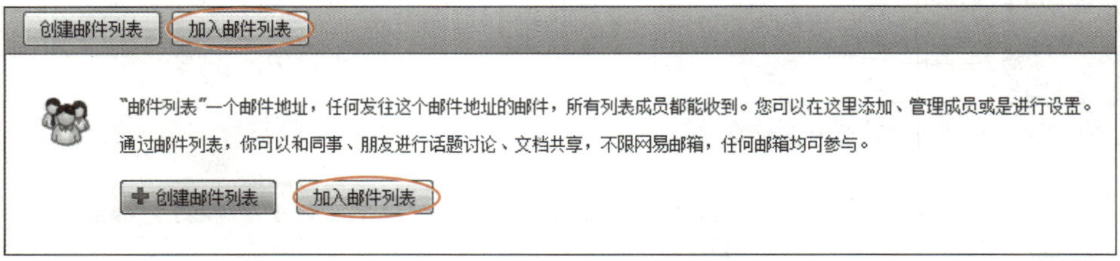

图 8-27 “加入邮件列表”按钮

图 8-28 填写申请资料

如果要申请加入的邮件列表是公开列表模式，提交申请即刻就可成功加入该邮件列表；如果要申请加入的邮件列表是普通列表模式，则需等管理员认证后方可成功加入该邮件列表；对于私密模式的邮件列表，只能联系管理员向自己发出邀请才可以加入。

知识链接

一、邮件列表的概念

认识邮件列表

邮件列表的实质是一个包含多个电子邮箱地址的邮件组，当给邮件列表发邮件后，邮件列表下的所有成员都可以收到邮件。邮件列表营销其实是许可 E-mail 营销的一种具体表现形式，是采用“迂回的方式”，向用户提供有“价值”信息的同时附带一定的产品或服务推广信息的营销方式。

邮件列表（Mailing List）的起源可以追溯到 1975 年，是互联网上最早的社区形式之一，也是互联网上的一种重要工具，用于各种群体之间的信息交流和信息发布。早期的邮件列表是一个小组成员通过电子邮件讨论某一个特定话题的形式，也称为讨论组。由于早期联网的计算机数量很少，讨论组的参与者也较少，且多数是自由存在的，所以讨论组数量有限。随着网络的快速发展和普及，讨论组也迅速增多，现在的互联网上有数以十万计的讨论组。于是讨论组就发展演变出另一种形式，即有管理者管制的讨论组，也就是现在所说的邮件列表。

小知识

讨论组和邮件列表都是在一组人之间对某一话题通过电子邮件进行信息共享的，但二者之间有一个根本的区别：讨论组中的每个成员都可以向其他成员同时发送邮件，而对于通常的邮件列表来说，则是由管理者发送信息，一般用户只能接收信息。

二、邮件列表的类型

邮件列表几乎是与电子邮件同时出现的，随着计算机网络技术的发展和成熟，邮件列表也得到了长足的发展。特别是在其被引入营销领域后，更是得到了全面的应用，为企业和用户都创造了巨大价值。依据邮件的发送权限不同，通常将邮件列表分为如下三种类型，如图 8-29 所示。

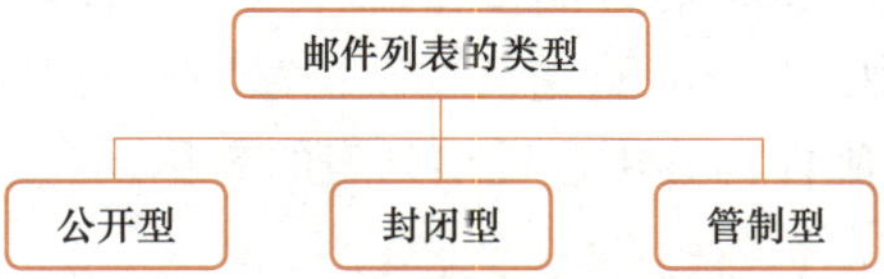

图 8-29 邮件列表的类型

1. 公开型

公开型邮件列表是指邮件列表可供所有人自由讨论，即使不是这个邮件列表的订户也可以自由地发送邮件给这个邮件列表的所有订户。常见于公开的论坛和讨论组。

2. 封闭型

封闭型邮件列表是只有订户之间才能互发邮件的一类邮件列表。常见于网络社团、俱乐部或公司内部讨论组等。

3. 管制型

管制型邮件列表是指只有经过邮件列表管理者许可的电子邮件，才能发送给其他订户的一类邮件列表。常见于电子刊物。

现在，一些邮件列表网站利用自己所拥有的技术和资源，专门为需要开展邮件列表营销，但是又相对缺乏技术和资源的企业提供付费服务，即第三方邮件列表，这也极大地促进了邮件列表的普及应用。

三、邮件列表内容的基本要素

虽然每封邮件的内容结构各不相同，但邮件列表的内容仍有一定的规律可循。从邮件的形式上看，一封设计完善的邮件内容至少应包括以下几方面的基本要素，如图 8-30 所示。

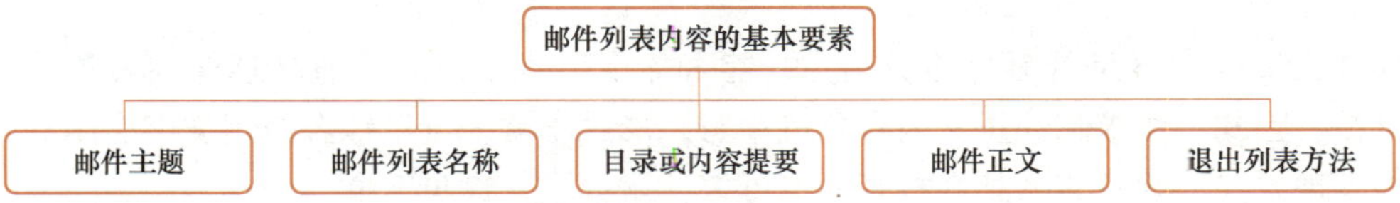

图 8-30 邮件列表内容的基本要素

1. 邮件主题

邮件主题是一封邮件最醒目的内容，可选用邮件中最重要的内容概括为主题，也可以使用通用的邮件列表名称加上发行期号作为主题，如图 8-31 所示。

图 8-31 邮件主题

2. 邮件列表名称

一个网站可能有若干个邮件列表，一个用户也可能订阅多个邮件列表，仅从邮件主题中不一定能完全反映出所有信息，还需要在邮件内容中表现出列表的名称。

3. 目录或内容提要

如果邮件信息较多，给出当期目录或者内容提要是很有必要的。如图 8-32 对邮件目录进行了标注。

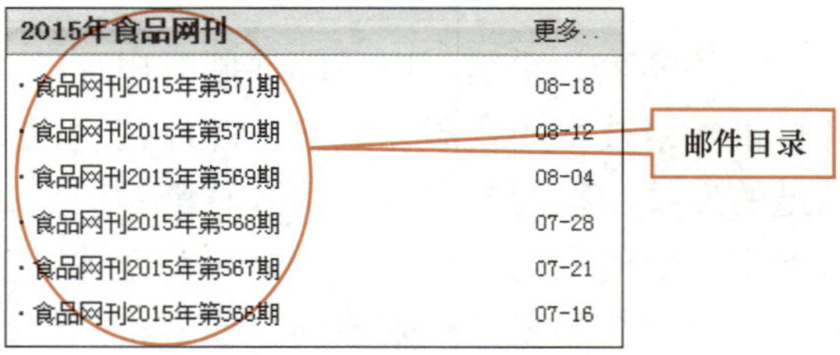

图 8-32 邮件目录

4. 邮件正文

本期邮件的核心内容，一般安排在邮件的中心位置，如图 8-33 所示。

图 8-33 邮件正文

邮件正文的内容是否有足够吸引力、能否体现出对用户的价值是邮件列表营销成败的关键所在。因此，要求邮件正文内容精炼精彩，形式丰富，可以综合使用文字、图片、动画等多种表现方式，并且兼顾邮件打开的速度等技术要求。详见下文。

5. 退出列表方法

这是正规邮件列表内容中必不可少的内容，退出列表的方式应该出现在每一封邮件内容中。纯文本的邮件通常用文字说明退订方式，HTML 格式的邮件除了说明之外，还可以直接设计退订框，用户直接通过复选按钮进行退订，如图 8-34 所示。

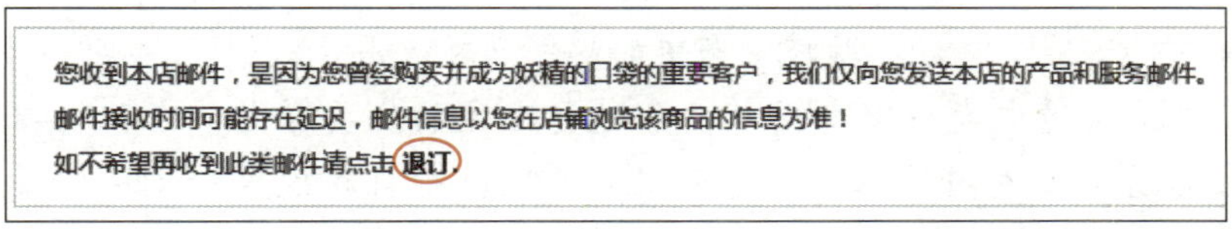

图 8-34　退订说明

另外，正规的邮件列表一般还提供邮件内容的 Web 阅读方式说明（URL），避免邮件无法正常打开而使订户无法及时接收邮件信息，如图 8-35 所示。如果在邮件中有必要对邮件列表做进一步的说明，可将有关信息安排在邮件结尾处，如版权声明和页脚广告等。

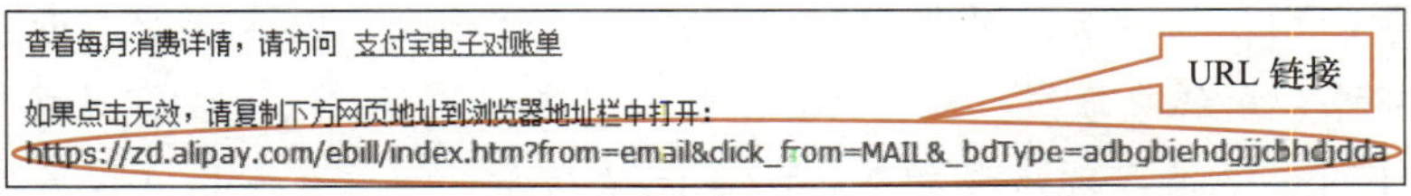

图 8-35　URL 链接

四、邮件列表内容组织的基本原则

如何高效地开展邮件列表营销，是每一个企业都特别关注的问题。毫无疑问，邮件列表的内容在这一问题上，占有最关键的地位。邮件内容吸引人，能引起订阅用户的兴趣，则营销效果可能达到。倘若邮件内容不能引起用户最低程度的阅读欲望，则营销必定失败。那么，该怎么组织邮件列表的内容，提高营销效果呢？邮件列表内容组织的基本原则主要包括以下几点，见表 8-5。

表 8-5　邮件列表内容组织的基本原则

基本原则	介绍说明
确保目标一致性	该原则是指开展邮件列表营销的目标应与企业总体营销战略相一致，营销目的和营销目标是邮件列表内容的第一决定因素。比如，以用户服务为主的会员通信邮件列表内容中插入大量的广告内容即会偏离预定的用户服务目标，同时也会降低用户的信任，减弱营销效果
保持内容系统性	一段时期内，应保持邮件内容的连贯性，比如主题、内容格式等，在使用户倍感“亲切”的同时，建立与用户间的感情联系，这将有助于品牌忠诚度的培养
保证内容精简性	一般情况下，一封邮件所含内容不宜过多，否则会造成邮件打不开、主题不明确、用户阅读困难等问题，使营销效果大打折扣。如果信息实在较多，不妨在内容摘要后设置一个 URL 链接，如果用户有兴趣，可以通过点击链接到网页浏览
保证邮件稳定性	有稳定的内容来源，才能确保邮件发送频率的稳定性，以免较长时间的中断使用户淡忘，从而降低营销效果
保持内容的灵活性	经营的不同阶段，企业的目标和侧重点都会有所变化，邮件列表的作用也会有所差别。因此要求邮件列表在保证整体系统性的前提下，具体内容应根据阶段营销目标进行相应调整，以更好地实现整体营销目标
选用最佳邮件格式	邮件内容需要设计为一定的格式来发行，常用的邮件格式包括纯文本格式、HTML 格式和 Rich Media 格式，或者是这些格式的组合，如纯文本 /HTML 混合格式。一般来说，HTML 格式和 Rich Media 格式的电子邮件比纯文本格式具有更好的视觉效果，但同时也存在一定的问题，如文件字节数大、用户客户端无法正常显示邮件内容等

小案例

跨境电商中的邮件列表应用

电子邮件是跨境电商买家与国外卖家进行交流的主要媒介，它既可以跨越各国家和地区即时沟通工具不同的障碍，也可以方便地进行自动设置和文件留存。利用电子邮件，卖家可直接、快速地对买家进行全方位内容的精准触达，持续培育潜在客户。据数据统计，电子邮件营销的广告效果稳定地高于社交网络广告和其他数字营销广告，在购买转化率的营销效果上也明显更高。

通俗地讲，邮件列表的功能类似于“群发邮件”。使用邮件列表功能，可以帮助用户极大地提高邮件处理效率。为了解决邮箱地址收集困难、内容制作不专业、营销数据收集不全面等问题，一些专业的邮件列表服务商应运而生，以专业能力专注于为客户提供更有效的邮件营销解决方案。Solo Ads（个人广告）是其中的一种常见方式，是通过租用他人的邮件列表地址实现流量扩充、提高流量质量的方法。Solo Ads 的实质是外部列表 E-mail 营销。通常，Solo Ads（电子邮件列表所有者）会在 Marketplace: Solo Ads（广告市场，如 Udimi 和 TrafficForMe）上出售自己的流量，买家通过流量分析报告详细了解该邮件列表的目标受众后，再决定购买与否，以此保证获得的目标流量具有更高的精准度。这种方式的成本较为低廉，且不需要自己创建邮件列表，只需将广告内容和目标链接发送给 Solo Ads Seller，由专业流量卖家完成邮件内容的制作即可。对于众多营销成本和推广经验都十分有限的中小型跨境电商企业而言，这无疑是一种非常有投入产出比的营销策略。

学习评价

请利用所学知识完成评价表 8-6 中的简要介绍，并在对应的评价栏中给予相应的评价。

要求： 表 8-6 列出了 3 个知识点，其中第 2 个知识点和第 3 个知识点是要完成本任务必须掌握的；技能完成情况根据实际情况进行评价。

表 8-6 邮件列表知识和技能评价

项 目	内 容	简要介绍	评 价		
			很好	好	继续加油
知识	邮件列表的概念				
	邮件列表内容的基本要素				
	邮件列表内容组织的基本原则				
技能	订阅邮件列表				
	创建邮件列表				

项目九

网络广告

项目导学

网络广告作为网络营销中促成销售的主要形式，是吸引用户或消费者目光的营销利器。选择合适的网络广告策略，可以让销售工作事半功倍。而网络广告必须发布出去才能发挥它的功效，体现它的价值。本项目重点对网络广告的形式、发布和效果评价进行介绍。

通过对本项目的学习，可以对网络广告形式及发布有一个大致了解，为今后工作中的网络广告实施打下良好的基础。

项目目标

◆ 了解网络广告的含义、特点和分类

◆ 熟悉网络广告的形式

◆ 掌握至少五种网络广告的发布模式

◆ 了解网络广告效果评估标准

◆ 培养文化自信，增加民族自豪感和社会责任感

◆ 具有适应现代社会所必需的法律意识，自觉遵守法纪法规

任务一　认识网络广告

案例导读

某彩妆品牌于 2017 年 3 月 8 日诞生于中国杭州，是一个以“东方彩妆，以花养妆”为理念的彩妆品牌。

该品牌围绕着“东方彩妆，以花养妆”的品牌定位，在品牌的形象打造上独具匠心，很多产品的包装及官方旗舰店的页面装修，都有着浓浓的中国风。该品牌探索传统文化深

处，讲述苗银文化、古锁传承背后的故事，对品牌进行长线投资，间接为品牌增添更多附加价值，提升用户附着力。线下则大量投放梯媒TVC广告，进军社区提升品牌力，深入消费者生活场景。

该品牌通过抖音、快手、小红书、微博、B站等平台，选择头部和腰部的KOL（Key Opinion Leader，关键意见领袖）双管齐下，以优质内容吸引用户。该品牌与古风音乐、名酒、汉服、游戏等联名，例如与泸州老窖联名推出桃花醉跨界营销等。

该品牌在品牌“出海”也做了一些尝试，如亮相国际时装周，在东京、纽约、新宿、涩谷等潮流海外城市投放了广告大屏，提升其在全球的知名度，也让国内的忠实用户为品牌感到骄傲。

国家“十四五”规划纲要中明确指出：“开展中国品牌创建行动，保护发展中华老字号，提升自主品牌影响力和竞争力，率先在化妆品、服装、家纺、电子产品等消费品领域培育一批高端品牌。”在竞争日趋激烈的美妆领域，该品牌成为新锐国产彩妆品牌中增速最快的品牌之一，该品牌的成功背后不仅是强大的产品力，借文化领域赋能品牌的方式也深度诠释了国货美妆的内涵，让品牌自带“文化资产”，搭着国潮的崛起，激发国人对国货美妆的重新认识，建立起品牌与消费者联系的窗口。该品牌将营销做到润物细无声，大大降低消费者对广告的抵触心理，同时也打造了国人对其品牌定位认知。

任务布置

美秀坊饰品有限公司进行网络销售已经有两个月的时间了，但销量一直没有上去，公司领导想利用网络发布广告来推广自己的产品和网店，特意让负责淘宝店铺运营的张丽研究企业该如何发布广告进行推广。你能帮帮张丽吗?

分析：网络广告发布有许多种方法，公司为产品做广告不需要把每种发布方式都用到，而是要尽可能选择适合产品的网络广告发布方式，并使其发挥最大效用。

任务实施

任务实施导航结构图：

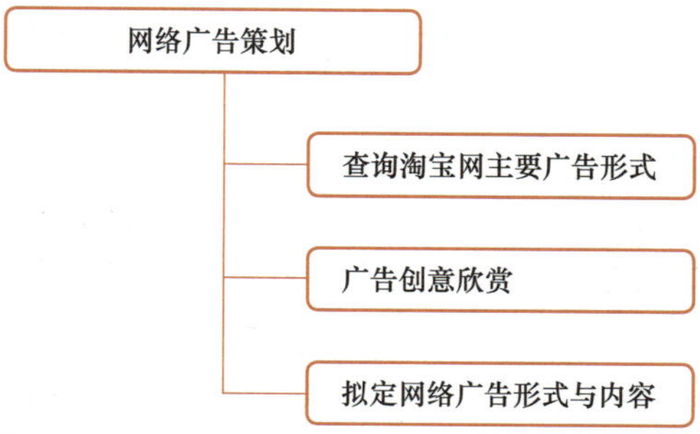

一、查询淘宝网主要广告形式

提示： 利用网络搜集至少 5 种淘宝网的主要广告形式，将搜集到的信息填写在表 9-1 中。

表 9-1　淘宝网主要广告形式

编　号	广告形式	详细介绍
1		
2		
3		
4		
5		

二、广告创意欣赏

本任务以“阿里妈妈 • 创意中心”为例，进行广告创意欣赏。

1. 进入阿里妈妈 • 创意中心网站

打开 IE 浏览器，在地址栏输入 https://chuangyi.taobao.com/，按回车键，进入阿里妈妈 • 创意中心网站首页，如图 9-1 所示。

图 9-1　阿里妈妈 • 创意中心网站首页

2. 广告创意查询

1）单击图 9-1 所示的“创意市场”图标，进入“营销拍档”页面，如图 9-2 所示，可按投放场景和服务行业进行筛选查看。

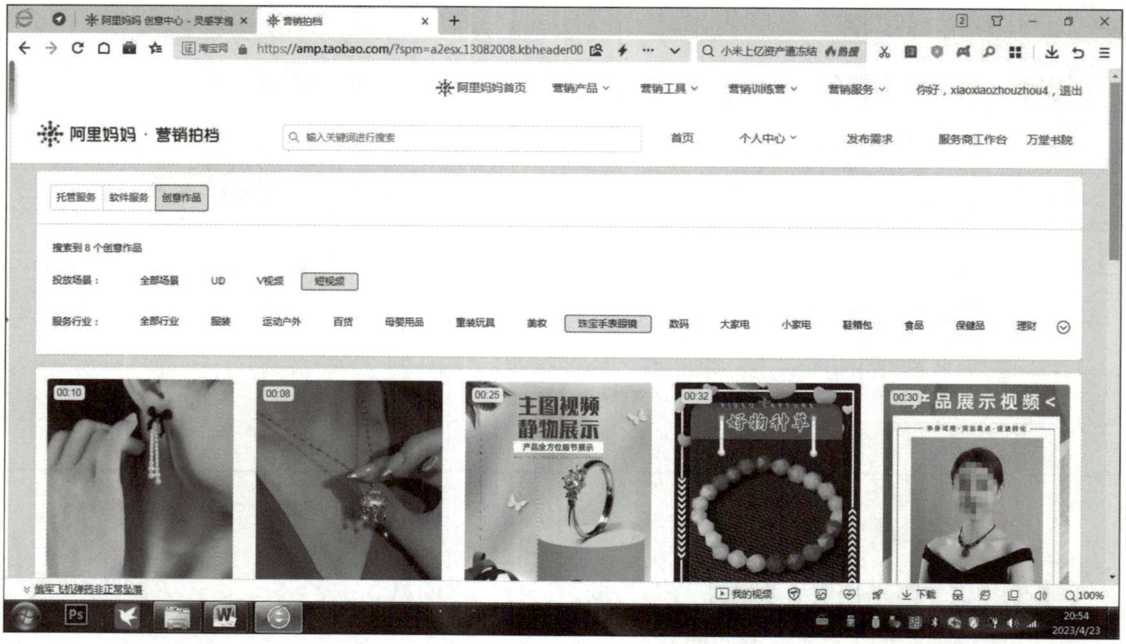

图 9-2 “营销拍档”页面

2）查看并对喜欢的作品进行评价。

提示：查看至少 5 个广告创意，并对其进行评价。

3. 欣赏不同公司设计的作品

1）单击图 9-2 所示的创意链接，进入详情页，如图 9-3 所示。

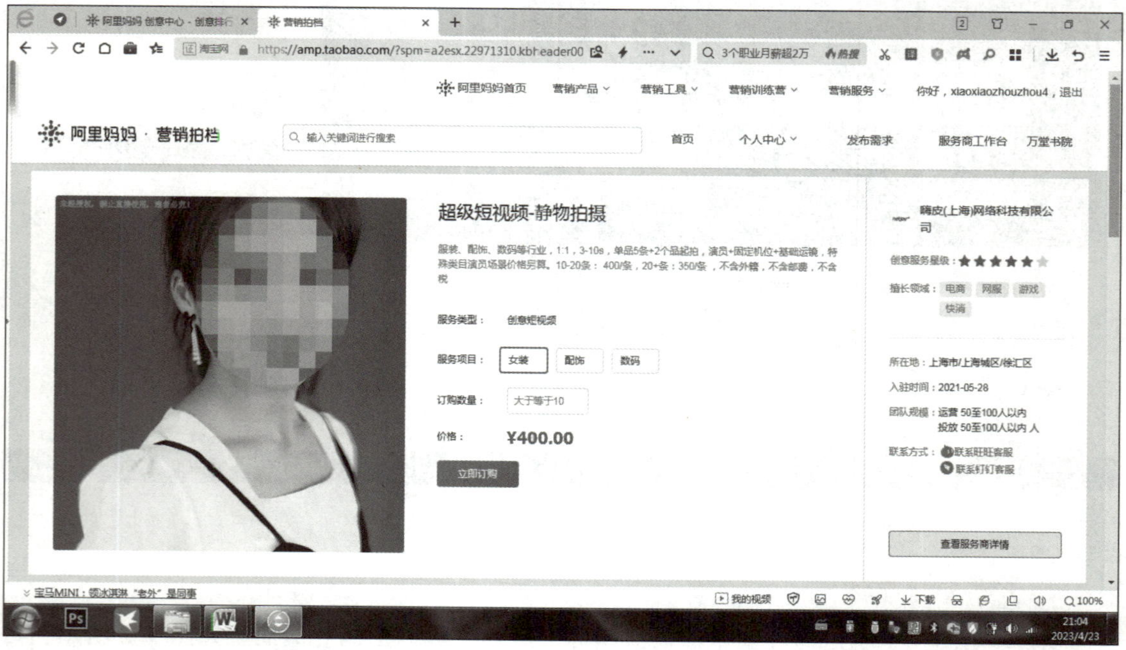

图 9-3 进入详情页

2）查看并对该公司的作品进行评价。

提示：查看至少 5 个设计师的作品，并对 3 个喜欢的设计师的作品进行评价。

4. 注册、登录阿里妈妈·创意中心网站

提示：单击网站首页的“注册”按钮，进入淘宝注册页面。单击“登录”按钮，出现利用淘宝账号或阿里妈妈账号登录的页面，这里直接用已有淘宝账号进行登录。

1）单击阿里妈妈·创意中心网站首页右上角的“登录”按钮，如图 9-1 所示，可通过密码登录、短信登录或扫码登录。

2）选择登录方式，按要求输入信息或扫码登录，成功登录后出现如图 9-4 所示的页面。

图 9-4 成功登录页面

说明：由于网站业务调整，目前“自己设计”功能不对外开放使用，普通用户无法进入“自己设计”页面，可随时关注该网站的动态。

3）单击“我的视频素材”“我的图片素材”或“我的落地页创意”，可进入“我的创意中心”页面，如图 9-5 所示。

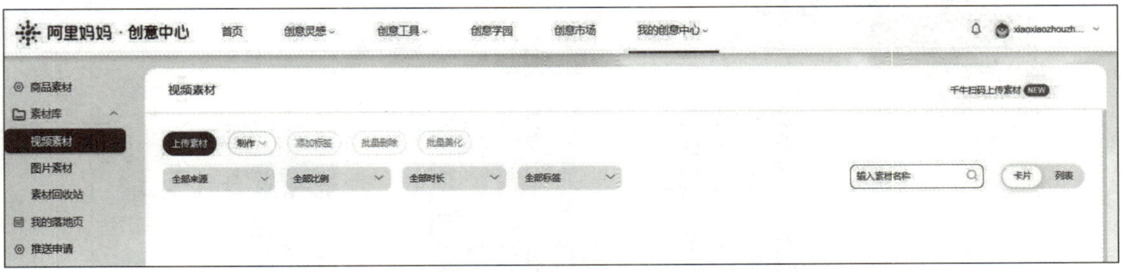

图 9-5 “我的创意中心”页面

4）单击“图片素材”→“上传素材”→“选择文件”，可通过本地计算机上传图片，如图 9-6 和图 9-7 所示。

5）点击图 9-7 中“制作”→“一键图文工具”，出现如图 9-8 所示的页面，根据个人需求选择添加商品、营销目标等，单击“生成创意”，即可完成创意设计。

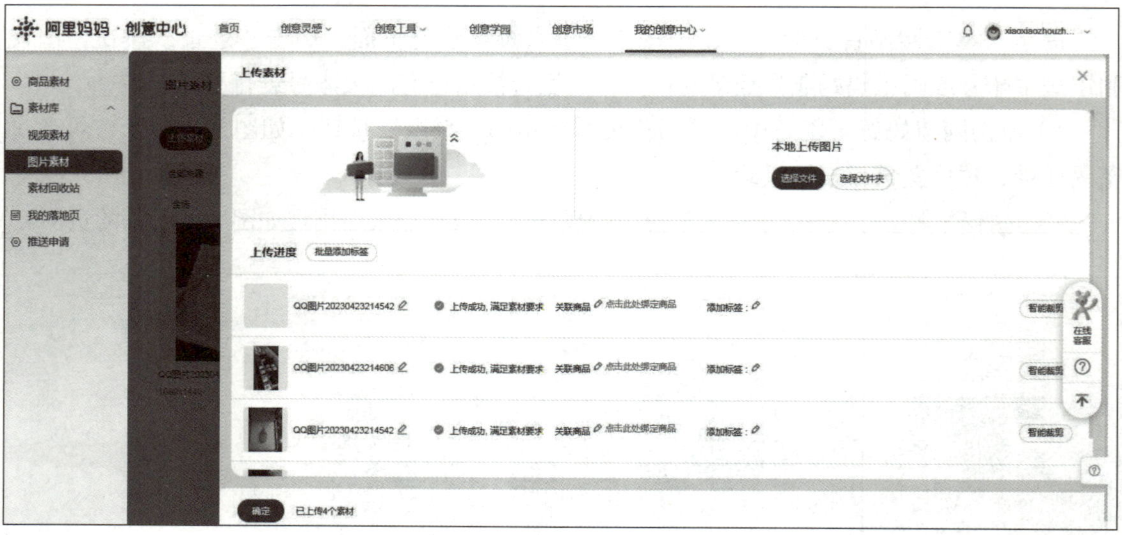

图 9-6　图片上传页面

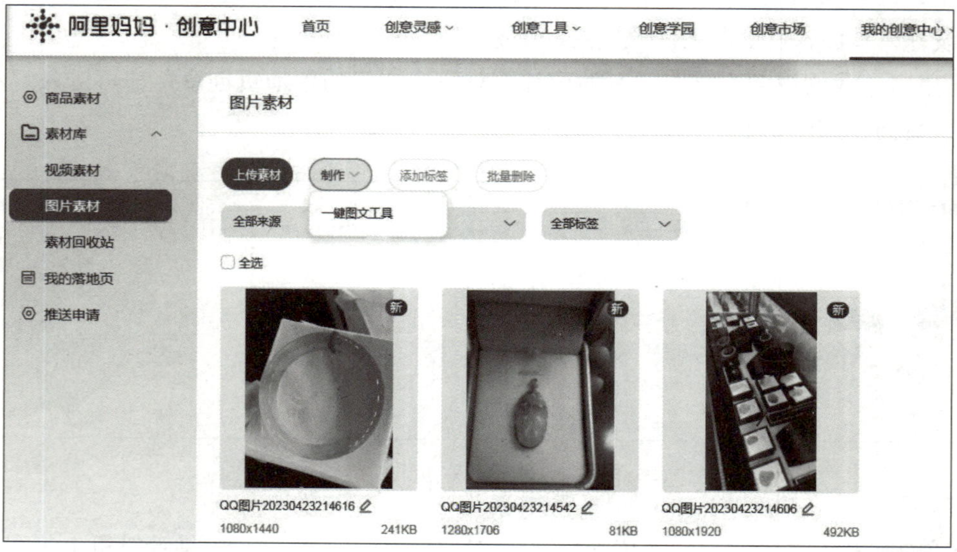

图 9-7　图片素材上传完成

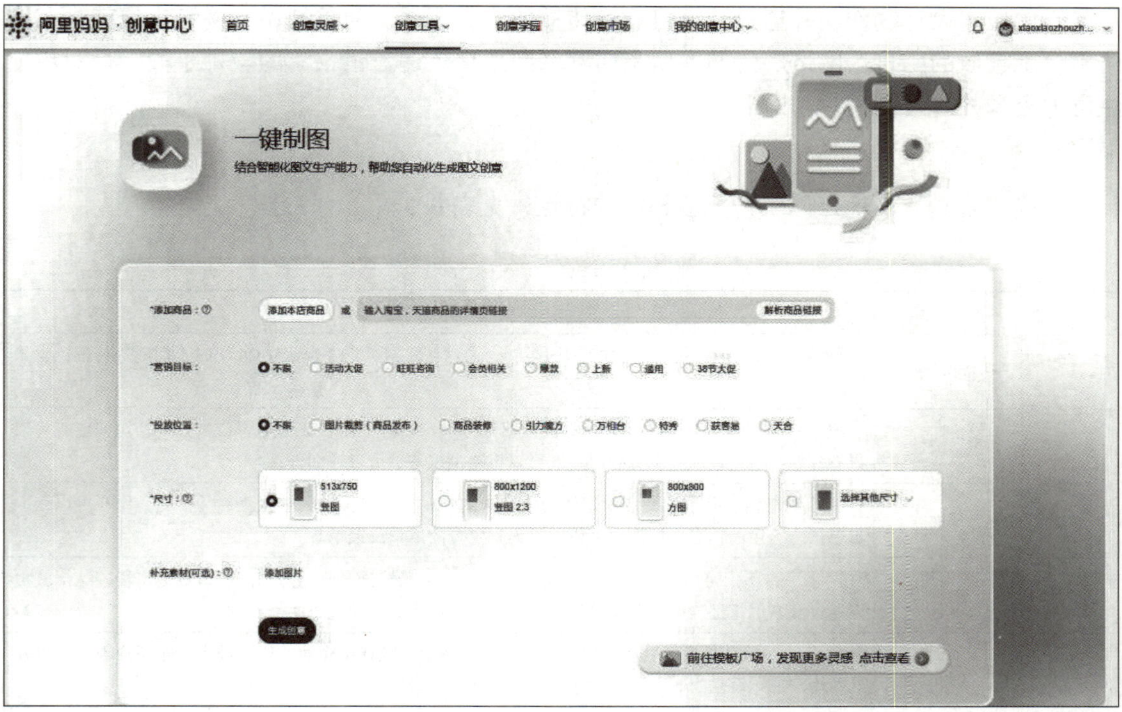

图 9-8 “一键制图”页面

三、拟定网络广告形式与内容

根据美秀坊饰品有限公司具体情况，为公司初步选定拟采用的网络广告形式，并设计具体方案的内容，完成表 9-2 的填写。

说明：此任务可独立完成，也可以 3 ～ 5 人一组共同讨论完成。

表 9-2 网络广告形式与内容表

编 号	网络广告形式	是 否 选 用	具 体 方 案
1	富媒体广告		
2	图形广告		
3	固定文字链广告		
4	视频广告		
5	其他广告		

知识链接

一、网络广告概述

1. 网络广告的含义

网络广告是指利用计算机连接而形成的以信息通信网络作为广告媒体，采用相关的电子多媒体技术设计制作，并通过计算机网络传播的广告形式。简单地说，网络广告就是在网络平台上投放的广告。网络广告的本质是向互联网用户传递营销信息的一种手段，是对用户注意力资源的合理利用。

2. 网络广告的特点

网络广告具有其他媒体广告无法相比的特点，见表 9-3。

表 9-3 网络广告的特点

编号	特点	具体介绍
1	传播范围广	网络广告的传播不受时间和空间的限制，通过互联网可将广告信息 24 小时不间断地传播到世界各地
2	非强迫性	网络广告是非强迫性的，它具有类似报纸分类广告的性质，让访问者自由查询，访问者既可以只看标题，也可以从头浏览到尾；既可以粗略浏览，也可以详细查看
3	交互性强	互联网络信息共享的特点决定了网络广告的互动性。网上的信息是互动传播的，用户可以获取自己认为有用的信息，厂商也可以随时得到宝贵的用户反馈信息
4	定向性强	网络广告不仅可以面对所有互联网用户，而且可以根据受众用户确定广告目标市场。这样就可以通过互联网把适当的信息发给适当的人，实现广告的定向投放
5	统计能力强	网络广告的发布者可以通过权威公正的统计系统，统计出企业的广告被多少个用户看过，以及这些用户的跟踪信息，从而有助于企业正确评估广告效果
6	实时、灵活	传统媒体广告一旦发布很难更改，网络广告可以按照需要及时变更广告内容，这样广告商就能将其经营性决策的变化及时实施和推广
7	成本低	网络广告无须印刷、拍摄或录制，在网上发布广告的总价格较其他形式的广告价格便宜很多。与报纸和电视相比，网络广告在价格上极具竞争力
8	强烈的感官性	网络广告的内容非常丰富，一个站点的信息承载量大大超过传统印刷宣传品；不仅如此，运用计算机多媒体技术，网络广告以图、文、声、像等多种形式，生动形象地将产品或市场活动的信息展示在用户面前

3. 网络广告的分类

网络广告的分类主要可以按照投放目的和投放形式进行划分，具体为：

（1）按投放目的划分　可分为信息传播类广告、品牌宣传类广告、销售引导类广告。

1）信息传播类广告，其目的是将某个消息传播出去，将新产品上市的信息让更多的人知道。

2）品牌宣传类广告，是针对某一个品牌进行的宣传，其目的是提升品牌的知名度和美誉度。

3）销售引导类广告，其目的就是销售产品。

（2）按投放形式划分　可分为固定位置广告、上下文相关广告、弹出式广告和内文广告。

1）固定位置广告是最早采用、也是最常见的广告形式。它的特点是在某一个或者某一类页面的相对固定位置放置广告。

2）上下文相关广告，是在固定位置广告的基础上，增加广告与上下文的相关性，由广告投放平台通过分析投放广告的页面内容，然后从广告库中提取出相关的广告进行投放。

3）弹出式广告是指当人们浏览某网页时，网页会自动弹出一个很小的对话框。部分弹出式广告采取后弹模式，即当页面载入完成后弹在当前页面后；部分弹出式广告采取关闭触发的模式，即当用户关闭窗口或者离开当前页面的时候弹出。

4）内文广告，也称内文提示广告、内文关键字广告、文中广告，是一种互联网智能化广告模式，即在内文中设置一些关键字，然后当鼠标移动到上边的时候，使用提示窗口的方式显示相关的广告内容。内文广告主要在文章中以文字链接和触发的方式实现超文本链接，当用户的鼠标悬停在网页的某些特定关键字上时，就会弹出相关的广告和信息窗口，引导用户点击广告。

4. 网络广告与传统广告比较

网络广告与传统广告在传播范围、时效性、成本等方面都有所不同，具体比较见表 9-4。

表 9-4 网络广告与传统广告的比较

广告形式	时效性	成本	互动性	更新速度	传播范围	观众选择性	可评估性	受众细分
网络广告	无时差	低	高	随时	广	自主	高	高
报纸广告	延迟	中	低	延迟	一般	被动	低	中
杂志广告	延迟	中	低	延迟	一般	被动	低	中
广播广告	无时差	中	中	延迟	广	被动	低	中
电视广告	无时差	高	中	延迟	广	被动	中	低

二、网络广告的形式

网络广告的形式主要有以下几种。

1. 富媒体广告

富媒体广告是指能实现 2D、3D 动画和 Video、Audio 等具有丰富视觉效果和交互功能效果的网络广告形式，分为非视频类广告和视频类广告，如图 9-9 所示。

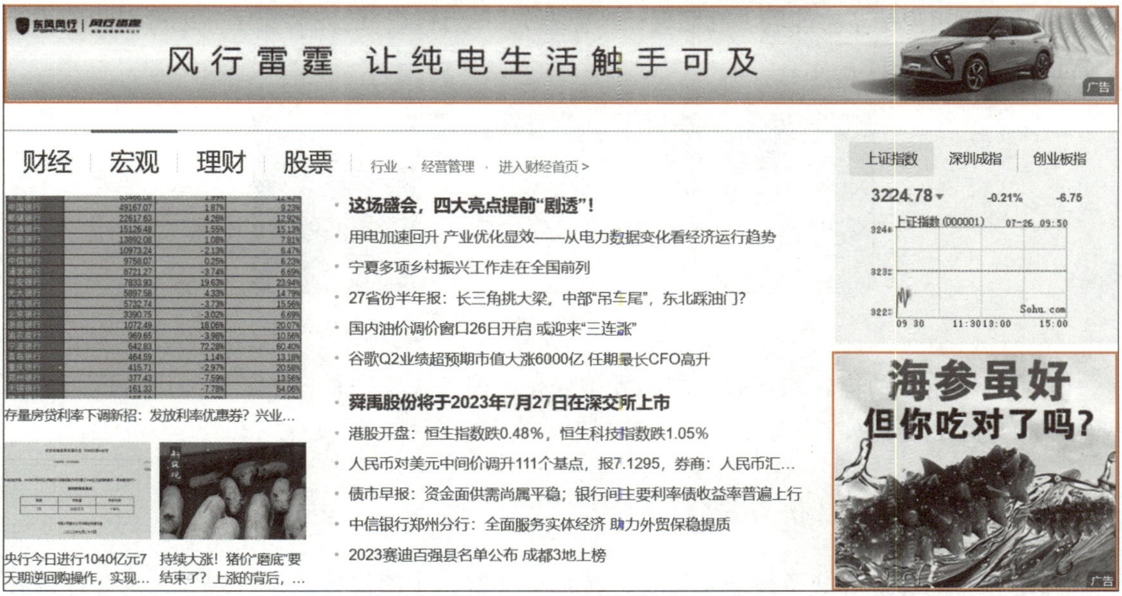

图 9-9 富媒体广告

2. 图形广告

图形广告主要是指在网站上以静态或动态的图片或 Flash 形式表达广告的内容。其中以 GIF、JPG、SWF 等格式建立的图像文件，定位在网页首页、频道、子频道等各级页面或者文本页面的最上方，浏览者将最先注意到这个位置的广告。其特点是位置醒目，易吸引眼球。

3. 固定文字链广告

固定文字链广告是以一排文字作为一个广告，点击即可进入相应的广告页面，主要的投放文件格式为纯文字广告形式。广告样式如图 9-10 所示。

图 9-10 固定文字链广告

4. 视频广告

以数字视频为主要表现形式的新媒体广告业务，就是互联网视频广告。视频广告指包括视频分享、宽频影视、P2P 流媒体等视频网站发布的广告。它既生动、形象，又能有效地吸引用户的眼球，还具有分众性的传播优势。

5. 其他媒体广告

其他媒体广告主要指即时通信广告、游戏嵌入广告、数字杂志类广告、互动营销类广告等。

即时通信广告的优点为广告的播放不会影响软件的使用进度，能覆盖所有的软件使用用户；缺点为用户除了要能联上互联网，还需要先下载该软件的安装程序并进行安装后才能正常使用。如图 9-11 所示。

图 9-11 即时通信广告

随着网络游戏的内容和形式不断地发生变化，嵌入式广告将电子游戏与广告这两个看似毫不相关的事物联系了起来。

三、网络广告的计价方式

网络广告的计价方式可按展示计费、按行动计费、按销售计费进行划分，主要计价方式见表 9-5。

表 9-5 网络广告计价方式

划分标准	计价方式	具体介绍
按展示计费	CPM（Cost per Impressions）广告	广告每显示 1000 次（印象）的费用。CPM 是最常用的网络广告计价方式之一
	CPTM（Cost per Targeted Thousand Impressions）广告	经过定位的用户的千次印象费用（如根据人口统计信息定位）。CPTM 与 CPM 的区别在于，CPM 是所有用户的印象数，而 CPTM 只是经过定位的用户的印象数
按行动计费	CPC（Cost per Click）广告	每次点击的费用。根据广告被点击的次数收费，如关键词广告一般采用这种计价方式
	PPC（Pay per Click）广告	根据点击广告或者电子邮件信息的用户数量来付费的一种网络广告计价方式
	CPA（Cost per Action）广告	每次行动的费用，即根据每个访问者对网络广告所采取的行动收费的计价方式。对于用户行动有特别的定义，包括形成一次交易、获得一个注册用户，或者对网络广告的一次点击等
	CPL（Cost per Lead）广告	按注册成功支付佣金
	PPL（Pay per Lead）广告	每次通过网络广告产生的引导付费的计价方式
按销售计费	CPO（Cost per Order）广告	根据每个订单 / 每次交易来收费的方式
	CPS（Cost per Sale）广告	营销效果广告，是指以实际销售产品数量来换算广告刊登金额
	PPS（Pay per Sale）广告	根据网络广告所产生的直接销售数量而付费的一种计价方式

学习评价

请利用所学知识完成评价表 9-6 中的简要介绍，并在对应的评价栏中给予相应的评价。

要求：表 9-6 列出了 3 个知识点和 3 个技能点，知识点有一定的了解即可，3 个技能点是要完成此任务必须掌握的。

表 9-6 网络广告知识和技能评价

项目	内容	简要介绍	评价		
			很好	好	继续加油
知识	网络广告的含义、特点和分类				
	网络广告的形式				
	网络广告的计价方式				
技能	能利用网络查询淘宝网络广告信息				
	会对网络广告创意进行评价				
	能完成具体的网络广告策划				

任务二 体验网络广告的发布

案例导读

2023 年 3 月 24 日，市场监管总局修订发布了《互联网广告管理办法》，于 2023 年 5 月 1 日起施行。新发布的办法进一步细化互联网广告相关经营主体责任，明确行为规范，强化监管措施，对维护互联网广告市场秩序、助力数字经济规范健康持续发展具有重要意义。

办法进一步明确了广告主、互联网广告经营者和发布者、互联网信息服务提供者的责任；积极回应社会关切，对人民群众反映集中的弹出广告、开屏广告、利用智能设备发布广告等行为做出规范；细化了“软文广告”、含有链接的互联网广告、竞价排名广告、算法推荐方式发布广告、利用互联网直播发布广告、变相发布须经审查的广告等重点领域的广告监管规则；新增了广告代言人的管辖规定，为加强互联网广告监管执法提供了重要制度保障，也为互联网广告业规范有序发展赋予了新动能。

《互联网广告管理办法》的实施，将进一步维护广告市场秩序，保护消费者合法权益，推动互联网广告业持续健康发展。各类广告经营主体需提升依法合规经营意识，切实明确自身的责任，知法守法、与法同行。

任务布置

张丽将制订的网络广告策划方案和搜集到的上述案例拿给领导，领导商量后决定让张丽进行网络广告的发布，特别是利用淘宝联盟卖家中心的推广功能推广自己的产品及店铺。你能帮助张丽完成网络广告的发布吗?

分析：要帮助张丽进行网络广告的发布，需要掌握网络广告发布的模式，以及了解网络广告效果的评估标准和方法。

任务实施

任务实施导航结构图：

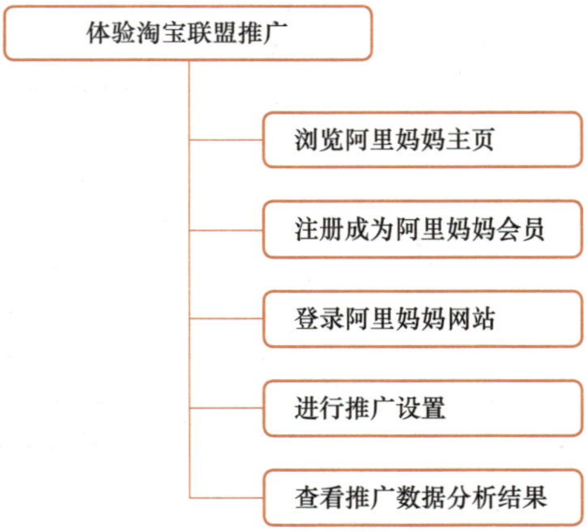

本任务以阿里巴巴旗下阿里妈妈网站的淘宝联盟商家中心的自主推广为例，实际体验自主推广，感受网络广告发布的强大功能和魅力。

小资料

阿里妈妈首次引入“广告是商品”的概念，让广告第一次作为商品呈现在交易市场里，让买家和卖家都能清清楚楚地看到。阿里妈妈可以定位为一个“C2C式广告”平台，这样的平台在网络广告界是相当有市场的。

一、浏览阿里妈妈主页

1）登录阿里妈妈网站，可通过如下方法实现此操作。

方法一：双击桌面上的 IE 图标，启动浏览器，在地址栏中输入阿里妈妈网址 https://www.alimama.com，按回车键或单击地址栏后的➔按钮，进入阿里妈妈网站。

方法二：利用搜索引擎搜索，在搜索文本框输入“阿里妈妈”，如图 9-12 所示，然后单击有“官网”标识的链接进入阿里妈妈网站。

图 9-12　登录阿里妈妈网站

2）浏览阿里妈妈网主页，如图 9-13 所示。

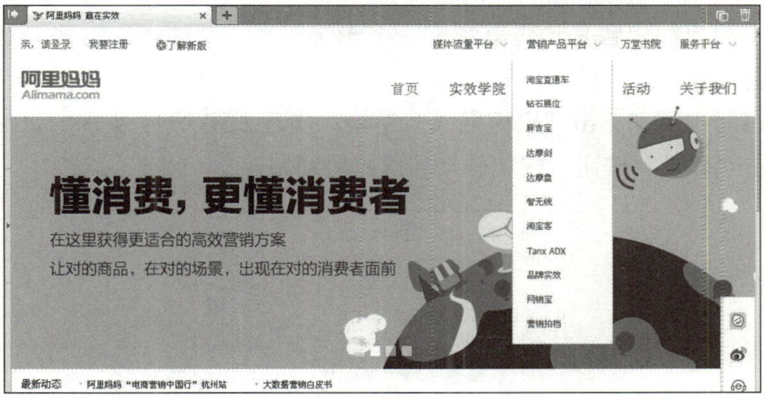

图 9-13　阿里妈妈网主页

从阿里妈妈网站中“产品”栏可以看到，阿里妈妈提供给用户的搜索类产品主要有直通车、品牌专区和明星店铺。

二、注册成为阿里妈妈会员

小提示

阿里妈妈为方便用户，在首页右上方提供了“立即登录”链接。阿里妈妈网站登录有两种方式：淘宝会员登录、阿里妈妈会员登录。目前，阿里妈妈账号均需要绑定一个淘宝账号，并使用淘宝账号登录。单击“免费注册”会进入淘宝账号注册页面。

单击阿里妈妈主页右上方的“立即登录”→“免费注册”按钮，进入淘宝网用户注册页面，如图 9-14 所示。

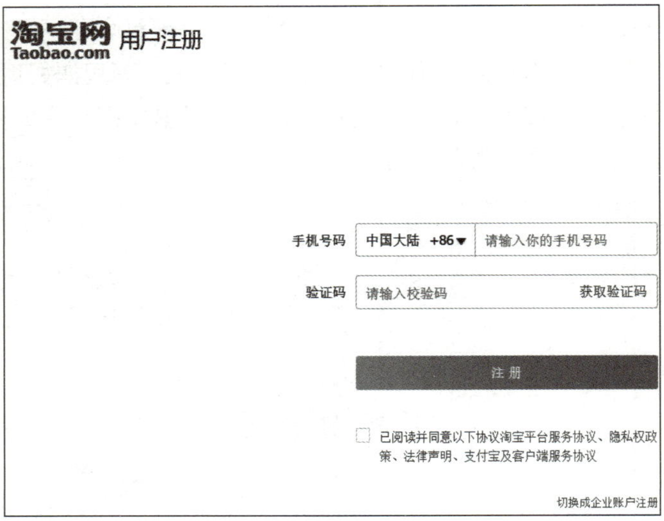

图 9-14　淘宝网用户注册页面

三、登录阿里妈妈网站

提示：基于阿里妈妈账号均需要绑定一个淘宝账号，并使用淘宝账号登录的规则，这里直接用淘宝账号登录。

登录阿里妈妈主页，单击“立即登录”链接，出现如图 9-15 所示的页面，输入淘宝账号、密码，单击“登录”按钮，成功登录阿里妈妈网站。

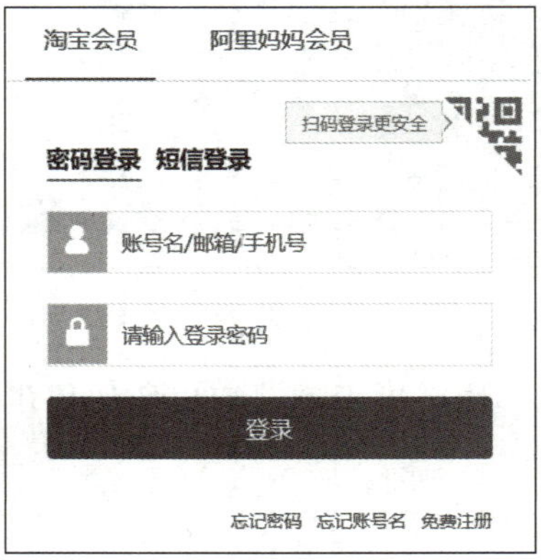

图 9-15　阿里妈妈登录页面

四、进行推广设置

1. 进入淘宝联盟商家中心首页

成功登录阿里妈妈网站后，单击“产品”→“淘宝联盟”→“商家中心”，进入淘宝联盟商家中心首页，如图 9-16 所示。

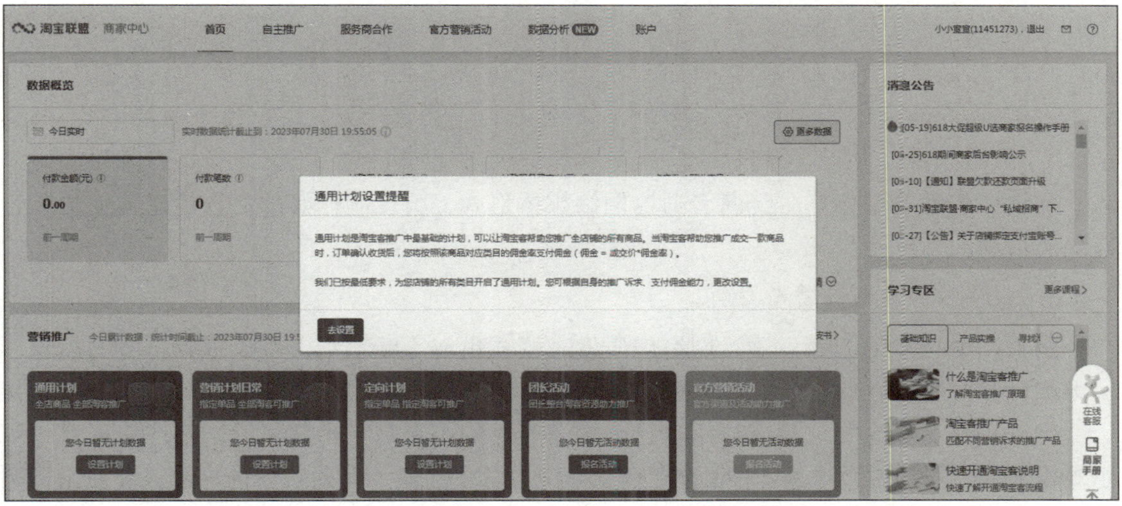

图 9-16 淘宝联盟商家中心首页

2. 进行自主推广设置

店主可根据店铺实际情况，单击图 9-16 中的“通用计划”“营销计划日常”“定向计划”进行推广计划设置，或单击“团长活动”和“官方营销活动”进行活动报名。

五、查看推广数据分析结果

开展推广活动后，单击图 9-16 中的“数据分析”，进入数据分析页面，可查看店铺整体数据、商品数据、自主推广报表、服务商合作报表、官方营销活动报表等推广数据分析结果，如图 9-17 所示。

图 9-17 推广数据分析结果

知识链接

一、网络广告发布

1. 网络广告发布的含义

网络广告发布是指广告经营者通过网络媒体形式，将已制作好的广告信息传递给广告对象的活动。

2. 网络广告发布的模式

随着网络技术的不断发展，网络广告发布模式也在不断增加。可以根据自身的需求、实力和目标，选用恰当的网络广告发布模式。网络广告发布的常见模式有以下九种。

（1）创建公司主页　建立介绍自己公司及产品的主页是一种常见的网络广告形式。对于规模大的公司来说，这是一种必然趋势。建立公司的主页，可对广告的内容、画面结构、互动方式等方面进行全面的、不受任何约束的策划。美的集团网站首页就突出展示了网络广告的内容，如图 9-18 所示。

图 9-18　美的集团网站首页

（2）专类销售网　专类销售网是把某一类产品在互联网上直接进行销售的网站。在这类网站会给消费者提供关于某类产品的详细介绍及相关信息，因此大部分消费者在购买某一产品之前，都会登录这一类网站进行查询。销售商只需要在这类网站上注册，就可以将产品信息刊登在网站上，从而无须付出太大的代价，就可以将公司的产品及时地呈现在世界各地的用户面前。

（3）黄页模式　在互联网上有一些专门的网站为公众提供查询检索服务，如著名的 Yahoo、Infoseek、Excite 等。这些站点就如同电话黄页一样，把在其网站上登录的企业按类别划分，以便于用户进行站点的查询。在其页面上会有搜索框，网络用户只需在搜索框中输入关键字，就会在页面上出现与关键字相关的广告图标。如在 Excite 页面的搜索框中填入关键字“automobile”，Excite 页面的中上部就会出现某汽车公司的广告图标，如图 9-19 所示。

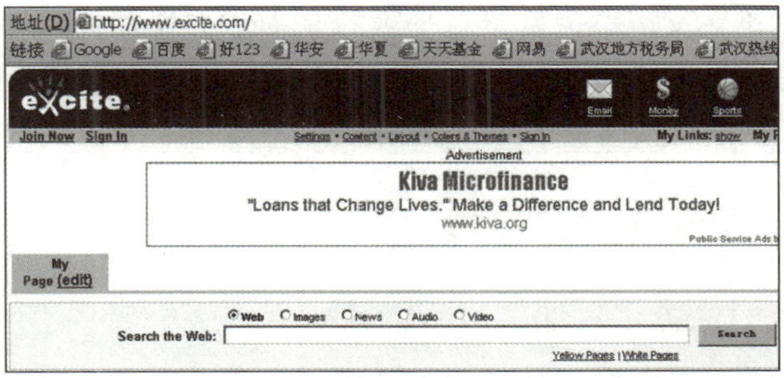

图 9-19　Excite 页面

（4）企业名录　一些互联网服务提供者（ISP）或政府机构会将一些企业信息融入他们的主页中。只要用户感兴趣，就可以直接通过链接进入相应行业代理商（或者配件商）的主页上。

（5）网上报纸与杂志　现在，许多新闻界也纷纷进入网络领域，一些世界著名的报纸和杂志，如美国的《华尔街日报》《财富》，国内的如《人民日报》《文汇报》等，纷纷在互联网上建立了自己的主页。而更有新兴的报纸与杂志直接脱离了传统的“纸”媒介，完完全全地成为网上报刊，反响非常好。对于注重广告宣传的公司，在这些网上杂志或报纸上做广告也是一个较好的选择。

（6）新闻组发布模式　新闻组是一种常见的互联网服务，它是公众进行讨论和信息分享的自由网站，公众可以自由加入，成为新闻组的一员。成员可以在其上阅读大量的公告，也可以发表自己的公告或者回复他人的公告。企业可以采用一些新闻组上可接受的方式和方法开展广告活动。参加某一新闻组的人们有着共同的兴趣或关心特定主题，利用新闻组可有效地推广企业的网站。

（7）BBS 发布模式　BBS 提供新闻讨论、下载软件、玩在线游戏或与他人聊天等功能。企业可以通过 Telnet 或 Web 方式在 BBS 上发布广告信息。BBS 上的信息量虽然小，但针对性较强，适合行业性很强的企业。

（8）使用电子邮件发布广告　电子邮件广告是广告主将广告信息以 E-mail 的方式发送给有关的网上用户。网络世界中电子邮件广告发布形式正在被更多的商家所使用，如图 9-20 所示。

图 9-20　邮件广告

（9）友情链接　建立友情链接要本着平等的原则。平等有着广泛的含义，网站的访问量、在搜索引擎中的排名位置、相互之间信息的补充程度、链接的位置、链接的具体形式等，这些都是在建立友情链接时需考虑的事情。

二、网络广告效果评估

1. 网络广告效果的定义

网络广告效果是指网络广告作品通过网络媒体刊登后所产生的作用和影响，或者说目标受众对广告宣传的结果性反应。网络广告效果同传统广告效果一样具有复合性，包括传播效果、经济效果、社会效果。

网络广告效果评估主要具有测评迅捷性、数据准确性、统计自愿性、互动性和广泛性等特点。

2. 网络广告效果的评估标准

网络广告效果的评估标准，如图 9-21 所示。

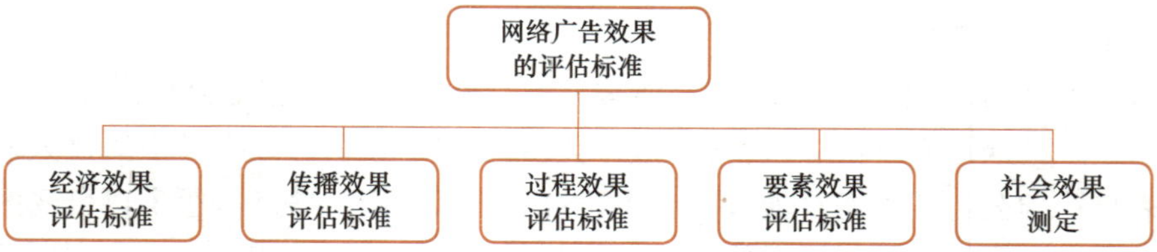

图 9-21　网络广告效果的评估标准

（1）网络广告经济效果评估标准　网络广告的主要目的在于促进商品或劳务的销售，经济效果是评价网络广告效果的主要标准。点击量、点击率、每点击成本、每千人成本这些统计指标都是评估网络广告效果的标准。但广告对销售有无帮助是受到多方面因素影响的，有时销售量的变化并不能客观地反映网络广告的效果。所以，在进行经济效果评估时，还应考虑这三种因素：商品销售统计的复杂性、网络广告效果的长期性、网络广告效果的间接性。

（2）网络广告传播效果评估标准　广告传播效果测定可以了解广告活动的有效性，了解有多少人真正准确地注意到广告所传达的信息，多少广告信息已被消费者接收，并被消费者准确地理解。目前，测定和评估网络广告传播效果主要侧重于两个方面：注意率、到达率。

（3）网络广告过程效果评估标准　网络广告效果的测定是对整个广告活动过程的效果测定，因此可以参照传统广告过程效果评估，把网络广告过程效果评估标准确定为：广告调查的评估标准、广告策划的评估标准、广告实施的评估标准。

（4）网络广告要素效果评估标准　广告活动本身的要素有：广告信息、广告作品、广告媒体等。

（5）网络广告社会效果测定　网络广告的社会效果主要是对广告活动所引起的对社会文化、教育等方面的作用进行综合测定。对网络广告社会效果的测定，很难像对网络广告传播效果和经济效果测定那样用几个指标来衡量，因为网络广告的社会影响涉及整个社会的政治、法律、艺术、道德、伦理等上层建筑和社会意识形态。

3. 网络广告效果的评估方法

网络广告效果评估的方法有不少，这里介绍几种当前流行的方法和一些传统的测定方法。网络广告效果的评估方法有四种，如图 9-22 所示。

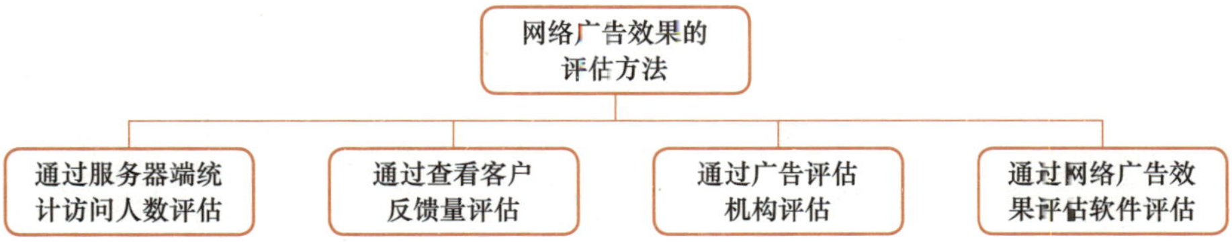

图 9-22 网络广告效果的评估方法

（1）通过服务器端统计访问人数评估 网络广告的一大优势，就是效果的统计比较容易。现在，有一些专门的软件可以放在服务器上对广告进行分析，生成详细的报表。通过这些报表，广告主可以随时了解在什么时间、有多少人访问过他们的广告页面，有多少人点击过广告图标，或是有多少人访问过载有旗帜广告的网站等。

（2）通过查看客户反馈量评估 一般来说，如果广告投放后广告对象的反应比较强烈、反馈量大大增加，则说明所投放的广告比较成功；反之，则说明所投放的广告不太成功。查看客户反馈量，可以通过设计和发送调查问卷的方式进行，通过电子邮件或依托公司网站、外部网站等渠道发放给客户，请他们填写调查问卷并回复，最后对问卷进行统计和分析。

（3）通过广告评估机构评估 专业机构的评估应包括两个方面：首先是量的评估，比较计划和执行在量上的区别；其次是研究广告的衰竭过程，方法是将同一广告每天的点击率在坐标轴上连成线，研究每个创意衰竭的时间，为设定更换广告创意间隔提供依据。

（4）通过网络广告效果评估软件评估 目前，已经出现多种把网络广告报价和广告效果评估集成起来的网络广告管理软件，常用的有爱德康赛广告监测系统、iAdTracker 等，广告主可以向有关软件研究公司购买。在投入广告之后，可以要求提供软件的公司将广告效果的各种数据通过软件分类汇总，随时了解投放网络广告的效果。

学习评价

请利用所学知识完成评价表 9-7 中的简要介绍，并在对应的评价栏中给予相应的评价。

要求：表 9-7 列出了 4 个知识点和 3 个技能点，掌握第 2 个知识点和 3 个技能点就达到了本任务的目标。

表 9-7 网络广告发布的知识和技能评价

项目	内容	简要介绍	评价		
			很好	好	继续加油
知识	网络广告发布的含义				
	网络广告发布的模式				
	网络广告效果的评估标准				
	网络广告效果的评估方法				
技能	能完成阿里妈妈的注册和登录				
	会进行淘宝客如意投推广				
	会查看淘宝客效果报表				

项目十

网络营销实战

项目导学

网络营销作为一种全新的营销模式，与传统营销模式相比具有明显的优势。在学习了网络营销的主要方法和形式后，本项目旨在将多种网络营销方法进行综合，实现网络推广及网络组合营销。通过网络推广和网络组合营销的任务实施及评价，达到提高学生专业知识综合应用能力的目的。

通过对本项目的学习，学会如何进行网络推广和网络组合营销，为日后的实践工作打下基础。

项目目标

- 了解网络营销组合策略的内涵
- 掌握网络营销组合策略的简单应用
- 会运用不同的方法及工具对网络店铺进行推广
- 具备合理竞争、勇于创新的意识，培养团队合作精神
- 通过对操作过程的探究获得成就感和学习营销的兴趣、热情

任务一　设计网络营销组合策略

案例导读

西方有肯德基，中国有老乡鸡

在连锁快餐方面，我国长期以来都是“洋快餐”垄断市场，老乡鸡致力于让民族品牌屹立于世界连锁快餐企业之林，让世界知道“老乡鸡”，这是老乡鸡的“中国梦”，也是老乡鸡人的社会使命。老乡鸡一方面在继承和发扬我国独具特色的饮食文化的价值，另一方面不断与时俱进，吸收全球化时代和现代商业文明的合理要素，将传统与现代完美结合。

2020 年的 3 月，老乡鸡用一场质朴而“简陋”的发布会，用真诚成功地刷屏了朋友圈，也赢得了年轻人的五星好评，让品牌在全国得到一次巨大的曝光。发布会没有铺着红地毯的宽阔舞台，也没有金光闪闪的聚光灯，主讲人也并非西装革履，台上只有斑驳的墙面，一块破旧的黑板和怀旧的大喇叭。老乡鸡带给我们的是诚信、是敬业、是努力、是奋斗、是爱国情怀，大家纷纷通过微信、微博、QQ 转发民族品牌“老乡鸡”。

任务布置

看到上述报道，张翔和他的团队决定借着“双十一”电商大促之际，运用多种营销策略，让美秀坊的网店迅速成长起来。你能为张翔想到什么办法?

分析：想要帮到张翔，必须了解网络营销组合策略，如病毒营销、饥饿营销、事件营销、口碑营销和免费策略营销等。

任务实施

任务实施导航结构图：

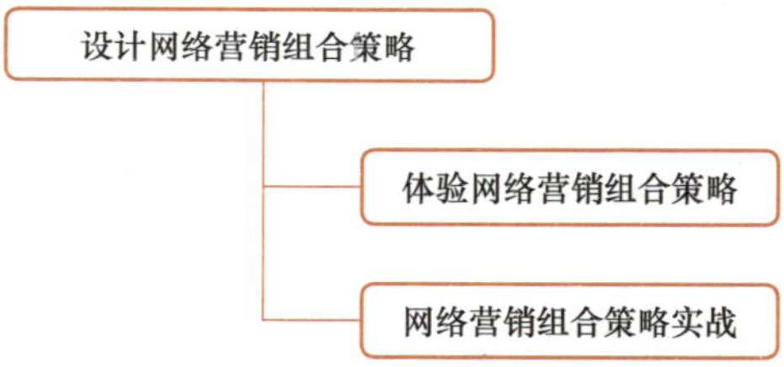

本任务以淘宝网店“十月结晶旗舰店”为例，实际体验网络营销组合策略。

一、体验网络营销组合策略

1. 进入淘宝网店、QQ 群、微信朋友圈

进入淘宝网，搜索“十月结晶旗舰店”，进入到“十月结晶旗舰店”的主页（十月结晶旗舰店”主要业务是经营全世界各地的奶粉、零食等婴幼儿用品，店主除了在淘宝店经营之外，还建立了 QQ 营销群，并在微信朋友圈发布广告进行营销），如图 10-1 所示。进入店铺后，可以看到店主的联系方式及 QQ 群号，可直接进入店主创建的 QQ 群，或通过添加店主微信好友，加入店主所建立的微信群，如图 10-2 和图 10-3 所示。

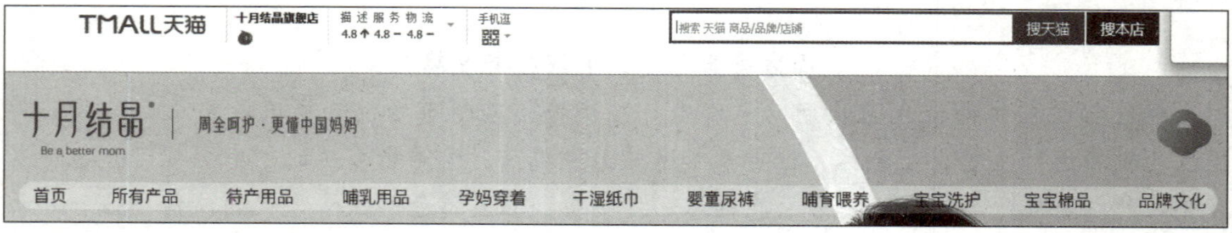

图 10-1　淘宝店铺首页

图 10-2　QQ 群营销

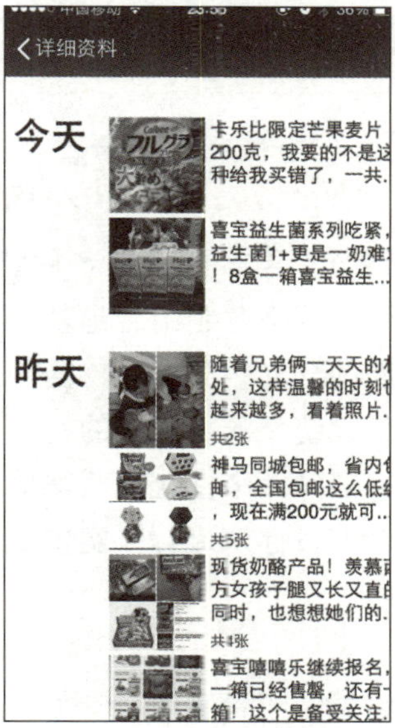

图 10-3　微信营销

2. 了解店主制造“病毒”、发布“病毒”、进行“病毒”再传播的过程

（1）制造“病毒”　进入到店主的朋友圈，浏览并阅读店主发布的朋友圈信息，阅读店主发布的有关自己的商品“钙镁锌”的消息及言论。店主利用淘宝严查假货的政策制造“病毒”，让消费者感受到低价真货的诱惑，从而激发消费者的购买欲望。

（2）发布“病毒”　店主将自己的产品货真价实这一消息通过朋友圈传播出去，而且一连发了好多次，从而更加引发消费者的兴趣。

（3）进行“病毒”再传播　店主随后又在 QQ 群里、微信里、旺旺里不断传播自己的产品货真价实的消息，有图有文，坚定表明自己的产品的真实性和低价性，得到了更多朋友圈及 QQ 群里顾客的信任。朋友圈的朋友口口相传，还因此而发展了许多新的顾客，在淘宝抵制假货的政策背景下脱颖而出，达到了制造“病毒”的效果。

二、网络营销组合策略实战

根据前面介绍的“十月结晶旗舰店”店主制造“病毒”、发布“病毒”、进行“病毒”再传播的案例，帮助张翔为美秀坊网店策划一次网络营销事件，达到提升关注度、提升销量、提升营业额的目的。请将策划方案填写在表 10-1 中。

表 10-1　网络营销事件策划方案

序　号	基本步骤	病毒营销	饥饿营销	事件营销	口碑营销	免费策略营销
1	制造事件					（千牛在卖家端）
2	发布事件					
3	传播事件					
4	再传播事件					
5	营销效果					

知识链接

一、网络营销组合的内涵

网络营销组合即整合各种营销方法与顾客需求进行有效匹配，给顾客提供最佳的网络营销方法。网络营销组合是基于互联网之上、近年来新发展起来的一种营销模式，其主要有三个方面的含义：第一，传播资讯的统一性，即用一个声音说话，顾客无论从哪种媒体获得的信息都是统一的、一致的；第二，互动性，即公司与顾客之间展开双向沟通交流，企业能够迅速、准确、个性化地获得信息和反馈信息；第三，目标营销，即企业的一切营销活动都应围绕企业目标来进行，实现全程营销。

二、网络营销组合的特征

网络营销组合主要具有如下特征：

1）整合营销传播中，消费者始终处于核心地位。

2）整合营销的重要工作是沟通，企业不管利用什么媒体，目的都是方便与顾客进行交流。

3）以传播媒介的整合运用为手段进行营销。凡是能够将品牌、产品和任何与市场相关的信息传递给消费者或潜在消费者的，均被视为可以利用的传播媒介。

三、网络营销组合策略

网络营销组合作为一种现代营销理论，它强调企业将满足顾客的需求和实现企业利润最大化放到同等重要的位置，从顾客需求出发，开始企业的整个营销过程。企业在满足顾客需求的前提下去寻找能实现企业利益最大化的营销决策，而且在整个营销过程中要注重不断地与顾客交流互动，促使企业和顾客的关系变得更密切，从而最终实现企业利益和顾客利益的整合。

1. 病毒营销策略

（1）病毒营销的概念　病毒营销是通过用户的口碑宣传网络，使信息像病毒一样传播和扩散，利用快速复制的方式传向数以千计、数以万计受众。也就是说，通过提供有价值的产品或服务，“让大家告诉大家”，通过别人为你宣传，实现“营销杠杆”的作用。病毒营销已经成为网络营销最为独特的手段，被越来越多的商家和网站成功利用。

（2）病毒营销的制造方法　病毒营销的制造与计算机病毒类似，第一步都是制造“病毒”。一支好的“病毒”的前提是传播力要足够强，而如何才能造出传播力强劲的“病毒”呢？可以从以下几个方面入手。

1）制造免费和利诱“病毒”。对于免费的好东西或是可以给我们带来利益的东西，谁都无法拒绝，也最容易形成病毒效应。比如利用情怀制造热点，五四青年节之际，bilibili 网站专门邀请了国家一级演员“60 后”的何冰发布了一个《后浪》演讲。伴随着激昂的背景音乐、动情的文案，代表着“前浪”的何冰表示了对年轻一代“后浪”的理解和祝福，深深打动了年轻一代的心。大家纷纷通过朋友圈、微博进行转发。这段制造热点事件、诱导病毒营销的操作无疑是成功的。《后浪》一出，bilibili 网站一夜之间股价大涨 5%，增资 34 亿元人民币。

2）制造娱乐类“病毒”。用户上网最重要的目的之一就是娱乐，所以娱乐类的内容很容易引发病毒效应。比如各种搞笑的图片、视频，这类内容是用户最愿意主动传播的内容之一，如“秋天里的第一杯奶茶”一夜间火遍微信朋友圈，至今仍在传播着。

3）制造情感类“病毒”。在病毒营销中，可以通过感情层面引导用户进行病毒传播。

4）返利网上线之初发展很快，其中一个重要的原因就是其邀请注册机制。返利网通过邀请他人注册会员可以获得奖励，新会员通过返利网购物后推荐人也能获得奖励，这极大地调动了会员参与的积极性，有了“金钱”的驱动，病毒效应自然就形成了。

5）制造投票类“病毒”。投票也是能够引发病毒效应的有效手段之一，当然，前提是相关的投票活动能够引起大家的关注和兴趣、能够引起大家的拉票欲望。

6）制造祝福类“病毒”。逢年过节时，我们都要给亲朋好友带去一声问候、送上一份祝福，而各类节日也是制造“病毒”的绝好素材。

（3）发布“病毒” “病毒”制造好后，开始大范围发布。在发布环节，有以下几个技巧和注意事项。

1）不耗费太多精力即可向他人传播的方式。病毒营销最终是要由人去传播，由用户去传播，而用户传播的力度有多大，在很大程度上取决于传播方式的复杂程度，所以应该尽可能设计一种不耗费太多精力即可向他人传播的方式。

2）如同现实中的病毒一样，找到那些“低免疫力易感人群”，通过他们才可以将“病毒”扩散出去。一般来说，低年龄用户、感性用户都是易感的人群。

3）选好“病毒”发布渠道。在传播“病毒”时，应该选择那些人多、互动性强、传播迅速的平台，QQ、论坛、邮箱、微博、微信等是常用的渠道。

4）给大家发布传播的动力。所谓“无利不起早”，没有动力，用户是不会主动传播的，所以需要给用户一个有力的传播理由。

（4）“病毒”的更新和再传播 病毒营销是有周期性的，就好像计算机病毒一样，时间一长，用户对“病毒”有了免疫力，病毒营销的传播力就会衰减。所以想要吸引公众继续参与传播，就要及时更新“病毒”，不断植入新的“病毒按钮”。

2. 饥饿营销

（1）饥饿营销的概念 在市场营销学中，饥饿营销是指商品提供者有意降低产量，以期达到调控供求关系、制造供不应求“假象”、维持商品较高售价和利润率的目的。饥饿营销就是通过调节供求两端的量来影响终端的售价，达到加价的目的。

（2）饥饿营销的步骤

1）引起关注。想成功实施饥饿营销，首先是要引起用户的关注，如果用户对你的产品一点兴趣都没有，何来饥饿一说？让用户对产品产生关注，建立初步的认识是成功的第一步。通常“免费”和“赠送”是最能吸引用户的手段。

2）建立需求。仅仅有用户的关注还不够，还要让用户发现自身对产品有需求。如果用户只是关注，自身却没有需求、不想拥有，那还是达不到目的。

3）建立期望值。成功引起用户关注后，还需要再加一把火，帮助用户建立一定的期望值，让用户对产品的兴趣和拥有欲越来越强烈。

4）建立条件。最后一步是设立得到产品所需要的条件。

（3）饥饿营销实际应用　在互联网中，最常见的一种饥饿营销的应用方法是限制注册，比如著名站长类网站“落伍者”就是一个全封闭的社区，根本不对外注册，如果想成为该站的会员，必须先获得邀请码才行。而即使注册成功，也不能随便在里面浏览和发帖，因为大部分板块只有“落伍”后才有权限发帖（“落伍”就是指成为正式会员）。所谓得不到的就是最好的，面对如此苛刻的条件，用户的积极性不但没有消失，反而高涨。

3. 事件营销

（1）事件营销的概念　事件营销（Event Marketing）也称“活动营销”，是指企业通过策划、组织和利用具有名人效应、新闻价值以及社会影响的人物或事件，引起媒体、社会团体和消费者的兴趣与关注，以求提高企业或产品的知名度、美誉度，树立良好品牌形象，并最终促成产品或服务的销售目的的手段和方式。

（2）事件营销的作用　事件营销的作用有很多，下面介绍几个比较重要和有特点的作用。

1）新闻效应。最好的传播工具和平台是新闻媒体。事件营销的第一个作用或者说其最大的特点，就是可以引发新闻效应。而一旦引发媒体介入，有了媒体的帮助及大力的传播，效果及相应的回报是巨大的。最重要的是，由事件营销引发的新闻传播完全是免费的。

2）广告效应。不管使用什么营销手段，最终目的都一样，都是为了达到广告效应，事件营销的广告效果要高于任何其他手段。这是因为热门事件往往是社会关注的焦点，是人们茶余饭后的热点话题，由于人们对事件保持了高度的关注，自然就会记住事件背后的产品和品牌，广告效果无法估量。

3）公共关系 / 客户关系。通过事件营销，可以极大地改善公众关系。如小米集团经常参加公益活动，仅 2022 年小米集团的慈善捐款就高达 95.8 亿元，通过公益活动树立了小米的正面形象，使得消费者对小米品牌的认可度提高，为销量提升起到了极大的作用。

4）形象传播。对于那些默默无闻的企业，如何快速建立知名度、迅速传播品牌形象是一个较大的难题。基于事件营销的裂变效应，可以在最短的时间内帮助企业树立形象，传播知名度和影响力。

4. 口碑营销

（1）口碑营销的概念　口碑营销就是口口相传。口碑营销基于信任主动传播，传播的内容几乎是传播者了解并认可的，对内容负责。口碑营销满足的是美誉度，通过现身说法达到信任或认可。同事件营销一样，口碑营销也不是孤立存在的，具体操作时也是需要论坛、微博、软文、新闻、事件等辅助和配合的。

（2）口碑营销的步骤　口碑营销的具体操作步骤如下：

1）策划好一个眼球引爆点。想有效地在用户中间形成口碑效应，第一个步骤是要策划好一个眼球引爆点，因为只有让更多的人去关注，使关注者对此事产生浓厚的兴趣，并很有欲望把这个事情告诉身边的人，才有可能引发口碑传播。

2）通过引爆点策动可谈论的话题。光有引爆点还不够，口碑营销的核心是用户之间在相互交流中进行的传播，所以还要有足够的具有可谈论性的话题，这样才能通过“意见领袖”将其传播出去。

3）选择传播渠道。传播渠道很重要，如果传播渠道不畅，传播效果就会大打折扣。口碑的传播渠道需要根据产品的属性进行选择，但万变不离其宗，将目标用户群相互之间的联系纽带作为传播渠道是最佳选择。

4）口碑传播的监控。和任何一种营销措施一样，要衡量口碑营销的效果。因为口碑营销往往都需要和其他营销手段配合使用，所以监测的数据要根据所选的渠道来确定。

5. 免费策略营销

（1）免费策略营销的概念　免费策略营销是指以向用户提供各种免费产品或资源的形式来获得用户或流量的一种营销方式。免费的东西人人喜欢，而且人们也喜欢将免费的好东西分享给朋友，所以免费策略是一种“病毒性”很强的营销策略。但是天下没有免费的午餐，免费策略并不是真的免费，免费是为日后的盈利打基础，先用免费的东西获得用户，然后再将用户变为自己的顾客。

（2）免费策略营销的形式

1）文字。文字是最容易实现的免费形式，当然，不是什么样的文字都可以吸引用户，关键是文字要有价值。

2）软件。软件行业是免费策略营销运用得最早、也最彻底的一个行业。现在的收费软件基本上都有免费试用期，少则七天、多则半年；或者推出免费和收费两个不同的版本，免费版的功能简化一些，若想使用完整版，则需要交费。

3）实物。信用卡公司最喜欢用此方法，现在不管到哪家银行办理信用卡，基本上都会赠送一份礼品。而且各大银行之间为了争夺用户，送的礼也越来越大。

4）虚拟。实物的成本比较大，所以一般企业是负担不起的。而虚拟物品相对来说成本就低很多，所以通过提供免费虚拟产品来吸引用户，是性价比比较高的选择。

5）服务。相对于产品来说，服务更容易打动用户。比如，著名网站“查询网”就是以提供各种免费查询服务而闻名。

6）经验。免费的经验和技巧是最容易赢得用户的。比如网络营销界的名博，基本上都是以分享经验为主，而且往往分享的经验越多越有价值，其博客的影响力就越大。

7）资源。好的资源可以帮助用户节省时间、精力，让用户受益，但是想获得好资源，往往要付出不菲的代价。若将好资源整合起来免费提供给用户受益，将会获得丰厚的回报。

小资料

一只小企鹅的成功

腾讯这只小企鹅之所以能这么成功，就是因为其将免费策略营销运用到了极致。腾讯有许多初级服务是免费的：可以申请免费的QQ号、可以使用免费的QQ空间、可以使用免费的QQ邮箱、可以使用免费的QQ网盘、可以玩免费的QQ游戏等。当然，初级服务总不是那么尽善尽美，如果要享受更多的高级功能，就只能付费了。如：普通的QQ号只能建立200人或500人的普通群，而付费成为QQ会员或超级会员后，就可以建立1000人甚至是2000人的高级群。

学习评价

请利用所学知识完成评价表 10-2 中的简要介绍，并在对应的评价栏中给予相应的评价。

要求：表 10-2 列出的 5 个知识点均须掌握；1 个技能必须掌握。

表 10-2 网络营销组合策略知识和技能评价

项目	内容	简要介绍	评价		
			很好	好	继续加油
知识	病毒营销				
	饥饿营销				
	事件营销				
	口碑营销				
	免费策略营销				
技能	能设计网络营销组合策略				

任务二 体验网店推广

案例导读

国内著名的实战派网络营销专家江礼坤先生有一位学员黄某，他于 2008 年来到北京，当时他想在北京创办一家“演讲与口才”方面的培训公司，但是他在北京没有任何关系和背景，连路都找不到，当时他的口袋里只有区区 3000 多元，找到落脚地交完房租后仅剩下 1000 余元。在北京这个寸土寸金的地方，用 1000 多元如何创业？梦想该如何实现？

但是黄某做到了，在两个月后，他的公司便红红火火地开起来了，而且当月即实现了 20 余万元的收入。两年后，黄某的公司月收入已经超过了百万元。

这个故事听起来像天方夜谭，但却实实在在地发生在我们身边。故事中的主人公用 1000 多元找到一家网吧，泡了将近两个月，在这两个月的时间里，他建立了自己的淘宝网店，通过了网络推广，在网络上招到第一批学员，并顺利拿到了预订金，然后用这笔钱作为启动资金，将公司建立了起来。

这就是网络推广的魅力，因此学会网络推广是非常必要的。

任务布置

美秀坊饰品有限公司的网店建立了一段时间了，张翔和他的团队发现网店销售状况并不是特别好，为此十分苦恼。他组织全部销售员工讨论，如何提高网店的效益，大家一致认为，网店销量不好的原因是网店推广做得不好。那么如何将美秀坊饰品有限公司的网店进行推广呢？请帮助张翔进行网店推广。

分析：要对张翔的淘宝网店进行推广，须知道网店推广可分为店铺对内建设和店铺对外推广，并掌握相关方法。

任务实施

任务实施导航结构图：

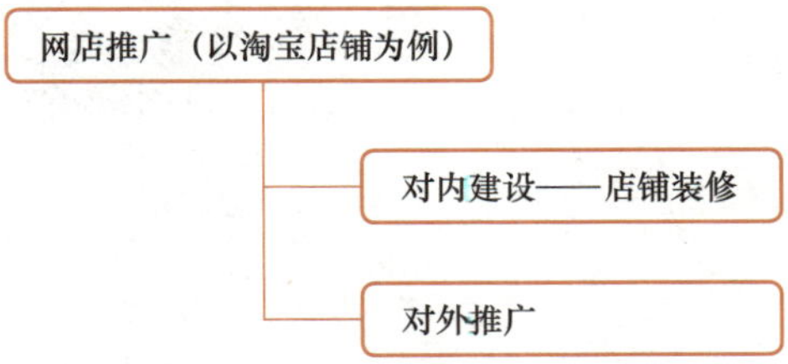

一、对内建设——店铺装修

淘宝店面装修就像线下实体店的装修一样，会直接对顾客的心情和购买欲望产生影响，如果店铺装修得不好，就等于输在了起跑线上。

1）登录淘宝网，进入“卖家中心”栏目，单击“店铺管理”按钮，如图 10-4 所示。单击“店铺管理”中的“店铺装修”选项，进入“店铺装修”页面，有“页面装修”“模块管理”“装修分析”“装修模板”“微海报”“宝贝分类”“营销”七个板块，如图 10-5 所示。

图 10-4 卖家中心——店铺管理

图 10-5 店铺装修中的模块

2）单击进入“页面装修”模块，进行尺寸选择，如图 10-6 所示。进入“页面装修”模块中的“基础模块设置”页面，如图 10-7 所示。在“页面装修”模块中，有“页面编辑”和“布局管理”两个子模块，如图 10-5 所示，分别单击进入，如图 10-8 和图 10-9 所示。

图 10-6　尺寸选择

图 10-7　基础模块设置

小提示

在页面装修中，还可以通过基础模块设置下面的服务市场进行装修，服务市场中有不同风格及样式的装修模板，用户可以选择适合自己所销售产品风格的模板进行试用或购买。

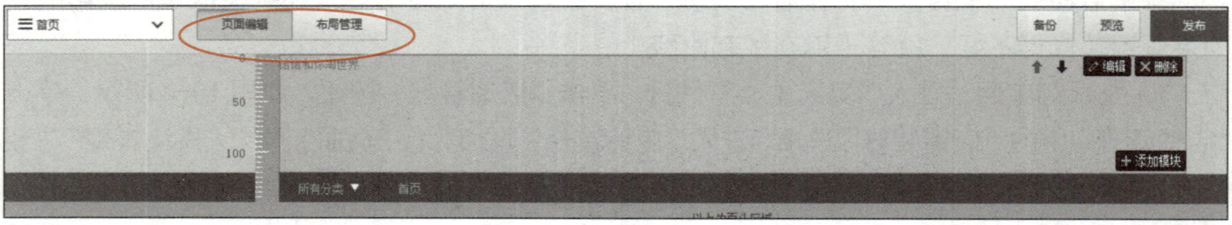

图 10-8　页面编辑

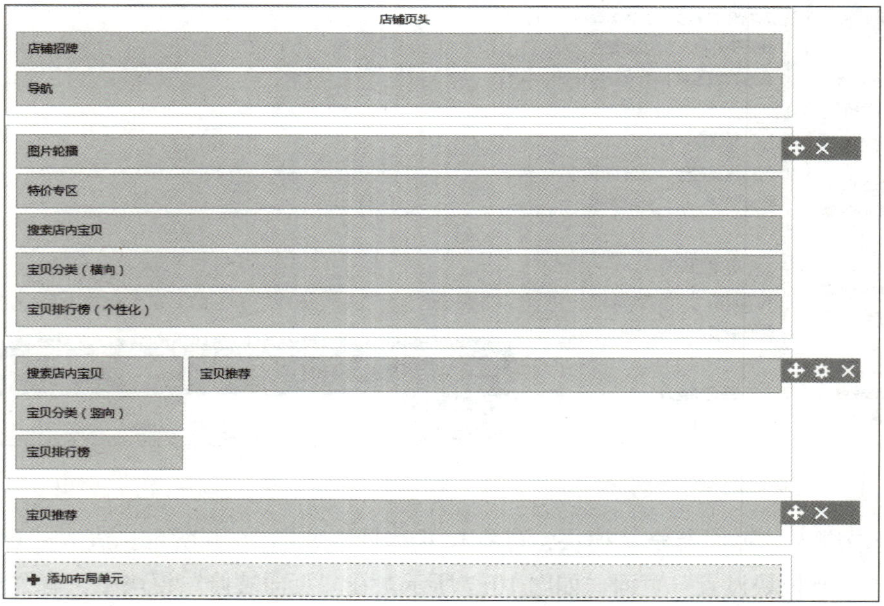

图 10-9　布局管理

3）单击店铺管理中的“模板管理”按钮，有多种模板风格可供使用，这些模板都是淘宝官方提供的，可以永久免费使用，如图 10-10 所示。淘宝网还给出了系统模板样例，如图 10-11 所示。

图 10-10　官方模板

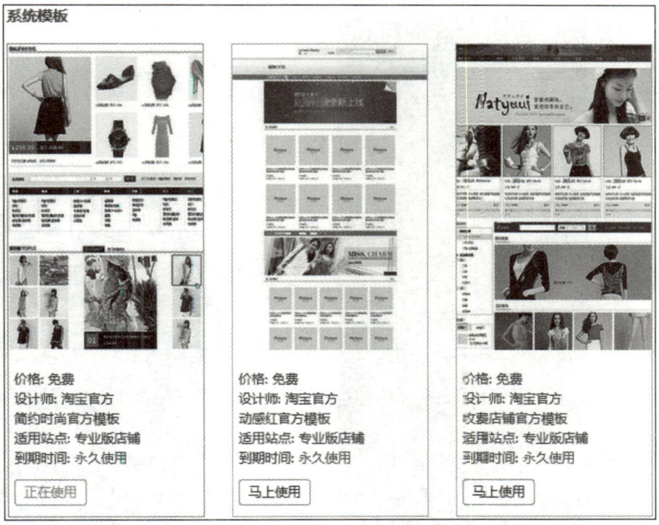

图 10-11　系统模板样例

> **小提示**
>
> 在“模板管理”页面的下端写有“挑选更多精品模板，请前往装修市场”，卖家服务装修市场中，有 10 万套精品店铺模板，可以以付费的方式对淘宝店铺进行“一键安装”。

4）单击“店铺管理”中的“装修分析”模块，“装修分析”包括两部分内容，即“装修数据”和“流量地图”。单击“装修数据”栏目，可以查看店铺装修数据分析，如图 10-12 所示。单击“流量地图”栏目，进入到“生意参谋”页面，如图 10-13 所示。单击“经营分析”→“流量分析”→“装修分析”链接，可以查看相关分析。

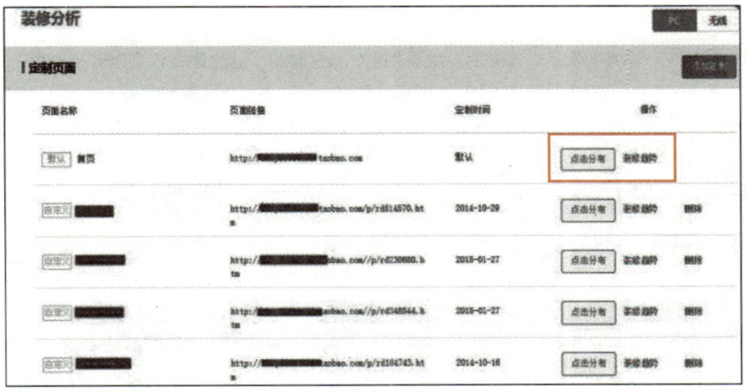

图 10-12　“装修数据”页面

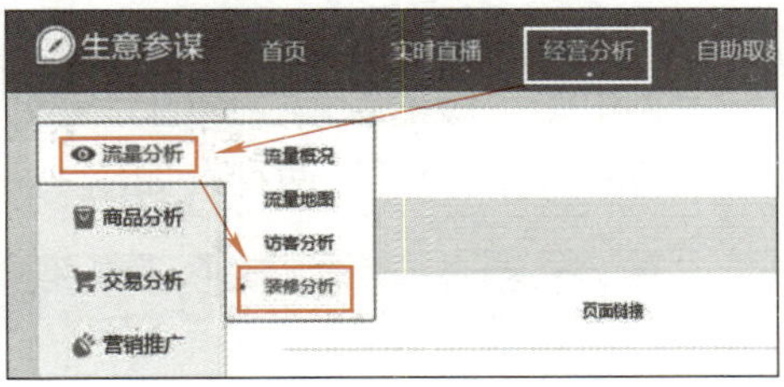

图 10-13　“生意参谋”页面

5）单击“店铺管理”中的“装修模块”，进入“卖家服务市场”，如图 10-14 所示。“卖家服务市场”有“选购店铺模板”，如图 10-15 所示。“新品推荐”和“精品推荐”样例如图 10-16 所示。装修模块可以任意选择，但都需要付费。

图 10-14　卖家服务市场

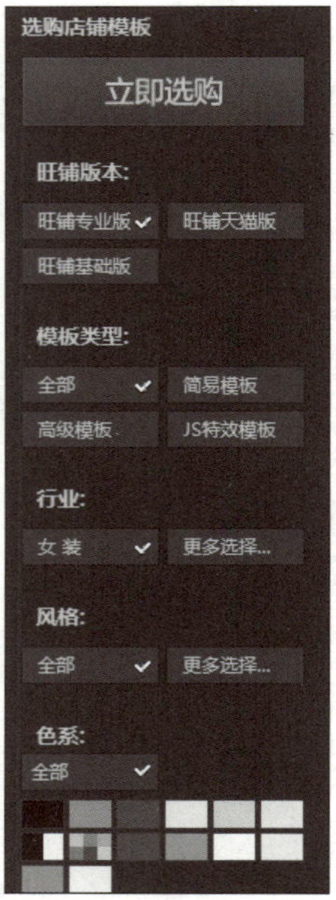

图 10-15　选购店铺模板

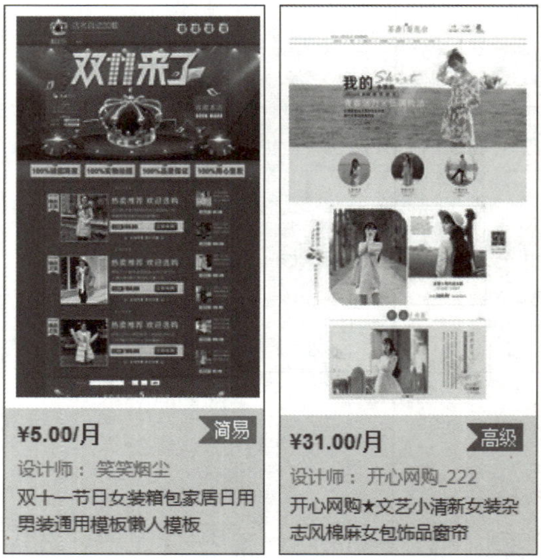

图 10-16　新品推荐、精品推荐

6）单击“店铺管理”中的“微海报”模块，“微海报”中有“推荐模板”和“我的模板”两个子模块，在“微海报”中可根据自己店铺的行业和使用场景进行海报设置，如图 10-17 所示。

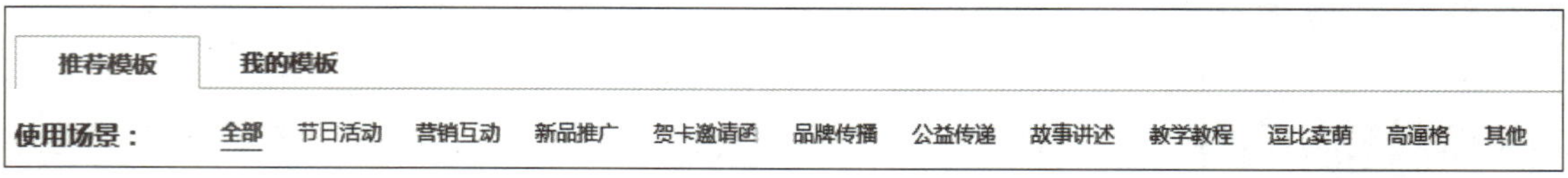

图 10-17　“微海报”模块

7）单击“店铺管理”中的“宝贝分类”模块，对店铺的商品进行分类管理，有“手工分类”和“自动分类”两种，如图 10-18 所示。

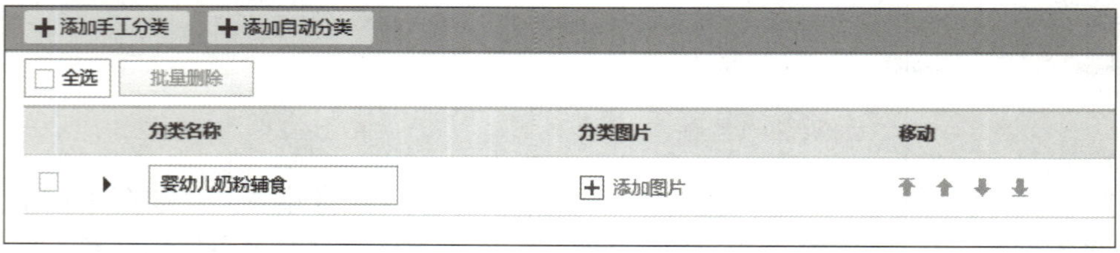

图 10-18　宝贝分类

二、对外推广

1. 提高店铺访问量—— 橱窗推荐

1）进入淘宝卖家中心，单击“宝贝管理”中的“出售中的宝贝”选项，如图 10-19 和图 10-20 所示。

2）单击图 10-20 中的“橱窗推荐宝贝”按钮，进入到商品界面，并选中要推荐的宝贝左侧的复选框，单击“橱窗推荐”按钮，如图 10-21 所示。

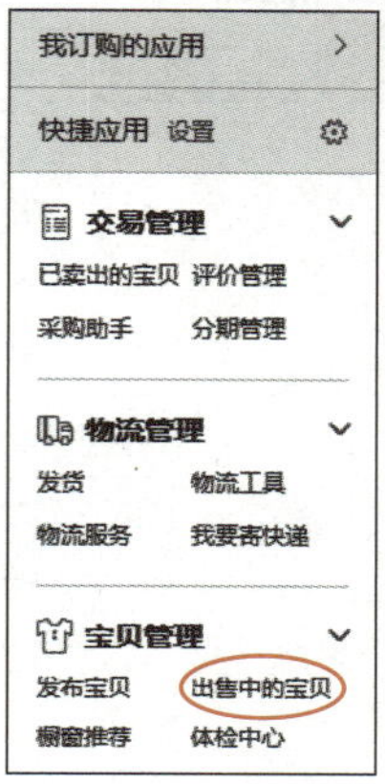

图 10-19 宝贝管理

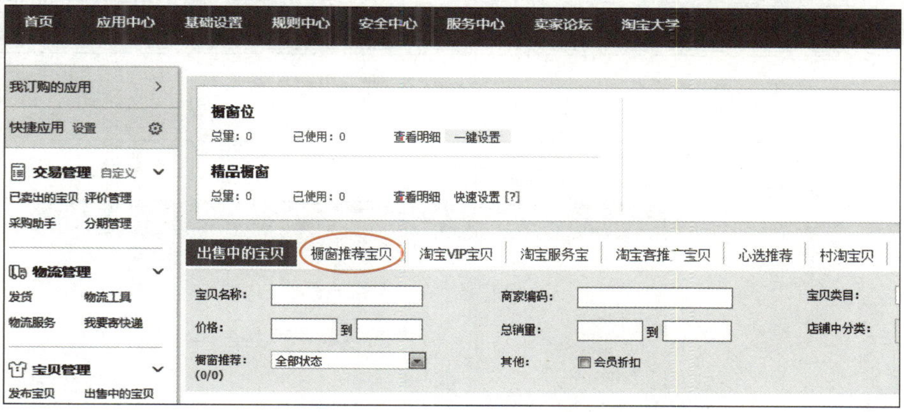

图 10-20 出售中的宝贝

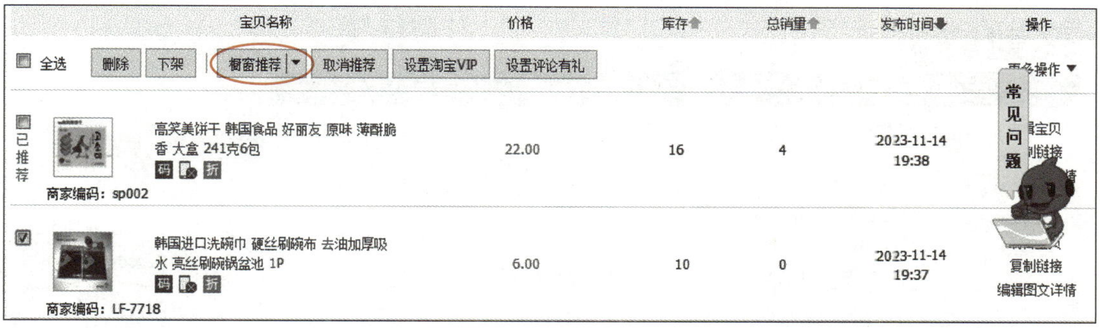

图 10-21 橱窗推荐

2. 参与团购—— 聚划算

1）进入“聚划算”平台，单击“商户中心”，进入商户操作平台，如图 10-22 所示。

图 10-22 聚划算界面

2）进入“聚划算”商户中心界面，单击“我要报名”按钮，如图 10-23 所示。

3）跳转至“商家资料”页面，单击“现在入驻”链接，如图 10-24 所示。

4）单击“现在入驻”链接，进入到“商家资料”界面，如图 10-25 所示。

5）填写完信息之后，单击“保存”按钮，然后单击左上角的“我要报名”按钮，如图 10-26 所示。

图 10-23 我要报名

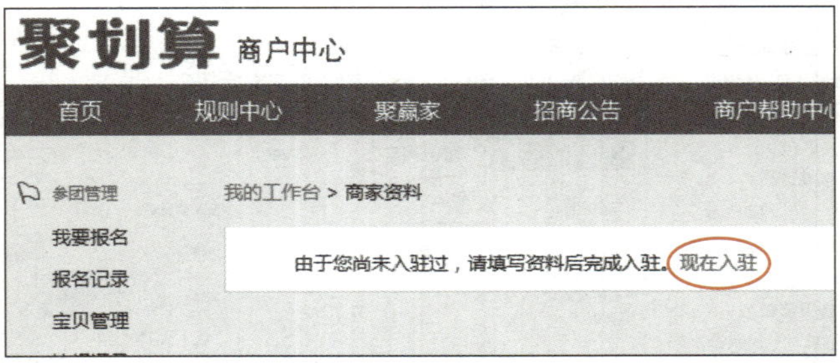

图 10-24 现在入驻

图 10-25 商家资料填写

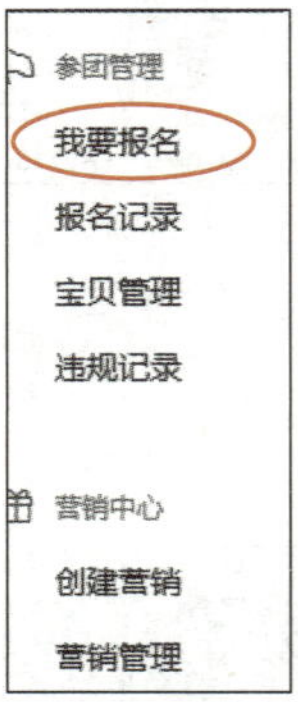

图 10-26 我要报名

6）进入“我要报名”界面，认真阅读《聚划算团购活动协议》，在“本人已阅读并同意《聚划算商品团购活动协议》”复选框前打勾，单击“提交”按钮，如图 10-27 所示。

7）提交之后，进入“支付宝”界面，如图 10-28 所示。

8）进入到商品列表，选择报名参加团购的商品并提交，如图 10-29 所示。

9）补充完善商品信息，如图 10-30 所示。

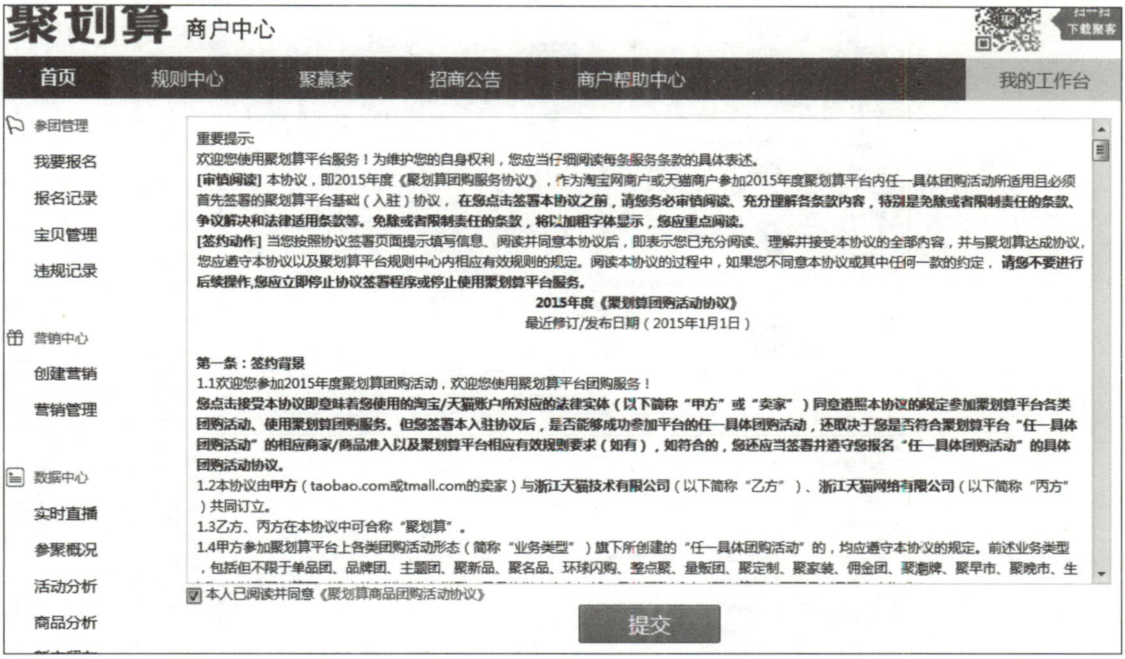

图 10-27　聚划算协议

图 10-28　支付宝同意协议界面

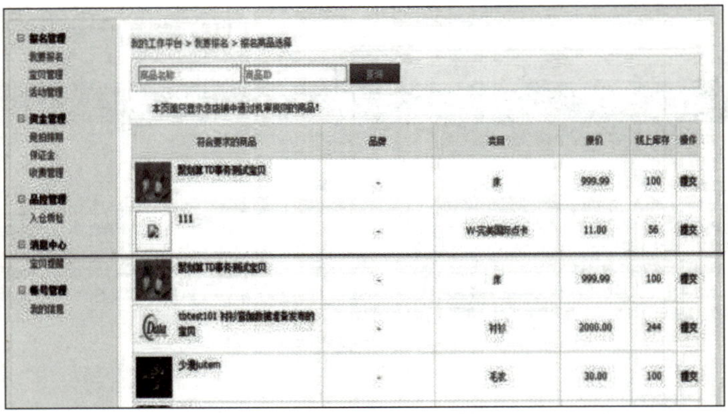

图 10-29　选择商品提交

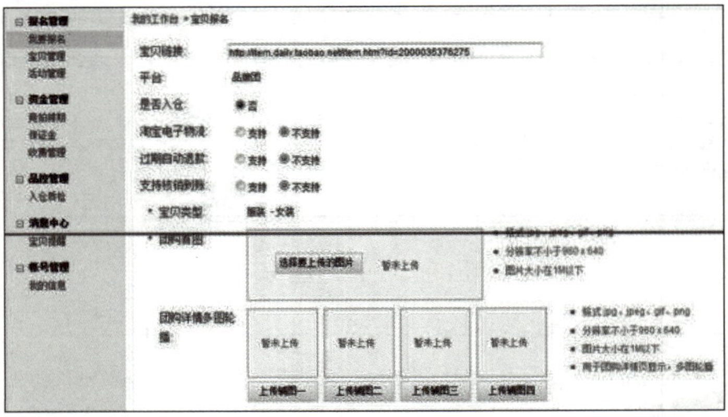

图 10-30　补充完善商品信息

10）等待审核。如显示报名成功，则已通过初级商家认证，可以参与聚划算活动；如报名未成功，则表示没有通过认证标准。认证标准见表 10-3。

表 10-3　淘宝聚划算报名审核认证标准

BC 标志	商　城	集　市	无名良品	备　注
卖家星级	无	3 钻以上		大型事件营销活动可酌情处理
卖家好评率	无	98% 以上		
参与的消保服务	七天无理由退换货	先行赔付	七天无理由退换货	
宝贝与描述相符（DSR）	4.6 ～ 5.0	4.6 ～ 5.0	4.6 ～ 5.0	店铺非虚拟交易近半年 DSR 评分
卖家的服务态度（DSR）	4.6 ～ 5.0	4.6 ～ 5.0	4.6 ～ 5.0	店铺非虚拟交易近半年 DSR 评分
卖家的发货速度（DSR）	4.6 ～ 5.0	4.6 ～ 5.0	4.6 ～ 5.0	店铺非虚拟交易近半年 DSR 评分
店铺动态评分	5.0 以上	5.0 以上	5.0 以上	

3. 定制推广工具——淘宝直通车

淘宝直通车是为淘宝网卖家量身定做的推广工具，它能让淘宝网卖家在淘宝网上方便地推广自己的宝贝。

1）进入“卖家中心”，单击左边快捷应用中的“营销中心”栏目，如图 10-31 所示。

2）单击“我要推广”按钮，进入到推广界面，如图 10-32 所示。

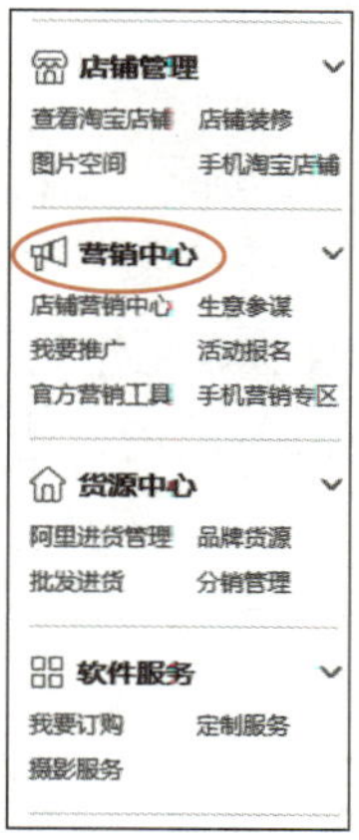

图 10-31 营销中心

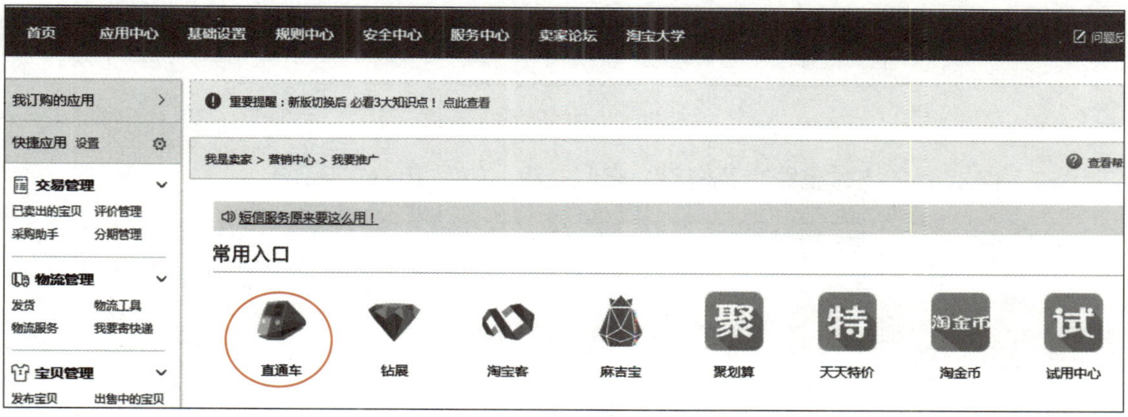

图 10-32 推广界面

3）单击图 10-32 中的“直通车”按钮，出现《淘宝直通车软件服务协议》，确认没问题后单击“接受协议”按钮，如图 10-33 所示。

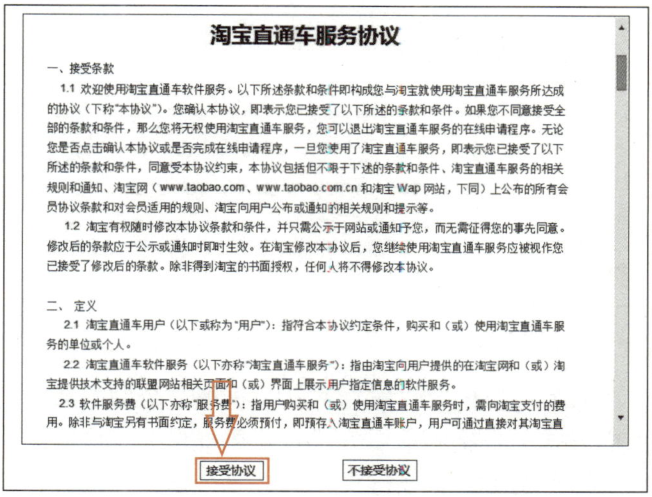

淘宝直通车服务协议

一、接受条款

1.1 欢迎使用淘宝直通车软件服务。以下所述条款和条件即构成您与淘宝就使用淘宝直通车服务所达成的协议（下称“本协议”）。您确认本协议，即表示您已接受了以下所述的条款和条件。如果您不同意接受全部的条款和条件，那么您将无权使用淘宝直通车服务，您可以退出淘宝直通车服务的在线申请程序。无论您是否点击确认本协议或是否完成在线申请程序，一旦您使用了淘宝直通车服务，即表示您已接受了以下所述的条款和条件，同意受本协议约束，本协议包括但不限于下述的条款和条件、淘宝直通车服务的相关规则和通知、淘宝网（www.taobao.com、www.taobao.com.cn 和淘宝 Wap 网站，下同）上公布的所有会员协议条款和对会员适用的规则、淘宝向用户公布或通知的相关规则和提示等。

1.2 淘宝有权随时修改本协议条款和条件，并只需公示于网站或通知予您，而无需征得您的事先同意。修改后的条款应于公示或通知时即时生效。在淘宝修改本协议后，您继续使用淘宝直通车服务应被视作您已接受了修改后的条款。除非得到淘宝的书面授权，任何人将不得修改本协议。

二、定义

2.1 淘宝直通车用户（以下或称为“用户”）：指符合本协议约定条件，购买和（或）使用淘宝直通车服务的单位或个人。

2.2 淘宝直通车软件服务（以下亦称“淘宝直通车服务”）：指由淘宝向用户提供的在淘宝网和（或）淘宝提供技术支持的联盟网站相关页面和（或）界面上展示用户指定信息的软件服务。

2.3 软件服务费（以下亦称“服务费”）：指用户购买和（或）使用淘宝直通车服务时，需向淘宝支付的费用。除非与淘宝另有书面约定，服务费必须预付，即预存入淘宝直通车账户，用户可通过直接对其淘宝直

接受协议 不接受协议

图 10-33 直通车协议

小提示

只是加入直通车没有意义，要使用直通车，还必须进行激活，即先充值。

4）淘宝直通车要求第一次最低充值 500 元作为预存款，充值后只能作为推广资金，不能够退还。在左侧账户中单击“立即充值”按钮，选择充值金额，单击“立即充值”按钮，如图 10-34 所示。

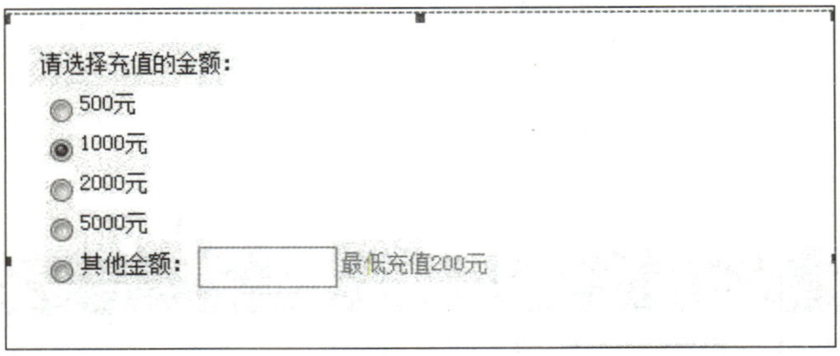

图 10-34　淘宝直通车充值

5）输入自己的支付宝账户及密码，充值成功，如图 10-35 所示。

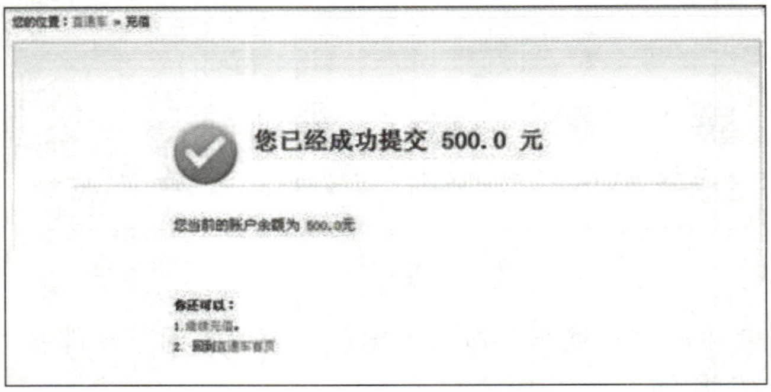

图 10-35　充值成功

完成以上步骤即正式加入淘宝直通车。

知识链接

一、网络推广概述

1. 网络推广的含义

网络推广就是以产品为核心内容，建立网站，再把这个网站通过各种免费或收费渠道展示给网民的一种推广方式。常见的推广方式有整体推广、百度推广、搜狗推广、搜搜推广等，免费网站推广就是发帖子、交换链接、B2B 平台建站、博客以及微博、微信等新媒体渠道。网络推广包括四个方面：网络营销、网络宣传、网络广告、新闻推广。

2. 网络推广的主要形式

（1）按范围分　按范围分为对内推广和对外推广。

1）对外推广是指通过一系列手段针对潜在用户进行营销推广，以达到增加网站浏览量、会员数或收入的目的。

2）对内推广是指专门针对网站内部的推广，如增加用户浏览频率、激活流失用户、增加频道之间的互动等。

（2）按投入分　按投入分为付费推广和免费推广。

1）付费推广是指需要花钱才能进行的推广，如各种网络付费广告和竞价排名等。做付费推广一定要考虑性价比，即使有钱也不能乱花，要让钱花出效果。

2）免费推广是指在不用额外付费的情况下就能进行的推广，如博客推广、贴吧推广、论坛推广等。

二、淘宝店铺推广

1. 店铺装修

店铺装修是指在网店平台允许的结构范围内，尽量通过图片、程序模板等装饰让店铺更加丰富美观。店铺装修的目的是为了让店铺变得更美、更吸引人。店面装修的风格和色调一定要统一，目前淘宝提供多种模板供店主选择，也可自行进行装修设计。

2. 橱窗推荐

橱窗推荐宝贝会集中在宝贝列表页面的橱窗推荐中显示，每个卖家可以根据信用级别与销售情况获得不同数量的橱窗推荐。

（1）橱窗推荐的作用　因为当买家想要买东西时，直接到淘宝网首页去搜索或在淘宝网上单击“我要买”按钮，就会出现橱窗推荐位所推荐的宝贝（因为默认出来的只有橱窗推荐的商品），这样也就能让您的宝贝有更多被人浏览的机会，提高点击率。

（2）橱窗推荐使用技巧

1）选择吸引人的宝贝。如果您有 100 件宝贝在售，但是只有 15 个推荐位，一定要仔细斟酌，选择最吸引人的宝贝进行推荐。

2）充分利用页面。仅仅做到推荐的宝贝很吸引人还不够，如果能充分利用这个页面，则能起到更好的效果。

3）选择合理的时间。抓住最佳时间推荐，在售时间最好设定为 7 天。

4）留意身边的机会。经常浏览淘宝网首页和频道里推荐的宝贝，看看有什么关键字，如果和您在售商品的类别相关，不妨更换标题里的关键字。

3. 聚划算

“团购”是 2010 年年度网上最火爆的词之一。淘宝聚划算是由淘宝网官方开发并组织的一种线上团购活动形式，是阿里巴巴集团旗下的团购网站。聚划算页面与一般团购网站相似，商品主要由淘宝网的大卖家和品牌商提供，淘宝网聚划算并不负责资金流和物流，用户在聚划算下订单之后，把费用直接支付给商品的卖家，再由商家直接对下单客户负责，淘宝网并不从聚划算获得任何费用。

4. 淘宝直通车

淘宝直通车是一种全新的搜索竞价模式。每件商品可以设置200个关键字，卖家可以针对每个竞价词自由定价，并且可以看到它们在淘宝网上的排名位置，排名位置可用淘大搜查询，并按实际被点击次数付费。

学习评价

请利用所学知识完成评价表10-4中的简要介绍，并在对应的评价栏中给予相应的评价。

要求：表10-4列出了7个知识点，对前3个知识点有一定的了解就可以，后4个知识点是要完成本任务必须掌握的；2个技能均须掌握。

表10-4 网店推广知识和技能评价

<table>
<tr><th rowspan="2">项目</th><th rowspan="2" colspan="2">内容</th><th rowspan="2">简要介绍</th><th colspan="3">评价</th></tr>
<tr><th>很好</th><th>好</th><th>继续加油</th></tr>
<tr><td rowspan="7">知识</td><td colspan="2">网络推广概述</td><td></td><td></td><td></td><td></td></tr>
<tr><td colspan="2">网络推广的目的</td><td></td><td></td><td></td><td></td></tr>
<tr><td colspan="2">网络推广的形式</td><td></td><td></td><td></td><td></td></tr>
<tr><td rowspan="4">淘宝店铺推广介绍</td><td>店铺装修</td><td></td><td></td><td></td><td></td></tr>
<tr><td>橱窗推荐</td><td></td><td></td><td></td><td></td></tr>
<tr><td>聚划算</td><td></td><td></td><td></td><td></td></tr>
<tr><td>淘宝直通车</td><td></td><td></td><td></td><td></td></tr>
<tr><td rowspan="2">技能</td><td colspan="2">能进行对内建设</td><td></td><td></td><td></td><td></td></tr>
<tr><td colspan="2">能进行对外建设</td><td></td><td></td><td></td><td></td></tr>
</table>